DAXUE
SHIYONG
YUWEN

高等职业教育
新形态一体化教材

主 编
**段秋月**

副主编
**梁 珊　张向辉**

参 编
**吕志梅　杜晓萍　王 萌**

# 大学
## 实用语文

高等教育出版社·北京

# 前言

　　为深入贯彻《国务院关于大力发展职业教育的决定》(国发〔2005〕35号)中明确提出的"文化素质＋职业技能"的指导思想,配合职业院校的教学改革和建设,更好地满足我国应用型职业技术教育教学的需要,很多学校开设了通识教育课程。"大学语文"是一门最具基础性、综合性的课程,具有丰富的文化底蕴和人文内涵,是对大学生进行人文素质培养、提高其写作能力及表达能力的重要通识课程之一。职业院校学生普遍在校时间短,如把大学语文的相关内容分成文学、写作、口才等课程来学习,时间和精力都不足,且目前尚没有一套融文学作品鉴赏、口才表达及应用写作为一体的教科书。针对目前职业院校学生的现状,我们改革现有"大学语文""应用文写作""演讲与口才"等课程和教材,精缩课程,精选内容,提炼学生最需要的名篇、文种及口才表达类型,编撰一本针对职业院校学生实际,具有审美性、实用性、综合性的人文素质教材《大学实用语文》,以满足立德树人和提高学生口头和书面表达能力的实际需要,促进职业院校的育人目标的实现。

　　《大学实用语文》以项目为导向,进行模块学习和训练,设置人文修养、实用写作、实用口才三大项目。其特点如下:

　　1. 针对性。本教材为高等职业院校学生"量身定做"。一是针对学生实际进行人文素质培育,编选人文修养项目,涵盖"理想信念　浩然正气""社会人生　冰雪肝胆""熟读深思　睿智哲学""恣肆汪洋　别具只眼""习惯养成　道法自然"及"贵生重情　洞明世事"六个模块,发挥文学的审美功能,增强学生的人文情怀;二是针对学生实际强化大学语文的工具性,编选实用写作、实用口才两大项目,重点提高学生的说写能力,满足学生在校学习、生活需要,并为学生今后走向社会打下坚实的基础。

　　2. 实效性。本教材的实效性既体现在所选作品篇目、文种、语境的典型性、亲近性、兴趣性,也体现在训练的系统性、充分性和科学性。人文素质培育部分的练习紧紧围绕思考、口才和写作能力的提高展开,训练内容丰富,安排科学,又为后面的实用写作和实用口才的学习和训练奠定了良好的基础。教材整体内容既各成版块,又融为整体,其讲解部分突出的整体性、典型性、亲近性、兴趣性和练习部分突出的系统性、充分性和科学性,确保了本教材的实效性。

　　3. 创新性。创新意味着进步,创新意味着效率。本教材精缩课程、精构体系、精选内容、精编练习,紧紧围绕人文素质、实用写作、实用口才三大版块和目标着力,更加贴近职业院校学生素质培育的实际;整个讲解内容和训练内容前后相承,重点突出,丰富到位,体现了极高的典型性、系统性和科学性。本教材既不同于以选篇为主的"大学语文"教材,也不同于缺乏系统性和亲近性的"大学实用语文"教材,而是一本切实构成体系的具有针对性和科学性的创新性教材。

4. 开放性。开放意味着容纳,意味着与时俱进。本教材虽然已经形成具有特色的体系,但也呈现极大的开放性。一是选篇在符合模块主旨功能的前提下可以有多种形式的更换,既可选讲例文,也可选讲拓展文章,练习部分在思考、写作和口才三大项目前提下可变换具体题目,从而进一步增加针对性和兴趣性;二是以附录承载的知识拓展部分可以灵活增添内容;三是本教材具有建成网络一体化课程的基本框架,具备容纳各类载体资料的体系基础。

基于以上特点,本教材主要适用于高等职业院校学生,除此之外,对社会各界人士提高语文实用能力也有重要的实际作用。

由于不同学校、不同专业课程开设的时长不同,建议使用本教材时根据学生的情况和专业特点有所侧重,灵活处理,在条件具备的情况下,建议按下表分配课时。

| 项目 | 课时 | 理论教学课时 | 实践教学课时 |
|---|---|---|---|
| 项目一 人文修养 | 16 | 10 | 6 |
| 项目二 实用写作 | 10 | 4 | 6 |
| 项目三 实用口才 | 10 | 4 | 6 |
| 附 录 知识拓展 | 4 | 2 | 2 |
| 合计 | 40 | 20 | 20 |

参与本教材编写的人员与分工情况如下:

张向辉执笔项目一中的模块一、模块二,模块三中的一、二、三节;段秋月执笔项目一中模块三的第四节,模块四、模块五、模块六中的第一节;梁珊执笔项目一中模块六的二、三、四、五节,项目二中模块一的第一节;杜晓萍执笔项目二中模块一的二、三节,模块二,项目三中的模块二;王萌执笔项目二中的模块三和附录部分;吕志梅执笔项目三中的模块一。全书由段秋月做了统一的体例调整和文字润色。

在编写本教材的过程中,编者参考了大量的图书、报纸、杂志及互联网上的相关内容,分别以脚注和参考文献的形式标示于书中、书后。在此,特向相关作者表示感谢,同时,因未能及时与原作者一一联系而致歉。

虽然参与本教材编写的人员都是承担相应课程教学的骨干教师和本领域的专家、学者,本教材是大家多年丰富的教学经验及相关教材编写经验的结晶,但毕竟能力、水平有限,书中的错误、不足仍在所难免,敬请广大读者批评指正。

编 者

2020 年 4 月

# 目录

## 项目一 人文修养

# 项目三 实用口才

# 附录 知识拓展

# 项目一　人文修养

　　从第一部文学作品总集《诗经》和第一位伟大作家屈原开始，我国先后涌现出了诸如司马迁、李白、杜甫、苏轼、鲁迅、郭沫若、曹禺等灿若繁星的著名文学家。在世界文学的长河里，涌现出如泰戈尔、莎士比亚、亚历山大·仲马、高尔基、列夫·托尔斯泰等驰名中外的文坛巨匠，他们的作品也对后世产生着深远的影响。

　　大学语文教育有培根固本的特性，它承载着传承民族精神、弘扬民族优秀传统文化的历史使命。"文章千古事，得失寸心知"，文学欣赏是非常重要的手段，能丰富学生知识、陶冶情操和净化心灵，提高对世界的理解及表述的能力，文学欣赏能力是学生必须培养和具备的一种能力。本项目选取的六个模块按照文章主题集结，有的文章可以使同学们坚定理想信念，培养浩然正气；有的文章可以引领同学们熟读深思，学会思辨。同学们可以在"大学语文"的学习中汲取文学精华，改善思维品质，提升创造力，培养终身学习的能力。

# 模块一　理想信念　浩然正气

## 渔　父[1]

[战国·楚] 屈　原

### 引人入胜

　　《渔父》出自《楚辞》。东汉文学家王逸认为:《渔父》者,屈原之所作也。这是屈原在被流放后,政治上遭受迫害,人生遇到困顿,处在困恶之境下创作出来的佳作。

　　本文以简短而凝练的文字塑造了屈原和渔父两个迥然不同的人物形象。渔父是一个与世推移、随遇而安、乐天知命的隐士。他看透尘世的纷纷扰扰,但决不回避,而是恬然自安,将自我的情操寄托到无尽的大自然中,在随性自适中保持自我人格的节操。渔父是作为屈原的对立面存在的,面对社会的黑暗、污浊,屈原则显得执着、决绝,他始终坚守着人格之高标,追求清白高洁的人格精神,宁愿舍弃生命,也不与污浊的尘世同流合污,虽然理想破灭了,但至死不渝,信念屹立不倒。

　　本文不仅塑造了两个理想鲜明、人格高洁和信念坚定的人物形象,更是通过问答体式,采用对比手法,运用精警飘逸的语言,表现了两种人生态度和截然不同的思想性格,这也正是千百年来屈原赢得人们无限尊敬的原因之一。

### 走近作者

　　屈原:名平,字原,丹阳(今湖北秭归县)人,战国末期楚国人,杰出的政治家和爱国诗人。

　　屈原出生于楚威王元年(前339)。据《史记·屈原贾生列传》,屈原曾任楚怀王左徒,他"博闻强志,明于治乱,娴于辞令""入则与王图议国事,以出号令;出则接遇宾客,应对诸侯",对内主张举贤任能,对外主张联齐抗秦,深得楚怀王的信任。上官大夫靳尚出于妒忌,趁屈原为楚怀王拟订宪令之时,在怀王面前诬陷屈原,怀王于是"怒而疏屈平"。此后,楚国一再见欺于秦,屈原曾谏楚怀王杀张仪,又劝谏怀王不要前往秦国和秦王相会,都没被采纳。楚怀王死于秦国后,顷襄王即位,屈原再次受到令尹子兰和上官大夫靳尚的谗害,被顷襄王放逐,终投汨罗江而死。

　　屈原的主要作品有《离骚》、《天问》、《九歌》(11篇)、《九章》(9篇)、《招魂》等。传说屈原于农历五月五日投江自尽，民间五月五日端午节包粽子、赛龙舟的习俗就源于人们对屈原的纪念。1953年，屈原被列为"世界四大文化名人"之一，其文化影响力举世瞩目。

　　关于《渔父》的作者，尚存争论。从作品的文风上来看，渔父是一位避世隐身、钓鱼江滨的隐士，他劝屈原与世俗同流，不必独醒高举，而屈原则强调"宁赴湘流，葬于江鱼腹中"，也要保持自己清白的节操，这种精神与《离骚》中"虽体解吾犹未"的精神是一致的。

## 文本赏析

　　屈原既[2]放，游于江潭，行吟泽畔，颜色[3]憔悴，形容[4]枯槁。

　　渔父见而问之曰："子非三闾大夫[5]与？何故至于斯？"

　　屈原曰："举世皆浊我独清，众人皆醉我独醒，是以见放[6]。"

　　渔父曰："圣人不凝滞于物，而能与世推移。世人皆浊，何不淈[7]其泥而扬其波？众人皆醉，何不餔其糟而歠其醨[8]？何故深思高举[9]，自令放为？"

　　屈原曰："吾闻之，新沐[10]者必弹冠，新浴[11]者必振衣；安能以身之察察[12]，受物之汶汶[13]者乎？宁赴湘流，葬于江鱼之腹中。安能以皓皓[14]之白，而蒙世俗之尘埃乎？"

　　渔父莞尔[15]而笑，鼓枻[16]而去。

　　歌曰："沧浪之水清兮[17]，可以濯吾缨[18]；沧浪之水浊兮，可以濯吾足。"遂去[19]，不复[20]与言。

## 字词注释

　　[1]本文选自林家骊译注，《楚辞》，中华书局，2009年版。渔父(fǔ)：打鱼的老人。父，古代对老年男子的尊称。

　　[2]既：已经，引申为"(在)……之后"。

　　[3]颜色：脸色。

　　[4]形容：形体容貌。

　　[5]三闾(lú)大夫：楚国掌管王族屈、景、昭三姓事务的官。屈原曾任此职。

　　[6]是：这。以：因为。

　　[7]淈(gǔ)：搅浑。

　　[8]餔(bū)：吃，一作"哺"(bū)。糟：酒糟。歠(chuò)：饮。醨(lí)：通"醯"，薄酒。现在有成语：哺糟歠醨，意思是吃酒糟，喝薄酒。指追求一醉，亦比喻屈志从俗，随波逐流。另也用来比喻文字优美，令人陶醉。

　　[9]高举：高出世俗的行为。在文中与"深思"都是渔父对屈原的批评，有贬义，故译为(在

行为上)自命清高。举,举动。

〔10〕沐:洗头。

〔11〕浴:洗身,洗澡。

〔12〕察察:皎洁的样子。

〔13〕汶(wén)汶:污浊的样子。

〔14〕皓皓:洁白的或高洁的样子。

〔15〕莞尔:微笑的样子。

〔16〕鼓枻(yì):摇摆着船桨。鼓:拍打。枻:船桨。

〔17〕沧浪:水名,汉水的支流,在湖北境内。或谓沧浪为水清澈的样子。"沧浪之水清兮"四句,这首《沧浪歌》也见于《孟子·离娄上》。

〔18〕濯(zhuó):洗。缨:系冠的带子,在额下打结。

〔19〕遂:于是。去:离开。

〔20〕复:再。

## 思考表达

**体悟思索:**

《渔父》运用对比的手法起到了什么效果?你读过哪些对话形式的作品,对话形式会给你什么感受?通过对屈原和渔父两个形象的把握,请谈谈你对儒家思想和道家思想的理解以及其现实意义。

**口才表达:**

请对你所熟悉的一个人做口头描述和评价,尽可能做到恰如其分。

**书面表达:**

人们常说:人贵有自知之明。请你为自己写一个小传。

微课赏析

《渔父》

# 青梅煮酒论英雄[1]

## ［明］罗贯中

### 引人入胜

本文选自《三国演义》第二十一回。刘备此时迫于无奈归附了曹操，手下将不过关张，兵不过三千。但刘备却是一代豪杰，《三国志》里说刘备"盖有高祖之风，英雄之器焉！"意思是刘备和刘邦一样，都不是屈居人下的将兵之才，而是领袖群伦的将将之才。而且他已与国舅董承立盟除曹。刘备深知曹操多疑，而且狠辣。所以每日在许昌的府邸里种菜，以为韬晦之计。曹操何等人物，遍识天下英雄，当然对刘备有很透彻的了解。他自然也知道，一旦羽翼丰满，刘备将是一位非常可怕的对手。因此以饮酒小聚为名相邀，实为试探之意。

此次酒局有如当年的"鸿门宴"，杀机重重，步步惊心。从曹操的"说破英雄惊杀人"到刘备"随机应变信如神"，可谓处处玄机。曹操的睥睨群雄之态、雄霸天下之志表露无遗，且时时不忘对刘备敲山震虎，留心试探；而刘备大智若愚、遮掩锋芒，也表现出了一世豪杰所应有的技巧和城府。两位人杰于推杯换盏之间展开了一场精彩纷呈、扣人心弦的心理战。

### 走近作者

罗贯中（约1330—约1400），名本，号湖海散人。元末明初小说家。罗贯中才华出众，但时局动乱，政治腐败，郁郁不得志，转而从事著书。

他广泛搜罗有关平话、戏剧和传说，参考陈寿《三国志》和裴松之的注，根据自己的生活经验，对三国故事进行了再创造；以史实为基础，融入大胆而合理的想象和虚构，创作了我国第一部章回体小说巨著《三国志通俗演义》。

### 文本赏析

一日，关、张不在，玄德正在后园浇菜，许褚、张辽引数十人入园中曰："丞相有命，请使君便行。"玄德惊问曰："有甚紧事？"许褚曰："不知。只教我来相请。"玄德只得随二人入府见操。操笑曰："在家做得好大事！"唬得玄德面如土色。操执玄德手，直至后园，曰："玄德学圃不易！"玄德方才放心，答曰："无事消遣耳。"操曰："适见枝头梅子青青，忽感去年征张绣时，道上缺水，将士皆渴；吾心生一计，以鞭虚指曰：'前面有梅林。'军士闻之，口皆生唾，由是不渴。今见此梅，不可不赏。又值煮酒正熟，故邀使君[2]小亭一会。"玄德心神方定。随至小亭,已设樽俎[3]:盘置青梅,一樽煮酒。二人对坐,开怀畅饮。

酒至半酣,忽阴云漠漠,骤雨将至。从人遥指天外龙挂[4],操与玄德凭栏观之。操曰:"使君知龙之变化否?"玄德曰:"未知其详。"操曰:"龙能大能小,能升能隐;大则兴云吐雾,小则隐介藏形;升则飞腾于宇宙之间,隐则潜伏于波涛之内。方今春深,龙乘时变化,犹人得志而纵横四海。龙之为物,可比世之英雄。玄德久历四方,必知当世英雄。请试指言之。"玄德曰:"备肉眼安识英雄?"操曰:"休得过谦。"玄德曰:"备叨恩庇,得仕于朝。天下英雄,实有未知。"操曰:"既不识其面,亦闻其名。"玄德曰:"淮南袁术,兵粮足备,可为英雄?"操笑曰:"冢中枯骨,吾早晚必擒之!"玄德曰:"河北袁绍,四世三公,门多故吏;今虎踞冀州之地,部下能事者极多,可为英雄?"操笑曰:"袁绍色厉胆薄,好谋无断;干大事而惜身,见小利而忘命:非英雄也。"玄德曰:"有一人名称八俊,威镇九州。刘景升可为英雄?"操曰:"刘表虚名无实,非英雄也。"玄德曰:"有一人血气方刚,江东领袖——孙伯符乃英雄也?"操曰:"孙策藉父之名,非英雄也。"玄德曰:"益州刘季玉,可为英雄乎?"操曰:"刘璋虽系宗室,乃守户之犬耳,何足为英雄!"玄德曰:"如张绣、张鲁、韩遂等辈皆何如?"操鼓掌大笑曰:"此等碌碌小人,何足挂齿!"玄德曰:"舍此之外,备实不知。"操曰:"夫英雄者,胸怀大志,腹有良谋,有包藏宇宙之机,吞吐天地之志者也。"玄德曰:"谁能当之?"操以手指玄德,后自指,曰:"今天下英雄,惟使君与操耳!"玄德闻言,吃了一惊,手中所执匙箸[5],不觉落于地下。时正值天雨将至,雷声大作。玄德乃从容俯首拾箸曰:"一震之威,乃至于此。"操笑曰:"丈夫亦畏雷乎?"玄德曰:"圣人迅雷风烈必变,安得不畏?"将闻言失箸缘故,轻轻掩饰过了。操遂不疑玄德。后人有诗赞曰:"勉从虎穴暂趋身,说破英雄惊杀人。巧借闻雷来掩饰,随机应变信如神。"

大雨方住,见两个人撞入后园,手提宝剑,突至亭前,左右拦挡不住。操视之,乃关、张二人也。原来二人从城外射箭方回,听得玄德被许褚、张辽请将去了,慌忙来相府打听;闻说在后园,只恐有失,故冲突而入。却见玄德与操对坐饮酒。二人按剑而立。操问二人何来。云长曰:"听知丞相和兄饮酒,特来舞剑,以助一笑。"操笑曰:"此非'鸿门会',安用项庄、项伯乎?"玄德亦笑。操命:"取酒与二'樊哙'压惊。"关、张拜谢。须臾席散,玄德辞操而归。云长曰:"险些惊杀我两个!"玄德以落箸事说与关、张。关、张问是何意。玄德曰:"吾之学圃,正欲使操知我无大志;不意操竟指我为英雄,我故失惊落箸。又恐操生疑,故借惧雷以掩饰之耳。"关、张曰:"兄真高见!"

**字词注释**

[1]本文选自(明)罗贯中,《三国演义》(上),商务印书馆,2017年版,题目为编者所加。

[2]使君:此处为对刘备的尊称。

[3]樽俎(zūnzǔ):樽,古代盛酒的器具。俎:切菜放菜的砧板。

[4]龙挂:龙卷风。

[5]箸:筷子。

## 思考表达

**体悟思索：**

1. 曹操认为真正的英雄需要具备哪些特点？曹操煮酒论当世英雄的目的是什么？这表现了曹操的什么性格特点？

2. 试结合本文内容评析刘备的性格特点。

3. 曹操和刘备谁更接近你心目中的英雄形象？

**口才表达：**

本文中的曹操和我们从《短歌行》《龟虽寿》这些诗歌中感受到的，以及在历史书中了解到的有什么不同？试以此为题与同学们展开讨论。

**书面表达：**

有人说，我们现在这个时代是没有也不需要英雄的时代。对此，你怎么看？请把你的思考以"时代与英雄"为题，写成一篇文章。

# 飞 鸟 集[1]

## ［印度］泰戈尔

**引人入胜**

《飞鸟集》是印度诗人泰戈尔的代表作之一,也是世界上最杰出的诗集之一,它包括 300 余首清丽的小诗。白昼和黑夜、溪流和海洋、自由和背叛,都在泰戈尔的笔下合二为一,短小的语句道出了深刻的人生哲理,引领世人探寻真理和智慧的源泉。

《飞鸟集》是一部富于哲理的英文格言诗集,共收录诗歌 325 首,初版于 1916 年完成。其中一部分是诗人译自自己的孟加拉文格言诗集《碎玉集》(1899),另外一部分则是诗人 1916 年造访日本时的即兴英文诗作。诗人在日本居留三月有余,不断有淑女求其题写扇面或纪念册。考虑到这一背景,我们就不难理解这些诗何以大多只有一两行。诗人曾经盛赞日本俳句的简洁,他的《飞鸟集》显然受到了这种诗体的影响。因此,深刻的智慧和简短的篇幅为其鲜明特色。美籍华人学者周策纵先生认为,这些小诗"真像海滩上晶莹的鹅卵石,每一颗自有一个天地。它们是零碎的、短小的;但却也是丰富的、深刻的"。可谓言之有理。

**走近作者**

泰戈尔(1861—1941),印度诗人、文学家、社会活动家、哲学家和印度民族主义者。代表作有《吉檀迦利》《飞鸟集》《眼中沙》《四个人》《家庭与世界》《园丁集》《新月集》《最后的诗篇》《戈拉》《文明的危机》等。

1861 年 5 月 7 日,泰戈尔出生于印度加尔各答一个富有的贵族家庭,13 岁即能创作长诗和颂歌体诗集。1878 年赴英国留学,1880 年回国专门从事文学活动。1884—1911 年担任梵社秘书,20 世纪 20 年代创办国际大学。1913 年,他凭借《吉檀迦利》成为第一位获得诺贝尔文学奖的亚洲人。1941 年写作控诉英国殖民统治并相信祖国必将获得独立解放的遗言《文明的危机》。

**文本赏析**

1

夏天的飞鸟,飞到我的窗前唱歌,又飞去了。

秋天的黄叶,它们没有什么可唱,只叹息一声,飞落在那里。

6

如果你因失去了太阳而流泪,那么你也将失去群星了。

12

"海水呀,你说的是什么?"

"是永恒的疑问。"

"天空呀,你回答的话是什么?"

"是永恒的沉默。"

14

创造的神秘,有如夜间的黑暗——是伟大的。而知识的幻影却不过如晨间之雾。

24

休息与工作的关系,正如眼睑与眼睛的关系。

35

鸟儿愿为一朵云。

云儿愿为一只鸟。

45

他把他的刀剑当作他的上帝。

当他的刀剑胜利的时他自己却失败了。

52

人不能在他的历史中表现出他自己,他在历史中奋斗着露出头角。

93

权势对世界说道:"你是我的"。

世界便把权势囚禁在她的宝座下面。

爱情对世界说道:"我是你的。"

世界便给予爱情以在她屋内来往的自由。

163

萤火对天上的星说道:"学者说你的光明总有一天会消灭的。"

天上的星不回答它。

231

鸟翼上系上了黄金,这鸟便永不能再在天上翱翔了。

320

我攀登上高峰,发现在名誉的荒芜不毛的高处,简直找不到一个遮身之地。我的引导者呵,领导着我在光明逝去之前,进到沉静的山谷里去吧。在那里,一生的收获将会成熟为黄金的智慧。

## 字词注释

[1] 本文选自[印]泰戈尔著,郑振铎译,《新月集·飞鸟集》,北京十月文艺出版社,2009年版。

## 思考表达

**体悟思索:**

阅读《飞鸟集》全本,选择你最喜欢的诗句,体会其中的人生哲理。

**口才表达:**

结合中国作家冰心的《繁星》等作品,谈谈你对格言小诗的理解。

**书面表达:**

结合自己的生活感悟,模仿本文,写一首哲理小诗。

# 相信未来[1]

## 食　指

　　《相信未来》是食指于 1968 年创作的一首朦胧诗。该诗以其深刻的思想、优美的意境、朗朗上口的诗风,让人们懂得了在逆境中怎样好好生活,怎样自我鼓励,怎样矢志不渝地恪守自己对明天的承诺。该诗曾以手抄本的形式在社会上广为流传,并迅速传颂于一代青年人的口中,食指也因此拥有了"知青诗魂"的称号。北京大学教授严家炎曾说:"《相信未来》有着最迷人的色彩,在当时是青年人心中最温暖的干柴。"

走近作者

　　食指(1948—　　),本名郭路生,因母亲在行军途中分娩,所以起名路生。笔名食指,中国著名诗人。小学开始热爱诗歌,20 岁时写的名作《相信未来》《海洋三部曲》《这是四点零八分的北京》等以手抄本的形式在社会上广为流传。阿城插队内蒙古时,托人抄录了食指的全部诗作;陈凯歌考电影学院时,曾朗诵食指的《写在朋友结婚的时候》。1973 年食指被诊断患有精神分裂症,入北医三院就医,出院后继续写作。1990 年至今在北京第三福利院接受治疗。2001年 4 月 28 日与已故诗人海子共同获得第三届人民文学奖诗歌奖。著有诗集《相信未来》《食指、黑大春现代抒情诗合集》《诗探索金库·食指卷》《食指的诗》。

文本赏析

当蜘蛛网[2]无情地查封了我的炉台[3],
当灰烬的余烟叹息着贫困的悲哀,
我依然固执地铺平失望的灰烬,
用美丽的雪花写下:相信未来。

当我的紫葡萄化为深秋的露水,
当我的鲜花依偎在别人的情怀,
我依然固执地用凝霜的枯藤,
在凄凉的大地上写下:相信未来。

我要用手指那涌向天边的排浪，
我要用手掌那托起太阳的大海，
摇曳着曙光那枝温暖漂亮的笔杆，
用孩子的笔体写下：相信未来。

我之所以坚定地相信未来，
是我相信未来人们的眼睛——
她有拨开历史风尘的睫毛，
她有看透岁月篇章的瞳孔。

不管人们对于我们腐烂的皮肉，
那些迷途的惆怅，失败的苦痛，
是寄予感动的热泪，深切的同情，
还是给以轻蔑的微笑，辛辣的嘲讽。

我坚信人们对于我们的脊骨，
那无数次地探索、迷途、失败和成功，
一定会给予热情、客观、公正的评定，
是的，我焦急地等待着他们的评定。

朋友，坚定地相信未来吧，
相信不屈不挠的努力，
相信战胜死亡的年轻，
相信未来，热爱生命。

## 字词注释

[1] 本文选自食指著，《食指的诗》，人民文学出版社，2000 版。
[2] 蜘蛛网：黑暗的势力。
[3] 我的炉台：产生希望的地方。

## 思考表达

**体悟思索：**
诗人用什么意象代表了重重逆境，为什么选择相信未来？

**口才表达:**

分析作者在选择意象上的独特性。

**书面表达:**

请以《我的未来不是梦》为题,写一篇演讲稿。

───── 推 荐 阅 读 ─────

1. 贺敬之《回延安》
2. 屈原《卜居》
3. 曹植《白马篇》
4. 罗贯中《三国演义》
5. 王鼎均《中国在我墙上》
6. 梁启超《少年中国说》
7. 金克木《文化问题断想》
8. [德]叔本华《名誉》
9. [美]奥里森·马登《优秀品质的吸引力》
10. [英]温斯顿·李安纳德·史宾塞·丘吉尔《写作的乐趣》

# 模块二　社会人生　冰雪肝胆

## 史记·垓下之围（节选）[1]

### ［汉］司马迁

**引人入胜**

　　《垓下之围》节选自西汉史学家司马迁所著《史记》中第七卷《项羽本纪》，通过对项羽悲剧英雄末路的描述，展现了他失败时的英雄风采。

　　作者通过垓下之围、东城快战、乌江自刎三个场面的描写，多角度、多层次地刻画了项羽的性格，既有霸王别姬的儿女情长，又有东城溃围的勇猛善战；既有阴陵迷道、归败于天的寡谋、自负，又有乌江拒渡、赠马亭长、赐头故人的知耻重义、纯朴仁爱。作者还在历史事实的基础上进行了艺术加工，写出了许多生动传神的细节，如"虞兮虞兮"的千古悲歌、"田父绐曰"的生死机缘、愧对父老的知耻良心、赠马赐头的临终义举等，使这篇文字达到雄奇悲壮的美学境界，读之令人荡气回肠。

**走近作者**

　　司马迁，生于前 145 年，卒年不可考。字子长，夏阳（今陕西韩城）人，一说龙门（今山西河津）人。西汉史学家、散文家，司马谈之子，早年博览群书，游遍名山大川。因替李陵败降之事辩解而受宫刑，后任中书令，发奋继续完成所著史籍，被后世尊称为史迁、太史公、历史之父。他以其"究天人之际，通古今之变，成一家之言"的史识创作了中国第一部纪传体通史《史记》（原名《太史公书》）。该书记载了从上古传说中的黄帝时期，到汉武帝元狩元年，长达 3 000 多年的历史，是"二十四史"之首，被公认是中国史书的典范，鲁迅称赞它为"史家之绝唱，无韵之离骚"。

**文本赏析**

　　项王军壁[2]垓下[3]，兵少食尽，汉军及诸侯兵围之数重。夜闻汉军四面皆楚歌[4]，项王乃大惊曰:"汉皆已得楚乎?是何楚人之多也!"项王则夜起,饮帐中。有美人名虞,常幸从[5];骏马名骓[6],常骑之。于是项王乃悲歌慷慨,自为诗曰:"力拔山兮气盖世,时不利兮骓不逝[7]。骓不逝兮可奈何,虞兮虞兮奈若何[8]!"歌数阕[9],美人和之。项王泣数行下,左右皆泣,莫[10]能仰视。

于是项王乃上马骑[11],麾下[12]壮士骑从者八百余人,直夜[13]溃围[14]南出,驰走。平明[15],汉军乃觉之,令骑将灌婴以五千骑追之。项王渡淮,骑能属者[16]百余人耳。项王至阴陵[17],迷失道,问一田父[18],田父绐[19]曰:"左。"左,乃陷大泽中,以故汉追及之。项王乃复引兵而东,至东城[20],乃有二十八骑。汉骑追者数千人。项王自度[21]不得脱[22],谓其骑曰:"吾起兵至今八岁矣,身[23]七十余战,所当者[24]破,所击者服,未尝败北[25],遂霸有天下。然今卒[26]困于此,此天之亡我,非战之罪也。今日固[27]决死,愿为诸君快战,必三胜之,为诸君溃围,斩将,刈[28]旗,令诸君知天亡我,非战之罪也。"乃分其骑以为四队,四向[29]。汉军围之数重。项王谓其骑曰:"吾为公取彼一将。"令四面骑驰下,期[30]山东[31]为三处[32]。于是项王大呼驰下,汉军皆披靡[33],遂斩汉一将。是时,赤泉侯[34]为骑将,追项王,项王瞋目[35]而叱[36]之,赤泉侯人马俱惊,辟易[37]数里。与其骑会为三处。汉军不知项王所在,乃分军为三,复围之。项王乃驰,复斩汉一都尉,杀数十百人,复聚其骑,亡其两骑耳。乃谓其骑曰:"何如?"骑皆伏[38]曰:"如大王言!"

于是项王乃欲东渡乌江。乌江[39]亭长舣[40]船待,谓项王曰:"江东虽小,地方千里,众数十万人,亦足王也。愿大王急渡。今独臣有船,汉军至,无以渡。"项王笑曰:"天之亡我,我何渡为!且籍与江东子弟八千人渡江而西,今无一人还,纵[41]江东父兄怜而王我[42],我何面目见之?纵彼不言,籍独不愧于心乎?"乃谓亭长曰:"吾知公长者[43]。吾骑此马五岁,所当无敌,尝一日行千里,不忍杀之,以赐公。"乃令骑皆下马步行,持短兵接战。独籍所杀汉军数百人。项王身亦被[44]十余创,顾[45]见汉骑司马吕马童,曰:"若非吾故人[46]乎?"马童面之[47],指王翳[48]曰:"此项王也。"项王乃曰:"吾闻汉购我头千金,邑万户,吾为若德[49]。"乃自刎而死。王翳取其头,余骑相蹂践争项王,相杀者数十人。最其后,郎中骑杨喜,骑司马吕马童,郎中吕胜、杨武各得其一体。五人共会其体,皆是,故分其地为五:封吕马童为中水侯,封王翳为杜衍侯,封杨喜为赤泉侯,封杨武为吴防侯,封吕胜为涅阳侯[50]。

……

太史公[51]曰:吾闻之周生[52]曰"舜目盖[53]重瞳子[54]",又闻项羽亦重瞳子。羽岂其苗裔[55]邪?何兴之暴[56]也!夫秦失其政,陈涉首难,豪杰蜂起,相与并争,不可胜数。然羽非有尺寸[57],乘势起陇亩[58]之中,三年,遂将[59]五诸侯[60]灭秦,分裂天下,而封王侯,政由羽出,号为"霸王",位虽不终,近古以来未尝有也。及羽背关怀楚[61],放逐义帝而自立,怨王侯叛己,难矣。自矜[62]功伐[63],奋其私智[64]而不师古,谓霸王之业,欲以力征经营天下,五年卒亡其国,身死东城,尚不觉寤而不自责,过矣[65]。乃引[66]"天亡我,非用兵之罪也",岂不谬哉!

## 字词注释

［1］本文选自韩兆琦译注，《史记》，中华书局，2007年版，题目为编者所加。

［2］壁：营垒；此处用作动词，即在……扎营。

［3］垓下：地名，在今安徽灵璧东南。

［4］四面皆楚歌：四面八方都响起用楚方言所唱的歌曲。喻指楚人多已降汉。

［5］幸从：得到宠爱，跟随在项羽身边。

［6］骓（zhuī）：毛色黑白相间的马。这里是以毛色为马命名。

［7］逝：奔驰。

［8］奈若何：将你怎么办。若，你。

［9］数阕（què）：好几遍。乐曲终止叫"阕"。

［10］莫：没有人。

［11］骑（jì）：名词，一人一马为一骑。

［12］麾下：部下。

［13］直夜：当夜。直，介词，当……时候。

［14］溃围：突破重围。

［15］平明：天亮时。

［16］骑能属者：能跟从而来的骑兵。属，随从。

［17］阴陵：秦时地名，在今安徽定远县西北。

［18］田父：农夫。

［19］绐（dài）：古同"诒"，欺骗、诈骗。

［20］东城：秦时地名，在今安徽定远县东南。

［21］度（duó）：揣测，估计。

［22］脱：脱身。

［23］身：亲身参加。

［24］所当者：所遇到的敌方。

［25］败北：战败，败走。

［26］卒：最终。

［27］固：必，一定。

［28］刈（yì）：割，砍。

［29］四向：向着四面。

［30］期：约定。

［31］山东：山的东面。

［32］为三处：意谓分三处集合。

〔33〕披靡:如草随风而倒,这里形容汉军惊溃散乱的样子。

〔34〕赤泉侯:汉将杨喜,因破项羽有功,封赤泉侯。赤泉,地名,在今河南淅川西。

〔35〕瞋(chēn)目:瞪大眼睛。

〔36〕叱(chì):大声呵斥。

〔37〕辟易:倒退。

〔38〕伏:同"服",心服。

〔39〕乌江:即今安徽和县东北之乌江浦。

〔40〕舣(yǐ):移船靠岸。

〔41〕纵:即使。

〔42〕王我:拥护我为王。

〔43〕长者:性情谨厚的人。

〔44〕被:遭受。

〔45〕顾:回头看。

〔46〕故人:旧相识。吕马童系项羽旧部,后背楚投汉。

〔47〕面之:面对着项王。

〔48〕指王翳:把项王指给王翳看。王翳,灌婴的部下。

〔49〕吾为若德:我给你个好处。

〔50〕涅阳侯:同上面的中水侯、杜衍侯、赤泉侯、吴防侯,都是封号。涅阳,在今河南镇平南。中水,在今河北献县西北。杜衍,在今河南南阳西南。赤泉,见上。吴防,在今河南遂平。

〔51〕太史公:即太史令,司马迁自称。《史记》每篇传记文后均设"太史公曰"一段文字,以抒发他对传主一生行事、遭遇的总结性意见。

〔52〕周生:周先生,汉时儒者,名不详。

〔53〕盖:表推测,"或许是""可能是"之意。

〔54〕重瞳子:旧说指一只眼睛里有两个眸子。

〔55〕苗裔:后代。

〔56〕暴:骤然,突然。

〔57〕尺寸:尺寸之地,指极少的封地。

〔58〕陇亩:田野,指民间。

〔59〕将:率领。

〔60〕五诸侯:齐、赵、汉、魏、燕五国。此处泛指楚以外的各路义军。

〔61〕背关怀楚:项羽之叔项梁起兵时,立楚王后代熊心为怀王,灭秦后项羽尊其为义帝。后项羽自立为西楚霸王,徙义帝往长沙郴县,并密令于途中杀之。

〔62〕自矜:自夸,自负。

〔63〕攻伐:指武力征伐之功业。

〔64〕私智:一己之能。

［65］过矣：实在是大错特错了。

［66］引：援引，以……为理由。

## 思考表达

**体悟思索：**

项羽将他的失败归于"此天之亡我，非战之罪"，你如何看待这个归因？

**口才表达：**

你觉得项羽兵败自刎乌江的做法对吗？为什么？

**书面表达：**

试想项羽在自刎之前会对他的将士和世人说些什么，请你代他写一份临终遗言。

# 伤逝(节选)[1]

## 鲁　迅

《伤逝》选自鲁迅小说集《彷徨》,是鲁迅唯一一部以青年的恋爱和婚姻为题材的作品。

小说采用"涓生手记"的方式回顾了涓生和子君的恋爱及其破灭的过程。主人公涓生和子君冲破封建势力的重重阻碍,争得了自主婚姻并建立了"满怀希望的小小的家庭",但婚后不久爱情归于失败,最终以涓生的"伤"和子君的"逝"为结局。通过涓生、子君始以争取个性解放、婚姻自主,终却落到悲惨结局的描写,反映了个人和社会的冲突:离开整个社会的解放,个性的解放和婚姻自主是无法实现的。

小说语言优美凝练,富有诗的情韵;开头结尾部分有些语句故意重复,不仅在结构上起着贯通前后的作用,而且有物是人非之感,加强了抒情气氛,有助于主题的表达;有些句子写得委婉含蓄,寓意深刻,发人深思,深化了主题。

鲁迅(1881—1936),原名周樟寿,后改名周树人,字豫山,后改为豫才,"鲁迅"是他1918年发表《狂人日记》时所用的笔名,也是他影响最为广泛的笔名。浙江绍兴人,著名文学家、思想家,五四新文化运动的重要参与者,中国现代文学的奠基人。毛泽东曾评价:"鲁迅的方向,就是中华民族新文化的方向。"鲁迅一生在文学创作、文学批评、思想研究、文学史研究、翻译、美术理论引进、基础科学介绍和古籍校勘与研究等多个领域具有重大贡献。他对于五四运动以后的中国社会思想文化发展具有重大影响,蜚声世界文坛,尤其在韩国、日本思想文化领域有极其重要的地位和影响,被誉为"二十世纪东亚文化地图上占最大领土的作家"。

……

她从此又开始了往事的温习和新的考验,逼我做出许多虚伪的温存的答案来,将温存示给她,虚伪的草稿便写在自己的心上。我的心渐被这些草稿填满了,常觉得难于呼吸。我在苦恼中常常想,说真实自然须有极大的勇气的;假如没有这勇气,而苟安于虚伪,那也便是不能开辟新的生路的人。不独不是这个,连这人也未尝有!

子君有怨色，在早晨，极冷的早晨，这是从未见过的，但也许是从我看来的怨色。我那时冷冷地气愤和暗笑了；她所磨练的思想和豁达无畏的言论，到底也还是一个空虚，而对于这空虚却并未自觉。她早已什么书也不看，已不知道人的生活的第一着是求生，向着这求生的道路，是必须携手同行，或奋身孤往的了，倘使只知道捶着一个人的衣角，那便是虽战士也难于战斗，只得一同灭亡。

我觉得新的希望就只在我们的分离；她应该决然舍去，——我也突然想到她的死，然而立刻自责，忏悔了。幸而是早晨，时间正多，我可以说我的真实。我们的新的道路的开辟，便在这一遭。

我和她闲谈，故意地引起我们的往事，提到文艺，于是涉及外国的文人，文人的作品：《诺拉》，《海的女人》。称扬诺拉的果决……。也还是去年在会馆的破屋里讲过的那些话，但现在已经变成空虚，从我的嘴传入自己的耳中，时时疑心有一个隐形的坏孩子，在背后恶意地刻毒地学舌。

她还是点头答应着倾听，后来沉默了。我也就断续地说完了我的话，连余音都消失在虚空中了。

"是的。"她又沉默了一会，说，"但是，……涓生，我觉得你近来很两样了。可是的？你，——你老实告诉我。"

我觉得这似乎给了我当头一击，但也立即定了神，说出我的意见和主张来：新的路的开辟，新的生活的再造，为的是免得一同灭亡。

临末，我用了十分的决心，加上这几句话：

"……况且你已经可以无须顾虑，勇往直前了。你要我老实说；是的，人是不该虚伪的。我老实说罢：因为，因为我已经不爱你了！但这于你倒好得多，因为你更可以毫无挂念地做事……。"

我同时豫期着大的变故的到来，然而只有沉默。她脸色陡然变成灰黄，死了似的；瞬间便又苏生，眼里也发了稚气的闪闪的光泽。这眼光射向四处，正如孩子在饥渴中寻求着慈爱的母亲，但只在空中寻求，恐怖地回避着我的眼。

我不能看下去了，幸而是早晨，我冒着寒风径奔通俗图书馆。

在那里看见《自由之友》，我的小品文都登出了。这使我一惊，仿佛得了一点生气。我想，生活的路还很多，——但是，现在这样也还是不行的。

我开始去访问久已不相闻问的熟人，但这也不过一两次；他们的屋子自然是暖和的，我在骨髓中却觉得寒冽。夜间，便蜷伏在比冰还冷的冷屋中。

冰的针刺着我的灵魂，使我永远苦于麻木的疼痛。生活的路还很多，我也还没有忘却翅子的扇动，我想。——我突然想到她的死，然而立刻自责，忏悔了。

在通俗图书馆里往往瞥见一闪的光明，新的生路横在前面。她勇猛地觉悟了，毅然走出这冰冷的家，而且，——毫无怨恨的神色。我便轻如行云，漂浮空际，上有蔚蓝的天，下是深山大海，广厦高楼，战场，摩托车，洋场，公馆，晴明的闹市，黑暗的夜……。

　　而且，真的，我预感得这新生面便要来到了。

　　我们总算度过了极难忍受的冬天，这北京的冬天；就如蜻蜓落在恶作剧的坏孩子的手里一般，被系着细线，尽情玩弄，虐待，虽然幸而没有送掉性命，结果也还是躺在地上，只争着一个迟早之间。

　　写给《自由之友》的总编辑已经有三封信，这才得到回信，信封里只有两张书券：两角的和三角的。我却单是催，就用了九分的邮票，一天的饥饿，又都白挨给于己一无所得的空虚了。

　　然而觉得要来的事，却终于来到了。

　　这是冬春之交的事，风已没有这么冷，我也更久地在外面徘徊；待到回家，大概已经昏黑。就在这样一个昏黑的晚上，我照常没精打采地回来，一看见寓所的门，也照常更加丧气，使脚步放得更缓。但终于走进自己的屋子里了，没有灯火；摸火柴点起来时，是异样的寂寞和空虚！

　　正在错愕中，官太太便到窗外来叫我出去。

　　"今天子君的父亲来到这里，将她接回去了。"她很简单地说。

　　这似乎又不是意料中的事，我便如脑后受了一击，无言地站着。

　　"她去了么？"过了些时，我只问出这样一句话。

　　"她去了。"

　　"她，——她可说什么？"

　　"没说什么。单是托我见你回来时告诉你，说她去了。"

　　我不信；但是屋子里是异样的寂寞和空虚。我遍看各处，寻觅子君；只见几件破旧而黯淡的家具，都显得极其清疏，在证明着它们毫无隐匿一人一物的能力。我转念寻信或她留下的字迹，也没有；只是盐和干辣椒，面粉，半株白菜，却聚集在一处了，旁边还有几十枚铜元。这是我们两人生活材料的全副，现在她就郑重地将这留给我一个人，在不言中，教我借此去维持较久的生活。

　　我似乎被周围所排挤，奔到院子中间，有昏黑在我的周围；正屋的纸窗上映出明亮的灯光，他们正在逗着孩子玩笑。我的心也沉静下来，觉得在沉重的迫压中，渐渐隐约地现出脱走的路径：深山大泽，洋场，电灯下的盛筵；壕沟，最黑最黑的深夜，利刃的一击，毫无声响的脚步……。

　　心地有些轻松，舒展了，想到旅费，并且嘘一口气。

　　躺着，在合着的眼前经过的豫想的前途，不到半夜已经现尽；暗中忽然仿佛看见一堆食物，这之后，便浮出一个子君的灰黄的脸来，睁了孩子气的眼睛，恳托似的看着我。我一定神，什么也没有了。

　　但我的心却又觉得沉重。我为什么偏不忍耐几天，要这样急急地告诉她真话的呢？现在她知道，她以后所有的只是她父亲——儿女的债主——的烈日一般的严威和旁人的赛过冰霜的冷眼。此外便是虚空。负着虚空的重担，在严威和冷眼中走着所谓人生的路，这是怎么可怕的事呵！而况这路的尽头，又不过是——连墓碑也没有的坟墓。

我不应该将真实说给子君，我们相爱过，我应该永久奉献她我的说谎。如果真实可以宝贵，这在子君就不该是一个沉重的空虚。谎语当然也是一个空虚，然而临末，至多也不过这样地沉重。

我以为将真实说给子君，她便可以毫无顾虑，坚决地毅然前行，一如我们将要同居时那样。但这恐怕是我错误了。她当时的勇敢和无畏是因为爱。

我没有负着虚伪的重担的勇气，却将真实的重担卸给她了。她爱我之后，就要负了这重担，在严威和冷眼中走着所谓人生的路。

我想到她的死……。我看见我是一个卑怯者，应该被摈于强有力的人们，无论是真实者，虚伪者。然而她却自始至终，还希望我维持较久的生活……。

我要离开吉兆胡同，在这里是异样的空虚和寂寞。我想，只要离开这里，子君便如还在我的身边；至少，也如还在城中，有一天，将要出乎意表地访我，像住在会馆时候似的。

然而一切请托和书信，都是一无反响；我不得已，只好访问一个久不问候的世交去了。他是我伯父的幼年的同窗，以正经出名的拔贡，寓京很久，交游也广阔的。

大概因为衣服的破旧罢，一登门便很遭门房的白眼。好容易才相见，也还相识，但是很冷落。我们的往事，他全都知道了。

"自然，你也不能在这里了，"他听了我托他在别处觅事之后，冷冷地说，"但那里去呢？很难。——你那，什么呢，你的朋友罢，子君，你可知道，她死了。"

我惊得没有话。

"真的？"我终于不自觉地问。

"哈哈。自然真的。我家的王升的家，就和她家同村。"

"但是，——不知道是怎么死的？"

"谁知道呢。总之是死了就是了。"

我已经忘却了怎样辞别他，回到自己的寓所。我知道他是不说谎话的；子君总不会再来的了，像去年那样。她虽是想在严威和冷眼中负着虚空的重担来走所谓人生的路，也已经不能。她的命运，已经决定她在我所给与的真实——无爱的人间死灭了！

自然，我不能在这里了；但是，"那里去呢？"

四围是广大的空虚，还有死的寂静。死于无爱的人们的眼前的黑暗，我仿佛一一看见，还听得一切苦闷和绝望的挣扎的声音。

……

一九二五年十月二十一日毕。

字词注释

[1]本文选自鲁迅著，《彷徨》，中国青年出版社，2017年版。

## 思考表达

**体悟思索：**

涓生和子君爱情悲剧的原因和意义是什么？

**口才表达：**

假如子君没死,涓生再见子君时会说些什么呢?

**书面表达：**

子君在离开涓生的时候,有没有什么想告诉涓生呢? 请你代子君给涓生写一封信。

微课赏析

《伤逝》

# 射雕英雄传·固守襄阳(节选)[1]

## 金　庸

引人入胜

　　《固守襄阳》节选自金庸《射雕英雄传》第四十回《华山论剑》。《射雕英雄传》创作于1957年,是金庸先生具有代表性的作品,也是"射雕系列"作品的第一部。这部作品博大精深、气势恢宏,长久以来,受到广大武侠迷的喜爱,具有广泛的影响力。

　　本文所选部分给我们展示出郭靖、黄蓉身上所体现出的中国传统的侠客精神。在外族入侵、兵临城下之时,原襄阳安抚使依然醉生梦死,沉迷于酒色之中。面对这种情况,郭靖和黄蓉二人胸怀大义,抛弃个人安危,巧设妙计,侦察敌情,解救百姓,固守襄阳。在敌我军队人数悬殊的情况下,他们以五六千士兵,设伏兵吓退几十万蒙古敌军。二人不但有智有勇,而且在感情上把国家安危放在首位,敌方的统帅四王子安答是郭靖幼年时的朋友,面对昔日好友,郭靖放下个人情感,英勇面对,并计划刺杀行动。但郭靖并不是一个没有感情的冷面侠客,在得知敌方统帅成吉思汗病危时,想起成吉思汗从前抚养之恩,知遇之隆,毅然前去探望,并向成吉思汗劝言:"自来英雄而为当世钦仰、后人追慕,必是为民造福、爱护百姓之人。"这些都充分体现出郭靖为国为民的"侠之大者"的精神追求。

　　小说还给我们展现出了成吉思汗的晚年情景。他早年经受过坎坷与挫折,被外族欺凌,同样,他也欺凌和屠杀过外族的人民,经过他的努力,晚年他建立起了一个庞大的帝国"自国土中心达于诸方极边之地,东南西北皆有一年行程",成就了辉煌的功业。成吉思汗是真正的英雄吗? 小说中写他临死之际,口里还喃喃念着:"英雄,英雄……"还在思考着"什么是英雄"这一永恒的命题。在1945年10月7日,毛泽东写下了"一代天骄,成吉思汗,只识弯弓射大雕。俱往矣,数风流人物,还看今朝"的豪壮词句。三十年后,金庸在《射雕英雄传》附录《成吉思汗家族》中写道:"《射雕英雄传》所颂扬的英雄,是质朴厚道的平民郭靖,而不是灭国无数的成吉思汗。"何为英雄? 这是一个不老的话题。

走近作者

　　金庸(1924—2018),原名查良镛,生于浙江省海宁市,1948年移居香港。当代知名武侠小说作家、新闻学家、企业家、政治评论家、社会活动家,被誉为"香港四大才子"之一。

　　1944年,金庸考入重庆中央政治大学外交系。1946年秋,进入上海《大公报》任国际电讯翻译。1948年,毕业于上海东吴大学法学院。1952年,调入《新晚报》编辑副刊,并写出《绝代佳人》《兰花花》等电影剧本。1959年，金庸等人于香港创办《明报》。1985年起，担任中国香港特别行政区基本法起草委员会委员、政治体制小组负责人，基本法咨询委员会执行委员会委员，以及中国香港特别行政区筹备委员会委员。2000年，获得大紫荆勋章。2009年9月，被聘为中国作家协会第七届全国委员会名誉副主席；同年荣获2008影响世界华人终身成就奖。2010年，获得剑桥大学哲学博士学位。

**文本赏析**

到第二日午间，郭靖在北门外引领遥望，但见小红马绝尘而至，忙迎了上去。黄蓉勒住马头，脸现惊恐之色，颤声道："蒙古大军只怕有十余万之众，咱们怎抵挡得住？"郭靖吃了一惊，道："有这么多？"

黄蓉道："看来成吉思汗是倾国出击，想一举灭宋。我将金珠送给了先锋大将，他料不到咱们已知讯息，说是借道伐金，并非攻宋。我以言语点破，他惊疑不定，当即驻兵不进，想来是回报大元帅去了。"

郭靖道："若是他们回师退兵，那自然最好不过，就只怕……就只怕……"

黄蓉秀眉紧蹙，道："瞧蒙古大军这等声势，定是不肯轻易便退。"郭靖道："你再想个妙策。"黄蓉摇头道："我已整整想了一天一晚啦。靖哥哥，若说单打独斗，天下胜得过你的只二三人而已，就说敌人有十人百人，自也不在咱俩心上。可是现下敌军是千人、万人、十万人，那有什么法子？"郭靖叹道："咱们大宋军民比蒙古人多上数十倍，若能万众一心，又何惧蒙古兵精？恨只恨官家胆小昏庸、虐民误国。"

黄蓉道："蒙古兵不来便罢，若是来了，咱们杀得一个是一个，当真危急之际，咱们还有小红马可赖。天下事原也忧不得这许多。"郭靖正色道："蓉儿，这话就不是了。咱们既学了武穆遗书中的兵法，又岂能不受岳武穆'尽忠报国'四字之教？咱俩虽人微力薄，却也要尽心竭力，为国御侮。纵然捐躯沙场，也不枉了父母师长教养一场。"黄蓉叹道："我原知难免有此一日。罢罢罢，你活我也活，你死我也死就是！"

两人计议已定，心中反而舒畅，当下回到下处，对酌谈论，想到敌军压境，面临生离死别，比往日更增一层亲密。直饮到二更时分，忽听城外号哭之声大作，远远传来，极是惨厉。黄蓉叫道："来啦！"两人一跃而起，奔到城头，只见城外难民大至，扶老携幼，人流滚滚不尽。

哪知守城官令军士紧闭城门，不放难民入城。过不多时，吕文德加派士卒，弯弓搭箭对住难民，喝令退去。城下难民大叫："蒙古兵杀来啦！"守城官只是不开城门。众难民在城下号叫呼喊，哭声震天。

靖、蓉二人站在城头，极目远望，但见远处一条火龙蜿蜒而来，显然是蒙古军的先锋到了。郭靖久在成吉思汗麾下，知道蒙古军攻城惯例，总是迫使敌人俘虏先登，眼见数万难民集于城下，蒙古先锋一至，襄阳城内城外军民，势非自相残杀不可。

此时情势紧急，已无迟疑余裕，郭靖站在城头，振臂大呼："襄阳城若是给蒙古兵打破，无人能活，是好汉子快跟我杀敌去！"那北门守城官是吕安抚的亲信，听得郭靖呼叫，怒喝："奸民扰乱人心，快拿下了！"郭靖从城头跃下，右臂一探，已抓住守城官的前胸，将他身子举起，自己登上了他的坐骑。

官兵中原多忠义之士，眼见难民在城下哀哭，俱怀不忿，此时见郭靖拿住守城官，不由得惊喜交集，并不上前救护长官。郭靖喝道："快传令开城！"

那守城官性命要紧，只得依言传令。北门大开，难民如潮水般涌入。

郭靖将守城官交与黄蓉看押，便欲提枪纵马出城。黄蓉道："等一等！"

命守城官将甲胄脱下交与郭靖穿戴，在郭靖耳边轻声道："假传圣旨，领军出城。"反手拂中了那守城官的穴道，将他掷在城门之后。郭靖心想此计大妙，当下朗声大叫："奉圣旨：襄阳安抚使吕文德昏庸无能，着即革职，众军随我出城御敌。"他内功深湛，这几句话以丹田之气叫将出来，虽然城内城外叫闹喧哗，但人人听得清清楚楚，霎时间竟尔寂静半晌。慌乱之际，众军哪里分辨得出真伪？兼之军中上下对吕文德向怀离心，知他懦弱怕死，当此强敌压境、惊慌失措之际忽听得昏官革职，有人领军抗敌，四下里齐声欢呼。

郭靖领了六七千人马出得城来，眼见军容不整，队伍散乱，如何能与蒙古精兵对敌？想起《武穆遗书》中有云："事急用奇，兵危使诈"，当下传下将令，命三千余军士赴东边山后埋伏，听号炮一响，齐声呐喊，招扬旌旗，却不出来厮杀；又命三千余军士赴西山后埋伏，听号炮二响，也是叫喊扬旗，虚张声势。

两队军士的统领见郭靖胸有成竹，指挥若定，各自接令领军而去。

待得难民全数进城，天已大明。耳听得金鼓齐鸣，铁骑奔践，眼前尘头大起，蒙古军先锋已迫近城垣。

黄蓉从军士队中取过一枪一马，随在郭靖身后。郭靖朗声发令："四门大开！城中军民尽数躲入屋中，胆敢现身者，立即斩首！"其实他不下此令，城中军民也早躲得影踪全无，勇敢请缨的都已在东西两边山后埋伏，如吕文德这般胆怯的，不是钻在桌底大念"救苦救难高皇经"，就是藏在被窝中瑟瑟发抖。

蒙古军铁骑数百如风般驰至，但见襄阳城门大开，一男一女两个少年骑马绰枪，站在护城河的吊桥之前。统带先锋的千夫长看得奇怪，不敢擅进，飞马报知后队的万夫长。那万夫长久历战阵，得报后甚是奇怪，心想世上哪有此事，忙纵马来到城前，遥遥望见郭靖，先自吃了一惊。他西征之时，数见郭靖迭出奇谋，攻城克敌，战无不胜，飞天进军攻破撒麻尔罕城之役，尤令他钦佩得五体投地，蒙古军中至今津津乐道，此时见郭靖挡在城前，城中却是空荡荡的没半个人影，料得他必有妙策，哪敢进攻？当下在马上抱拳行礼，叫道："金刀驸马在上，个人有礼了。"

郭靖还了一礼，却不说话，那万夫长勒兵退后，飞报统帅。过了一个多时辰，大纛招展下一队铁甲军铿锵而至，拥卫着一位少年将军来到城前，正是四皇子拖雷。

拖雷飞马突出卫队之前，大叫："郭靖安答，你好么？"郭靖纵马上前，叫道："拖雷安答,原来是你吗?"他二人往常相见,必是互相欢喜拥抱,此刻两马驰到相距五丈开外,却不约而同的一齐勒马。郭靖道:"安答,你领兵来攻我大宋,是也不是?"拖雷道:"我奉父皇之命,身不由主,请你见谅。"

郭靖放眼远望,但见旌旗如云,刀光胜雪,不知有多少人马,心想:"这铁骑冲杀过来,我郭靖今日是要毕命于此了。"当下朗声说道:"好,那你来取我的性命罢!"拖雷心里微惊,暗想:"此人用兵如神,我实非他的敌手,何况我与他恩若骨肉,岂能伤了结义之情?"一时踌躇难决。

黄蓉回过头来,右手一挥,城内军士点起号炮,轰的一声猛响,只听得东边山后军士呐喊,旌旗招动。拖雷脸上变色,但听号炮连响,西山后又有敌军叫喊,心道:"不好,我军中伏。"他随着成吉思汗东征西讨,岂但身经百战而已,甚么大阵大仗没见过,这数千军士的小小埋伏哪里在他眼内?

只是郭靖在西征时大显奇能,拖雷素所畏服,此时见情势有异,心下先自怯了,当即传下将令,后队作前队,退兵三十里安营。

郭靖见蒙古兵退去,与黄蓉相顾而笑。黄蓉道:"靖哥哥,恭贺你空城计见功。"郭靖笑容登敛,忧形于色,摇头道:"拖雷为人坚忍勇决,今日虽然退兵,明日必定再来,那便如何抵敌?"黄蓉沉吟半晌,道:"计策倒有一个,就怕你顾念结义之情,不肯下手。"郭靖一凛,说道:"你要我去刺杀他?"黄蓉道:"他是大汗最宠爱的幼子,尊贵无比,非同别个统军大将。四皇子一死,看来敌军必退。"郭靖低头无语,回进城去。

此时城中见敌军已退,又自乱成一团。吕文德听说郭靖片言之间就令蒙古大军退去,欢天喜地的亲来两人所住的下处拜访,要邀两人去衙中饮酒庆贺。郭靖与他商量守城之策。吕文德一听他说蒙古大军明天还要再来,登时吓得身子酥了半边,半晌说不出话来,只叫:"备轿回府,备轿回府。"他是打定主意连夜弃城南逃了。

郭靖郁闷不已,酒饭难以入口,天色渐渐黑了下来,耳听得城中到处是大哭小叫之声,心想明日此时,襄阳城中只怕更无一个活着的大宋臣民,蒙古军屠城血洗之惨,他亲眼见过不少,当日撒麻尔罕城杀戮情状不绝涌向脑中,伸掌在桌上猛力一拍,叫道:"蓉儿,古人大义灭亲,我今日岂能再顾朋友之义!"黄蓉叹道:"这件事本来难得很。"

郭靖心意已决,当下换过夜行衣装,与黄蓉共骑小红马向北驰去,待至蒙古大军附近,将红马放在山中,步行去寻觅拖雷的营帐。两人捉到两名守夜巡逻的军士,点了穴道,剥下衣甲来换了。郭靖的蒙古话是自幼说惯了的,军中规程又是无一不知,当下毫不费力的混到了大帐边上。此时天色全黑,两人伏在大帐背后,从营帐缝中向里偷瞧。

只见拖雷在帐中走来走去,神色不宁,口中只是叫着:"郭靖,安答!安答,郭靖。"郭靖不察,只道他已发现自己踪迹,险些脱口答应。黄蓉早有提防,一见他张口,立即伸手按住他嘴巴。郭靖暗骂自己蠢材,又是好笑,又是难过。黄蓉在他耳边道:"动手罢,大丈夫当机立断,迟疑无益。"

就在此时,只听得远处马蹄声急,一骑快马奔到帐前。郭靖知有紧急军情来报,俯在黄蓉耳边道:"且听过军情,再杀他不迟。"但见一名黄衣使者翻身下马,直入帐中,向拖雷磕头,禀道:"四王子,大汗有令。"

拖雷道:"大汗说甚么?"那使者跪在毡上,唱了起来。原来蒙古人开化未久,虽然已有文字,但成吉思汗既不识字,更不会写,有甚旨意,常命使者口传,只是生怕遗漏误传,常将旨意编成歌曲,令使者唱得烂熟,复诵无误,这才出发。

那使者只唱了三句,拖雷与郭靖一齐心惊,拖雷更流下泪来。原来成吉思汗于灭了西夏后得病,近来病势日重,自知不起,召拖雷急速班师回去相见。旨意最后说:日来甚是思念郭靖,拖雷在南若知他下落,务须邀他北上与大汗诀别;他所犯重罪,尽皆赦免。

郭靖听到此处,伸匕首划开篷帐,钻身进去,叫道:"拖雷安答,我和你同去。"拖雷吃了一惊,见是郭靖,不胜之喜,两人这才相抱。那使者认得郭靖,上前磕头,道:"金刀驸马,大汗有旨,务必请你赴金帐相见。"

## 字词注释

[1] 本文选自金庸著,《射雕英雄传》,广州出版社,2013年版,题目为编者所加。

## 思考表达

**体悟思索:**

你认为郭靖是真英雄吗?为什么?

**口才表达:**

假如你是郭靖,到金帐后如何劝说成吉思汗退兵?

**书面表达:**

假如蒙古大军决计攻城,郭靖该如何来守城呢?请你代他拟制一份守城计划书。

# 原　野[1]

## 曹禺

### 引人入胜

　　《原野》是中国现代文学史上最杰出的戏剧大师曹禺先生的经典名著,是曹禺先生写得最深、最富有争议、最富有看点的一部好戏。这部创作于 1937 年的经典名著,是曹禺先生唯一一部描写中国农村的作品,其风格显然不同于他的其他代表作,如《雷雨》《日出》《北京人》,这部作品已经和现实主义作品有了区别。这个冤冤相报、看似简单的复仇故事,却蕴涵着阔大渊深的人物情感,并展现出了复杂鲜明的人物性格:它不仅仅揭露了封建社会的黑暗,表现被压迫、被摧残的农民对美好生活的向往,还深刻地发掘了人性的复杂多面性。

　　舞台的意象同样丰富多彩:浩渺的原野、铺满黄金的理想仙境、黑暗迷茫的森林、通向远方的铁轨、梦魇一般挥之不去的鬼魂,表现了曹禺先生心灵深处更多有待体味、有待阐释的复杂思想。这是一个杰出的剧作家对中国现代农村的思索。

### 走近作者

　　曹禺(1910—1996),中国杰出的现代话剧剧作家,原名万家宝,字小石,小名添甲,汉族,祖籍湖北潜江,出生在天津一个没落的封建官僚家庭里。曹禺是中国现代话剧史上成就最高的剧作家。其代表作品有《雷雨》《日出》《原野》《北京人》。1996 年 12 月 13 日,因长期疾病,曹禺在北京医院辞世,享年 86 岁。

　　曹禺作为中国新文化运动的开拓者之一,与鲁迅、郭沫若、茅盾、巴金、老舍齐名。他是中国现代戏剧的泰斗、戏剧教育家,历任中国文联常委委员、执行主席;中国戏剧家协会常务理事、副主席;中国作协理事,北京市文联主席;中央戏剧学院副院长、名誉院长;北京人民艺术剧院院长等职务。他所创造的每一个角色,都给人留下了难忘的印象。1934 年,曹禺的话剧处女作《雷雨》问世,在中国现代话剧史上具有极其重大的意义,被公认为中国现代话剧成熟的标志,曹禺先生也因此被誉为“东方的莎士比亚”。

### 文本赏析

　　人　物
　　仇　虎——一个逃犯。

白傻子——小名狗蛋,在原野里牧羊的白痴。

焦大星——焦阎王的儿子。

焦花氏——焦大星的新媳妇。

焦　母——大星的母亲,一个瞎子。

常　五——焦家的老朋友。


焦花氏　你怎么啦?

仇　虎　我渴得很,(摸着自己的心)渴得很! (撕下身上的破布)哦,哪儿可以弄来一口水,
　　　　一口凉水。(撕下来布,揩脸上的汗)

焦花氏　(警告地)虎子,不要擦! 不要擦!

仇　虎　(望着地)怎么?

焦花氏　小心你手上的血会擦到脸上。

仇　虎　怕什么,这血擦在哪儿不是一样叫人看出来。血洗得掉,这"心"跟谁能够洗
　　　　得明白。啊,这林子好黑! 没有月亮,没有星星。(叹一口气)

　　　　[仇虎耳旁低微的声音:(如同第二幕末尾,大星在屋内梦吃。叹口长气,似乎在答话,幽幽然)

　　　　嗯,黑啊! 好黑!

仇　虎　(惊愕)你听!

焦花氏　听什么?

仇　虎　你……你没有听见——"黑——好黑"!

　　　　[仇虎耳旁低声:(更幽幽地)"好黑! 好黑的世界"!

仇　虎　(如若催眠,喃喃地)嗯,"好黑的世界"! (恐惧地)天啊!

焦花氏　(莫名其妙)虎子! 你,你说什么,这——这是大——大星的话?

仇　虎　怎么,你——你听不见?

焦花氏　虎子,你别发糊涂! 你听见了什么?

仇　虎　没有什么。心里不知为什么只发慌? 我——我像是——

焦花氏　虎子,你怎么啦? 你刚才为什么忽然跟常五说那一大堆子的话?

仇　虎　我,我不知道。我口渴,我刚才头发昏。

焦花氏　你为什么又提起大星,说你杀——杀了大——大星!

仇　虎　(眩惑)我……我杀了大——大星?

　　　　[仇虎耳旁低微声:(梦吃,窒塞地喘息)"……快……快! ……我的刀! 我的刀……"

仇　虎　(喃喃地)"……我的刀! 我的刀"!

焦花氏　(几乎同时说)你又跟他提起小——小黑子。

仇　虎　(低而慢地)小黑子?

　　　　[仇虎耳旁低微声:"嗯——,好黑呀!"(苦痛地叹口长气)

仇　虎　(忽然跳起,向着黑暗的林丛)啊,大星,我没有害死他,小黑子不是我弄死的,大星,

你不该跟着我！大星！我们俩是一小的好朋友，我现在害了你，不是我心黑，是你爹爹，你那阎王爹爹造下的孽！小黑子死得惨，是你妈动的手！我仇虎对得起你，你不能跟着我！你不能——（不知不觉拿出手枪）

焦花氏　（吓得向后退，喘息）虎子，你——你怎么？你想着什么？小黑子不是你害的，天知道，地知道！你想这个做什么？你还不想跑，我的命在你手里，虎子，自己别叫自己吓着，你别"磨烦"，（"迟延时间的"意思）再"磨烦"，天亮了，叫他们看见，我们两个就算完了。

仇　虎　（望着黑暗）我知道，我知道！可是（悔恨地）小黑子——

焦花氏　虎子，你还不快走！想什么？

仇　虎　走！走！这不是个好地方，咱们得赶快离开这儿。

焦花氏　（支开他的想头）天亮就可以到车站。

仇　虎　不等天亮就会到。

焦花氏　（强作高兴）我们要飞哪儿，就飞哪儿。

仇　虎　（打起精神）嗯，要飞哪儿，就飞哪儿。

焦花氏　（忽然，指着辽远的处所）你听！

仇　虎　什么！

　　　　［渐渐听出远处火车在林外迅疾地奔驰。

焦花氏　车，火车。

仇　虎　（谛听，点头）嗯，火车！（嘘出一口气）可离着我们还远着得呢！

焦花氏　那么，走，赶出林子。

仇　虎　嗯，走！赶出林子就是活路。

　　　　［一阵野风迅疾地从林间扫过，满天响起那肃杀可怖，"飒飒"的叶声，由上面漏下乱雨点般的天光，黑影在四处乱抖。

焦花氏　天！（抓紧仇虎的腕）

仇　虎　这是风！你怕？

焦花氏　（挺起头）不，乘着树上漏下来这点亮，咱们跑！（二人携手跑，走了两步，焦花氏拉住仇虎，惊惧地叫喊）站住！虎子！（退了一步）虎子，（低声）你看，前面是什么？

仇　虎　（凝定了神）树叶，草！

焦花氏　（指着）不，那一堆一堆的。

仇　虎　什么？

焦花氏　（惧恐地）那一堆一堆的黑脑袋。

仇　虎　（坚定地）那是石头。

焦花氏　（指着那些在风里抖擞矮而胖的灌树，喘息）你看，那是什么？一堆一堆的黑圆圆的肉球，乱摇乱摆，向——向我们这边滚。

仇　虎　瞎说，那是树！走！（二人轻悄悄地走了一步，仇虎忽然又停下。由右面隐隐传来擂鼓的声音,非常单调,起首甚微弱,逐渐响起来,一直在这个景里响个不停)别动!

焦花氏    怎么?

仇　虎    你听,这是什么?

　　　　［木鱼声、磬声单调地在林中回响。

焦花氏    (悚住)磬!

仇　虎    (有些惧怯,低声)磬!

焦花氏    (微弱地)庵里的磬!

仇　虎    (回首望花氏)半夜里这是干什么?

焦花氏    (警惕地)瞎子进了庵了。

　　　　［木鱼声、磬声渐响。

仇　虎    她在庵里干什么?

焦花氏    越敲越响了。

仇　虎    (深思)他们能够把黑子弄活了么?

焦花氏    谁知道,这是那个老道姑子替瞎子做法呢。

仇　虎    做什么法?

焦花氏    (喃喃)念经,打磬,敲木鱼,一会儿她会出来叫魂的。

仇　虎    (希望地)魂叫得回来么?

焦花氏    谁知道。

仇　虎    (谛听,不自主地)这鼓!这鼓!

焦花氏    (看他奇怪)你还听什么?还不快走,走!为什么你的脚在地上生了根!

仇　虎    嗯,我们得走!我们得——

　　　　［外面惨厉的声音:(远远地)

　　　　回来呀!黑子!黑子你回来!

焦花氏    (低声)天,她,她出来了!

　　　　［外面的声音:(长悠悠地)孩子!回来!我的孩子,你回来!

仇　虎    (怖惧地)她,她就离我们不远。

　　　　［外面的声音:(几乎是嗥嚎)黑子!我的黑子!你回来!

焦花氏    (忽然向右看)灯!红灯!

仇　虎    (向右望)对。就是它,就是这个灯!

焦花氏    (一面看一面说)前面那个人拿着灯笼!(对仇)他们越走越近了。(对仇)你看前面的是谁?

仇　虎    狗——狗蛋!

　　　　［外面的声音:(更近)回来呀,个黑子!你不能不回来!黑子!

仇　虎    (颤颤)她——她来了!

焦花氏    (抓着仇虎)来!树后边!快!

〔二人躲在树后面。……

## 字词注释

〔1〕本文节选自曹禺著,《原野》,四川人民出版社,1982 版。

## 思考表达

**体悟思索:**

请思考仇虎的心理活动以及这种心理形成的原因。

**口才表达:**

作者在《原野》中使用了大量密集的意象,来象征人的原始生命力,从节选部分中找出此类意象并分析其作用。

**书面表达:**

请根据本文写一段仇虎的独白。

—— 推 荐 阅 读 ——

1.《诗经·采薇》
2. 文天祥《正气歌并序》
3. 蒲松龄《聊斋志异·婴宁》
4. 梁启超《最苦与最乐》
5. 钱锺书《围城》
6. 余华《活着》
7. 路遥《平凡的世界》
8. 〔美〕欧·亨利《麦琪的礼物》
9. 〔日〕村上春树《袭击面包店》
10. 刘媛媛《年轻人能够为世界做些什么》

# 模块三　熟读深思　睿智哲学

## 定风波·莫听穿林打叶声[1]

### ［宋］苏　轼

**引人入胜**

　　宋代文学家苏轼的《定风波·莫听穿林打叶声》记录了一次途中遇雨天晴的经历。晚清词人郑文焯在《手批东坡乐府》中评此词："此足征是翁坦荡之怀,任天而动。琢句亦瘦逸,能道眼前景,以曲笔写胸臆,倚声能事尽之矣。"此词表现出一种处变不惊、安之若素的人生态度。作者用轻松诙谐的笔调写来,融叙事、写景、抒情、议理为一体,用语清新自然,日常生活小景的描写与其所寓含的深邃哲理融合无痕,令人玩味。

　　上阕写遇雨。主人公任骤雨穿林打叶,竹杖芒鞋,吟啸徐行,心中抒发的是"不怕"的英雄气概和"一蓑烟雨任平生"的坚强,从容潇洒之风神宛然在目。下阕写雨晴。风冷酒醒后,雨霁日出,蓦然回首,风耶,雨耶,阴也,晴也,无不消逝一空,主人公对时境变幻皆能坦然对待,见出其心境的豁达自信。

　　苏轼平素"奋励有当世志",但仕官偃蹇,被政敌罗织"讪谤罪"下狱,几置死地。劫后余生更多地以旷达的态度自我排遣,不以世事萦怀,淡忘得失荣辱。此词正写于谪居黄州时,乌台诗案劫难刚过,仕途极度坎坷,但词人"倔强犹昔",不改豪杰之志、不敛疏狂之态,得失、荣辱、生死皆能泰然处之,无论是风雨摧叶的逆境,还是晴光相迎的顺境,谁怕？　"一蓑烟雨任平生""也无风雨与无晴",这正是苏轼的旷达人生。

**走近作者**

　　苏轼(1037—1101),字子瞻,号东坡居士,宋代文学家、书画家。眉州眉山(今属四川)人,幼年承受家教,刻苦勤学。既长,"学通经史,属文日数千言"。仁宗嘉祐二年进士及第,极得主考官欧阳修称赞:"吾当避此人出一头地。"神宗熙宁年间,他不主张骤然变法,与王安石政见不合,遂自请外任杭州通判,后徙至密州、徐州、湖州。任地方官期间,体恤民情,改革邑政,颇有政绩。元丰三年因诗讥讽新法,以"讪谤朝政"罪入狱(史称"乌台诗案")。获释后,贬黄州团练副使,后移汝州。元祐年间高太后听政,迁中书舍人、翰林学士、知制诰。苏轼喜欢拔擢年轻的有才之士,一时英才聚集左右,互相诗文酬唱,传为文坛佳话。因反对司马光尽废新法,遭旧派疑忌,再度请求外任,出知杭州。后以翰林学士承旨召还,因受人诬告,又出知颍州、扬州,派定州。绍圣间哲宗亲政,打击元祐党人,再以"讥刺先朝"罪远谪惠州、儋州。流放岭外七年,处境极为困厄,然"食芋饮水,著书以为乐",并向当地百姓传播中原文化。徽宗即位,奉诏内迁,次年卒于常州。孝宗朝,追谥文忠。

　　苏轼历北宋五朝,荣辱迭起一生,亦才情豪放一生。诗、文、词皆独步一时。其文如行云流水,恣肆挥洒,代表北宋古文运动的最高成就,与欧阳修并称"欧苏",为唐宋八大家之一。其诗宏肆雄放,机趣横生,与黄庭坚并称"苏黄",开宋一代诗风。词存 340 多首,具有广阔的社会内容,将北宋诗文革新运动的精神,扩大到词的领域,扫除了晚唐五代以来的传统词风,开创了与婉约派并立的豪放派,扩大了词的题材,丰富了词的意境,冲破了诗庄词媚的界限,豪纵清雄之作一新天下耳目,风格于雄奇超旷之外,亦兼韶秀婉丽。胡寅《酒边词序》评其词:"一洗绮罗香泽之态,摆脱绸缪宛转之度,使人登高望远,举首高歌,而逸怀豪气超乎尘埃之外。"刘辰翁《辛稼轩词序》云:"词至东坡,倾荡磊落,如诗,如文,如天地奇观。"所开豪放一派,至南宋辛弃疾等蔚为大宗,对后世影响颇为深远。苏轼一生著述宏富,代表作有《东坡集》《东坡乐府》。

## 文本赏析

　　三月七日,沙湖道中遇雨[2]。雨具先去,同行皆狼狈[3],余独不觉,已而遂晴[4],故作此词。

　　莫听穿林打叶声[5],何妨吟啸且徐行[6]。竹杖芒鞋轻胜马[7],谁怕?一蓑烟雨任平生[8]。

　　料峭春风吹酒醒[9],微冷,山头斜照却相迎[10]。回首向来萧瑟处[11],归去,也无风雨也无晴[12]。

## 字词注释

　　[1] 定风波:唐教坊曲名,后用作词牌名,为双调小令。《定风波》本义应为平定变乱之意,始见于五代后蜀欧阳炯词。

　　[2] 沙湖:在今湖北黄冈东南三十里,又名螺丝店。

　　[3] 狼狈:进退皆难的困顿窘迫之状。

　　[4] 已而:过了一会儿。

　　[5] 穿林打叶声:指大雨点透过树林打在树叶上的声音。

〔6〕吟啸:放声吟咏。

〔7〕芒鞋:草鞋。

〔8〕一蓑烟雨任平生:披着蓑衣在风雨里过一辈子也处之泰然。蓑(suō):蓑衣,用棕制成的雨披。

〔9〕料峭:微寒的样子。

〔10〕斜照:偏西的阳光。

〔11〕向来:方才。萧瑟处:风雨吹打树叶声的地方。

〔12〕也无风雨也无晴:意谓既不怕雨,也不喜晴。

## 思考表达

**体悟思索:**

网上有一段文字:"输什么也不能输了心情,生活就像一杯白开水,你每天都在喝,不要羡慕别人喝的饮料有各种颜色,其实未必有你的白开水解渴,人生不是靠心情活着,而是靠心态去生活。努力天天向上,遇到困难坦然对待,调整心态看生活,处处都是阳光。"请结合苏轼的《定风波·莫听穿林打叶声》思考:在日常生活中,我们面对人生起伏应保持什么样的积极心态?

**口才表达:**

本词中"也无风雨也无晴"这一句,用了什么修辞方法? 请谈谈"风雨""晴"这些意象有什么丰富含义?

**书面表达:**

仔细体味课文,结合下文对本词的翻译,写一篇诗词赏析的短文,要求字数不少于200字。

不必去听狂骤风雨打叶摧林,不妨——一边低吟,一边长啸,悠然自乐独自前行。

手拄竹杖,脚穿草鞋,这轻捷比骑马更胜,有谁会意乱心惊?

披一领蓑衣,任它雨冷风寒,潇洒自在度过一生。

春风夹带寒气,扑面,将酒意吹醒,顿觉一阵微冷。

雨后的山巅,一抹夕阳晴光正相迎。

回头看来时,风雨萧瑟的小径,我,归去,——也无风雨,也无朗晴。

(范晓燕译)

微课赏析

《定风波》

# 蒹　葭[1]

## 《诗经》

引人入胜

　　《诗经》是我国文学史上第一部诗歌总集,共收入自西周初年至春秋中叶大约五百多年的诗歌,编成于春秋时代,据说是由儒家创始人孔子编定,本只称《诗》,后被儒家奉为经典之一,故称《诗经》,是中国韵文的源头,是中国诗史的起点,在中国文学发展史上占有突出的地位。《诗经》共分《风》《雅》《颂》三大部分。《诗经》对中国两千年来的文学史发展有深广的影响,而且是很珍贵的古代史料。

　　《诗经》以四言为主,兼有杂言。在结构上多采用重章叠句的形式加强抒情效果。每一章只变换几个字,却能起到回旋跌宕的艺术效果。在语言上多采用双声叠韵、叠字连绵词来状物、拟声、穷貌。"以少总多,情貌无遗。"此外,《诗经》在押韵上有的句句押韵,有的隔句押韵,有的一韵到底,也有的中途转韵,现代诗歌的用韵规律在《诗经》中几乎都已经具备了。

　　《蒹葭》一诗曾被认为是用来讥刺秦襄公不能用周礼来巩固他的国家,或惋惜招引隐居的贤士而不可得;现在一般认为这是一首情歌,写追求所爱而不及的惆怅与苦闷。全诗三章,每章八句,重章叠唱,后两章只是对首章文字略加改动而成,形成各章内部韵律协和而各章之间韵律参差的效果,也造成了语义的往复推进。

走近作者

　　《蒹葭》出自《诗经·国风·秦风》,大约是 2 550 年以前产生在秦地的一首民歌。没有确切作者的记载。除了周王朝乐官制作的乐歌,公卿、列士进献的乐歌,还有许多原来流传于民间的歌谣。这些民间歌谣是如何集中到朝廷来的,则有不同说法。汉代某些学者认为,周王朝派专门的采诗人,到民间搜集歌谣,以了解政治和风俗的盛衰利弊,这种方式被称为"采诗说";又有一种说法:这些民歌是由各国乐师搜集的,乐师是掌管音乐的官员和专家,他们以唱诗作曲为职业,搜集歌谣是为了丰富他们的唱词和乐调。诸侯之乐献给天子,这些民间歌谣便汇集到朝廷里了,也就是常说的"献诗说"。

文本赏析

　　蒹葭苍苍[2],白露为[3]霜。所谓伊人[4],在水一方[5]。溯洄从之[6],道阻[7]且长。溯游从之[8]，宛在水中央[9]。

蒹葭萋萋[10]，白露未晞[11]。所谓伊人，在水之湄[12]。溯洄从之，道阻且跻[13]。溯游从之，宛在水中坻[14]。

蒹葭采采[15]，白露未已[16]。所谓伊人，在水之涘[17]。溯洄从之，道阻且右[18]。溯游从之，宛在水中沚[19]。

## 字词注释

[1] 本文选自程俊英著，《诗经注析》，中华书局，1991年版。蒹葭(jiānjiā)：蒹，没长穗的芦苇。葭，初生的芦苇。

[2] 苍苍：茂盛的样子。

[3] 为：凝结成。

[4] 所谓：所念。伊人：这个人或那个人，指诗人所思念追寻的人。

[5] 在水一方：在河的另一边。

[6] 溯洄(sùhuí)从之：意思是沿着河道向上游去寻找她。溯洄：逆流而上。从，跟随，这里有"追寻"的意思。

[7] 阻：险阻，(道路)难走。

[8] 溯游从之：沿着直流的河道走向上游寻找她。游，流，指直流的水道。

[9] 宛在水中央：(那个人)仿佛在河的中间。宛，仿佛，好像。

[10] 萋萋：茂盛的样子。现在写作"凄凄"。

[11] 晞(xī)：干。

[12] 湄(méi)：水和草交接的地方，指岸边。

[13] 跻(jī)：登，上升。

[14] 坻(chí)：水中的小洲或高地。

[15] 采采：茂盛鲜明的样子。

[16] 已：止，这里的意思是"干，变干"。

[17] 涘(sì)：水边。

[18] 右：向右拐弯，这里是(道路)弯曲的意思。

[19] 沚(zhǐ)：水中的小块陆地。

## 思考表达

**体悟思索：**

《诗经》注重节奏和用韵，分析《蒹葭》在重章叠句及用韵上的特点。

**口才表达：**

《蒹葭》是朦胧诗，关于其主题历来有不同的解释，请你谈谈如何来看待该诗的朦胧美。

**书面表达：**

请把本诗翻译成现代诗。

微课赏析

《蒹葭》

# 容忍与自由（节选）[1]

## 胡　适

**引人入胜**

　　胡适先生的《容忍与自由》写于 1959 年 3 月，是一篇议论性杂文。文章首先用其母校老师布尔先生的话引出论点：容忍比自由更加重要。然后以自己年轻时发表的抵制封建迷信的文章作为例子，来说明 50 年后的自己，年纪越大就越觉得容忍比自由更加重要。接着分析容忍难以实行的心理根源，在于"人类的习惯是喜同而恶异"，在于"深信自己是不会错的心理"。随后文章通过宗教政治史的事例，归纳宗教政治界所发生的惨痛事件，指出我们应从中吸取的教训：容忍是一切自由的根本。结尾又回忆自己和陈独秀当年对待白话文不同的态度认识，强调"我们必须养成能够容忍谅解别人的见解的度量""必以吾辈所主张者为绝对之是"的态度是极其错误的。

　　本文具有重要的现实意义。文章视野广阔，从个人经验、宗教政治、学术思想等各个方面，来说明容忍是一种普适理念。文章认为容忍度量之所以难能可贵，就在于人们存在人性上的"喜同恶异"，心理上总觉得自己"不会错"，学术上经常标榜自己"绝对之是"。文章指出对于别人的意见和观点不要轻易去否定或肯定，也不要以为自己的观点是绝对的正确。提出自由的前提是容忍，要容忍异己的声音，这样社会才会真正的自由。无疑，在这些关于容忍和自由的议论中，渗透着一个精神内核，那就是和而不同的社会理念。在当今世界多极并立、文化多元共存的境况下，和而不同的社会理念越来越显现出它的普遍积极意义。要实现社会的和谐发展就要有包容的精神，有开放的心态。

　　本文善于运用例证法来阐发道理。作者年少时援引《王制》专制律条痛骂《西游记》和《封神榜》，宗教史上高尔文活活烧死塞维图斯等宗教改革家，提倡白话文时陈独秀"不容反对者讨论之余地"，这三个典型例证，都具有十分鲜明而强劲的启示力和说服力，作者无须多说，读者就能从事例本身悟出诸多至理深意。

　　文章从自身的经验谈起，坦诚地进行自我反思和批判，以身说法，拉近了作者与读者的心灵距离，极具亲和力。作者不摆理论架势，将至理深意融化在平易的白话之中，亲切道来，排除了读者阅读和理解的障碍，极易被读者接受。这种文笔和态度，充分体现出胡适所倡导的"言之有物、明白清楚"的文风。这种文风，是一种胸有成竹、透彻于心，而后返璞归真、深入浅出的极高境界，故被誉为"大家风范"。

## 走近作者

胡适(1891—1962),字适之,安徽绩溪人,现代著名诗人、文史学者、思想家。胡适在青年时代留学美国,攻读哲学、文学,受赫胥黎、杜威思想影响较大。1917年回国,就任北京大学教授,宣扬民主、科学,宣扬个性解放、思想自由,倡导反封建的新文化运动。胡适先生大力提倡白话文,发表《文学改良刍议》《文学进化观念与戏剧改良》等文章,率先从事白话新诗与文学史的写作,成为五四新文化运动的主要代表人物。

胡适重视实验主义。在学术问题上,提倡“大胆的假设、小心的求证”的治学方法。在社会问题上,提倡要有一种实践的精神在事实中发现问题,并改善现实。

胡适一生的学术活动表现在文学、哲学、史学、考据学、教育学、红学诸多领域,主要著作有《尝试集》(中国第一部白话诗集)、《白话文学史》、《中国哲学史大纲》、《中国章回小说考证》、《胡适文存》(共三集)等。

## 文本赏析

十七八年前,我最后一次会见我的母校康奈尔大学的史学大师布尔先生(George Lincoln Burr)。我们谈到英国文学大师阿克顿(Lord Acton)一生准备要著作一部《自由之史》,没有写成他就死了。布尔先生那天谈话很多,有一句话我至今没有忘记。他说:“我年纪越大,越感觉到容忍(tolerance)比自由更重要。”

布尔先生死了十多年了,他这句话我越想越觉得是一句不可磨灭的格言。我自己也有“年纪越大,越觉得容忍比自由更重要”的感想。有时我竟觉得容忍是一切自由的根本:没有容忍,就没有自由。

我十七岁的时候(一九〇八)曾在《竞业旬报》上发表几条《无鬼丛话》,其中有一条是痛骂小说《西游记》和《封神榜》的,我说:

《王制》有之[2]:“假于鬼神时日卜筮以疑众[3],杀。”吾独怪夫数千年来之排治权者,之以济世明道自期者[4],乃懵然[5]不之注意,惑世诬民之学说得以大行,遂举我神州民族投诸极黑暗之世界!

这是一个小孩子很不容忍的“卫道”态度。我在那时候已是一个无鬼论者、无神论者,所以发出那种摧除迷信的狂论,要实行《王制》(《礼记》的一篇)的“假于鬼神时日卜筮以疑众,杀”的一条经典!

我在那时候当然没有梦想到说这话的小孩子在十五年后(一九二三)会很热心的给《西游记》作两万字的考证!我在那时候当然更没有想到那个小孩子在二十年后还时时留心搜求可以考证《封神榜》的作者的材料!我在那时候也完全没有想想《王制》那句话的历史意义。那一段《王制》的全文是这样的:

析言破律,乱名改作,执左道以乱政[6],杀。作淫声异服奇技奇器以疑众[7],杀。行伪而坚,言伪而辩,学非而博,顺非而泽以疑众[8],杀。假于鬼神时日卜筮以疑众,杀。此四诛者,不以听[9]。

我在五十年前,完全没有懂得这一段话的"诛"正是中国专制政体之下禁止新思想、新学术、新信仰、新艺术的经典的根据。我在那时候抱着"破除迷信"的热心,所以拥护那"四诛"之中的第四诛:"假于鬼神时日卜筮以疑众,杀。"我当时完全没有想到第四诛的"假于鬼神……以疑众"和第一诛的"执左道以乱政"的两条罪名,都可以用来摧残宗教信仰的自由。我当时也完全没有注意到郑玄注里用了公输般作"奇技异器"的例子[10];更没有注意到孔颖达《正义》里举了"孔子为鲁司寇七日而诛少正卯"的例子[11]来解释"行伪而坚,言伪而辩,学非而博,顺非而泽以疑众,杀"。故第二诛可以用来禁绝艺术创作的自由,也可以用来"杀"许多发明"奇技异器"的科学家。故第三诛可以用来摧残思想的自由,言论的自由,著作出版的自由。

我在五十年前引用《王制》第四诛,要"杀"《西游记》《封神榜》的作者。那时候我当然没有想到十年之后,我在北京大学教书时就有一些同样"卫道"的正人君子也想引用《王制》的第三诛,要"杀"我和我的朋友们。当年我要"杀"人,后来人要"杀"我,动机是一样的:都只因为动了一点正义的火气,就失掉容忍的度量了。

我自己叙述五十年前主张"假于鬼神时日卜筮以疑众,杀"的故事,为的是要说明我年纪越大,越觉得"容忍"比"自由"还更重要。

我到今天还是一个无神论者,我不信有一个有意志的神,我也不信灵魂不朽的说法……

我自己总觉得,这个国家,这个社会,这个世界,绝大多数人是信神的,居然能有这雅量,能容忍我的无神论,能容忍我这个不信神也不信灵魂不灭的人,能容忍我在国内和国外自由发表我的无神论的思想,从没有人因此用石头掷我,把我关在监狱里,或把我捆在柴堆上用火烧死。我在这个世界里居然享受了四十多年的容忍与自由。我觉得这个国家,这个社会,这个世界对我的容忍度量是可爱的,是可以感激的。

所以我自己总觉得我应该用容忍的态度来报答社会对我的容忍。所以我自己不信神,但我能诚心的谅解一切信神的人,也能诚心的容忍并且敬重一切信仰有神的宗教。

我要用容忍的态度来报答社会对我的容忍,因为我年纪越大,我越觉得容忍的重要意义。若社会没有这点容忍的气度,我决不能享受四十多年大胆怀疑的自由,公开主张无神论的自由。

在宗教自由史上,在思想自由史上,在政治自由史上,我们都可以看见容忍的态度是最难得,最稀有的态度。人类的习惯总是喜同而恶异的,总不喜欢和自己不同的信仰、思想、行为。这就是不容忍的根源。不容忍只是不能容忍和我自己不同的新思想和新信仰。一个宗教团体总相信自己的宗教信仰是对的,是不会错的,所以它总相信那些和自己不同的宗教信仰必定是错的,必定是异端,邪教。一个政治团体总相信自己的政治主张是对的,是不会错的,所以它总相信那些和自己不同的政治见解必定是错的,必定是敌人。

一切对异端的迫害,一切对"异己"的摧残,一切宗教自由的禁止,一切思想言论的被压迫,都由于这一点深信自己是不会错的心理。因为深信自己是不会错的,所以不能容忍任何和自己不同的思想信仰了。

试看欧洲的宗教革新运动的历史。马丁·路德(Martin Luther)和约翰·高尔文(John Calvin)等人起来革新宗教[12],本来是因为他们不满意于罗马旧教的种种不容忍,种种不自由。但是新教在中欧、北欧胜利之后,新教的领袖们又都渐渐走上了不容忍的路上去,也不容许别人起来批评他们的新教条了。高尔文在日内瓦掌握了宗教大权,居然会把一个敢独立思想、敢批评高尔文的教条的学者塞维图斯(Servetus)定了"异端邪说"的罪名,把他用铁链锁在木桩上,堆起柴来,慢慢地活烧死。这是一五五三年十月二十三日的事。

这个殉道者[13]塞维图斯的惨史,最值得人们的追念和反省。宗教革新运动原来的目标是要争取"基督教的人的自由"和"良心的自由"。何以高尔文和他的信徒们居然会把一位独立思想的新教徒用慢慢的火烧死呢?何以高尔文的门徒(后来继任高尔文为日内瓦的宗教独裁者)柏时(deBeze)竟会宣言"良心的自由是魔鬼的教条"呢?

基本的原因还是那一点深信我自己是"不会错的"的心理。像高尔文那样虔诚的宗教改革家,他自己深信他的良心确是代表上帝的命令,他的口和他的笔确是代表上帝的意志,那末他的意见还会错吗?他还有错误的可能吗?在塞维图斯被烧死之后,高尔文曾受到不少人的批评。一五五四年,高尔文发表一篇文字为他自己辩护,他毫不迟疑地说:"严厉惩治邪说者的权威是无可疑的,因为这就是上帝自己说话……这工作是为上帝的光荣战斗。"

上帝自己说话,还会错吗?为上帝的光荣作战,还会错吗?这一点"我不会错"的心理,就是一切不容忍的根苗。深信我自己的信念没有错误的可能(infallible),我的意见就是"正义",反对我的人当然都是"邪说"了。我的意见代表上帝的意旨,反对我的人的意见当然都是"魔鬼的教条"了。

这是宗教自由史给我们的教训:容忍是一切自由的根本;没有容忍"异己"的雅量,就不会承认"异己"的宗教信仰可以享受自由。但因为不容忍的态度是基于"我的信念不会错"的心理习惯,所以容忍"异己"是最难得,最不容易养成的雅量。

在政治思想上,在社会问题的讨论上,我们同样的感觉到不容忍是常见的,而容忍总是很稀有的。我试举一个死了的老朋友的故事作例子。四十多年前,我们在《新青年》杂志上开始提倡白话文学的运动,我曾从美国寄信给陈独秀,我说:

此事之是非,非一朝一夕所能定,亦非一二人所能定。甚愿国中人士能平心静气与吾辈同力研究此问题。讨论既熟,是非自明。各辈已张革命之旗,虽不容退缩,然亦决不敢以吾辈所主张为必是而不容他人之匡正也。

独秀在《新青年》上答我道:

鄙意容纳异议,自由讨论,固为学术发达之原则,独于改良中国文学当以白话为正宗之说，其是非甚明，必不容反对者有讨论之余地；必以吾辈所主张者为绝对之是，而不容他人之匡正也。

我当时看了就觉得这是很武断的态度。现在在四十多年之后，我还忘不了独秀这一句话，我还觉得这种"必以吾辈所主张者为绝对之是"的态度是很不容忍的态度，是最容易引起别人的恶感，是最容易引起反对的。

我曾说过，我应该用容忍的态度来报答社会对我的容忍。我现在常常想，我们还得戒律[14]自己：我们若想别人容忍谅解我们的见解，我们必须先养成能够容忍谅解别人的见解的度量。至少我们应该戒约自己决不可"以吾辈所主张者为绝对之是"。我们受过实验主义的训练的人，本来就不承认有"绝对之是"，更不可以"以吾辈所主张者为绝对之是。"

1959 年 3 月 12 日

## 字词注释

[1] 本文节选自胡适著，《容忍与自由 精校版》，中国言实出版社，2017 年版。

[2]《王制》：儒家经典《礼记》中的一篇。《王制》比较系统地记述了有关封侯、爵禄、朝觐、丧祭、巡狩、刑政、学校等典章制度，内容与实际的商周礼制不尽相符。

[3] 假于鬼神时日卜筮（shì）以疑众：假借鬼神的名义，经常用蓍草占卜的迷信举动来蛊惑民众。

[4] 以济世明道自期者：期望自己能够成为补救时艰、阐明事理的人。

[5] 懵（měng）然：糊里糊涂、不明事理的样子。

[6] 析言破律：曲解圣贤之言，破坏既定法制。乱名改作：扰乱名物概念，改变行为规范。左道：旁门邪道。

[7] 淫声异服奇技异器：放荡的音乐、奇异的服装、怪诞的技法、奇异的器物。

[8] 行伪而坚：行为虚伪却固执己见。言伪而辩：议论虚伪却巧言善辩。学非而博：学理错误却驳杂恣肆。顺非而泽：依从错误却文过饰非。

[9] 不以听：不必再审问和听取意见。

[10] 郑玄注：汉代郑玄对《礼记》的注释。公输般：春秋时鲁国人，又称鲁班，古代建筑大匠，被后代奉为木工的祖师。曾创造攻城的云梯、磨粉的硙（wèi）等多种奇巧的木质器械。

[11] 孔颖达《正义》：指唐代孔颖达编纂的《礼记正义》一书。少正卯：孔子同时代人。据《荀子·宥坐》记载，孔子在鲁国摄政第七日就杀了少正卯，理由是少正卯犯有《王制》里所说的"四诛"等罪恶。清代学者考证，对孔子诛少正卯一事多持怀疑态度。

[12] 马丁·路德和约翰·高尔文：1517 年，德国马丁·路德发表《95 条论纲》，揭开欧洲宗教革新运动的序幕，反对教皇对各国教会的控制，要求建立适合君主专制的新教会、新教义，深得市民上层和一部分德国贵族的支持。法国约翰·高尔文受马丁·路德的影响，1533 年改信新教，建立新教教会，废除主教制，代之以长老制，在日内瓦建成政教合一的神权体制，成为一个宗教

独裁者,其主张和信条适合资产阶级激进派的要求,后曾以"异端"罪名,处死西班牙科学家塞维图斯等多人。

〔13〕殉(xùn)道者:为维护所崇敬的信仰、道理而牺牲自己生命的人。

〔14〕戒律:警戒、约束。

**思考表达**

**体悟思索:**

课文中,作者所谈论"容忍"的内涵是什么? 为什么说没有容忍就没有自由? 在当代中国和谐社会建设中,提倡容忍精神有什么现实意义?

**口才表达:**

胡适先生创作这篇文章时已经68岁,名蜚中外,著作等身,可是他在文章的一开始,就对50年前自己的错误认识,进行了深刻的检讨反思。请就此谈一谈你对"大家风范"的认识?

**书面表达:**

2016年春节联欢晚会,赵薇演唱的歌曲《六尺巷》,脍炙人口。歌词:我家两堵墙,前后百米长。德义中间走,礼让站两旁。我家一条巷,相隔六尺宽。包容无限大,和谐诗中藏。一纸书来只为墙,让他三尺又何妨。街坊邻里常相敬,一段佳话永流芳。请根据上面的歌词,选择一个角度,自主立意,写一篇不少于800字的文章,文体不限(诗歌除外),题目自拟。

# 少女小渔(节选)[1]

## 严歌苓

### 引人入胜

《少女小渔》是严歌苓的海外文学代表作,荣获中国台湾《"中央"日报》第三届文学奖短篇小说一等奖,张艾嘉执导同名电影,李安监制,刘若英倾情演绎影片。北京大学文学系教授陈晓明曾评价严歌苓说:"我以为中国文坛要非常认真地对待严歌苓的写作,这是汉语写作难得的精彩。她的小说艺术实在炉火纯青,那种内在节奏感控制得如此精湛。她的作品思想丰厚,她笔下的第二次世界大战,写出了战争暴力对人的伤害,生命经历的磨砺又被她写得如此深切而又纯净。"著名导演陈凯歌评价说:"她的小说是含情脉脉的,又是笔墨张扬的。她的小说中潜在或是隐形的一个关于自由的概念特别引人注目,那就是个人自由。"

### 走近作者

严歌苓(1958—  ),生于上海,作家,好莱坞编剧协会会员,曾为部队文工团舞蹈演员、战地记者。1998 年,严歌苓入美国哥伦比亚大学,获艺术硕士及写作 MFA 学位。著有长篇小说:《妈阁是座城》《补玉山居》《陆犯焉识》《金陵十三钗》《赴宴者》《寄居者》《小姨多鹤》《第九个寡妇》《雌性的草地》《一个女人的史诗》等。

### 文本赏析

那是个周末,江伟开车带小渔到海边去看手工艺展卖。那里有人在拉小提琴,海风很大,旋律被刮得一截一截,但小渔听出那是老头的琴音。走了大半个市场,并未见拉琴人,总是曲调忽远忽近在人缝里钻。直到风大起来,还来了阵没头没脑的雨,跑散躲雨的人一下空出一整条街,老头才显现出来。

小渔被江伟拉到一个冰淇淋摊子的大伞下。"咳,他!"江伟指着老头惊诧道。"拉琴讨饭来啦。也不赖,总算自食其力!"

老头也忙着要出找地方避雨。小渔叫了他一声,他没听见。江伟斥她道:"叫他做什么?我可不认识他!"

忙乱中的老头帽子跌到了地上。去拾帽子,琴盒的按钮开了,琴又摔出来。他捡了琴,捧婴儿一样看它伤了哪儿。一股乱风从琴盒里卷了老头的钞票就跑。老头这才把心神从琴上收回,去攒钞票回来。

雨渐大,路奇怪地空寂,只剩了老头,在手舞足蹈地捕蜂捕蝶一样捕捉风里的钞票。

小渔刚一动就被按住:"你不许去!"江伟说:"少丢我人。人还以为你和这老叫花子有什么关系呢!"她还是挣掉了他。她一张张追逐着老头一天辛苦换来的钞票。在老头看见她,认出浑身透湿的她时,摔倒下去。他半蹲半跪在那里,仰视她,似乎那些钱不是她捡了还他的,而是赐他的。她架起他,一边回头去寻江伟,发现江伟待过的地方空荡了。

江伟的屋也空荡着。小渔等了两小时,他未回。她明白江伟心里远不止这点别扭。瑞塔走后的一天,老头带回一盆吊兰,那是某家人搬房扔掉的。小渔将两只凳叠起,登上去挂花盆,老头两手撑住她脚腕。江伟正巧来,门正巧没锁,老头请他自己进来,还说,喝水自己倒吧,我们都忙着。

"我们,他敢和你'我们'?你俩'我们'起来啦?"车上,江伟一脸恶心地说。"俩人还一块浇花,剪草坪,还坐一间屋,看电视的看电视,读书的读书,难怪他'我们'……"小渔惊吓坏了:他竟对她和老头干起了跟踪监视!"看样子,老夫少妻日子过得有油有盐!"

"瞎讲什么?"小渔头次用这么炸的声调和江伟说话。但她马上又缓下来:"人嘛,过过总会过和睦……"

"跟一个老王八蛋、老无赖,你也能往一块和?"他专门挑那种能把意思弄误差的字眼来引导他自己的思路。

"江伟!"她喊。她还想喊:你要冤死人的!但汹涌的眼泪堵了她的咽喉。车轰一声,她不哭了。生怕哭得江伟心更毛。他那劲会过去的,只要让他享受她全部的温存。什么都不会耽误他享受她,痛苦、恼怒都不会。他可以一边发大脾气一边享受她。"你究竟是个什么样的女人呢?"他在她身上痉挛着问。

小渔到公寓楼下转,等江伟。他再说绝话她也决不回嘴。男人说出那么狠的话,心必定痛得更狠。她直等到半夜仍等个空。回到老头处,老头半躺在客厅长沙发上,脸色很坏。他对她笑笑。

她也对他笑笑。有种奇怪的会意在这两个笑当中。

第二天她下班回来,见他毫无变化地躺着,毫无变化地对她笑笑。他们再次笑笑。到厨房,她发现所有的碟子、碗、锅都毫无变化地搁着,老头没有用过甚至没有碰过它们。他怎么啦?她冲出去欲问,但他又笑笑。一个感觉舒适的人才笑得出这个笑。她说服自己停止无中生有的异感。

她开始清扫房子,想在她搬出去时留下个清爽些、人味些的居处给老头。她希望任何东西经过她手能变得好些;世上没有理应被糟蹋掉的东西,包括这个糟蹋了自己大半生的老头。

老头看着小渔忙。他知道这是她在这儿的最后一天,这一天过完,他俩就两清了。她将留在身后一所破旧但宜人的房舍和一个孤寂但安详的老头。

老头变了。怎么变的小渔想不懂。她印象中老头老在找遗失的东西:鞋拔子、老花镜、剃须刀。有次一把椅子散了架,椅垫下他找到了四十年他一直在找的一枚微型圣像,他喜悦得那样暧昧和神秘,连瑞塔都猜不透那指甲大的圣像所含的故事。似乎偶然地,他悄悄找回了遗失了更久的一部分自己。那一部分的他是宁静、文雅的。

现在他会拎着还不满的垃圾袋出去,届时他会朝小渔看看,像说:你看,我也做事了,我在好好生活了。他仿佛真的在好好做人:再不挨门去拿邻居家的报看,也不再敲诈偶尔停车在他院外的人。他仍爱赤膊,但小渔回来,他马上找衣服穿。他仍把电视音量开得惊天动地,但小渔卧室灯一暗,他立刻将它拧得近乎哑然。一天小渔上班,见早晨安静的太阳里走着拎提琴的老人,自食其力使老人有了副安泰认真的神情和庄重的举止。她觉得那样感动:他是个多正常的老人;那种与世界、人间处出了正当感情的老人。

小渔在院子草地上耙落叶时想,他会好好活下去,即使没有了瑞塔,没有了她。无意中,她瞅进窗里,见老头在动,在拼死一样动。他像在以手臂拽起自己的身体,很快却失败了。他又试,一次比一次猛烈地试,最后妥协了,躺成原样。

原来他是动不了了! 小渔冲回客厅,他见她,又那样笑。他这样一直笑到她离去;让她安安心心按时离去? ……她打了急救电话,医生护士来了,证实了小渔的猜想;那雨里的一跤摔出后果来了,老头中了风。他们还告诉她:老头情况很坏,最理想的结果是一周后发现他还活着,那样的话,他会再一动不动地活些日子。他们没用救护车载老头去医院,说是反正都一样了。

老头现在躺回了自己的床。一些连着橡皮管和瓶子的支架竖在他周围。护士六小时会来观察一次,递些茶饭,换换药水。

"你是他什么人?"护士问。对老头这样的穷病号,她像个仁慈的贵妇人。

老头和她都赖着不说话。电话铃响了,她被烧了一样拔腿就跑。

"你东西全收拾好了吧?"江伟在一个很吵闹的地方给她打电话。还没有听她答,他话又躁起来:"给你两钟头,理好行李,到门口等我! 我可不想见他! ……"你似乎也不想见我,小渔想。从那天她搀扶老头回来,他没再见她。她等过他几回,总等不着他。电话里问他是不是很忙,他会答非所问地说:我他妈的受够了! 好像他是这一年唯一的牺牲。好像这种勾当单单苦了他。好像所有的割让都是他做的。"别忘了,"江伟在那片吵闹中强调:"去问他讨回三天房钱,你提前三天搬走的!"

"他病得很重,可能很危险……"

"那跟房钱有什么相干?"

她又说,他随时有死的可能;他说,跟你有什么相干? 对呀对呀,跟我有什么相干。这样想着,她回到自己卧室,东抓西抓地收拾了几件衣服,突然搁下它们,走到老头屋。

护士已走了。老头像已入睡。她刚想离开,他却睁了眼。完了,这回非告别不可了。她心里没一个词儿。

"我以为你已经走了!"老头先开了口。她摇摇头。摇头是什么意思? 是不走吗? 她根本没说她要留下,江伟却问:你想再留多久? 陪他守他、养他老送他终? ……

老头摸出张纸片,是张火车月票。他示意小渔收下它。当她接过它时,他脸上出现一种认错后的轻松。

"护士问我你是谁,我说你是房客。是个非常好的好孩子。"老头说。

小渔又摇头。她真的不知自己是不是好。江伟刚才在电话里咬牙切齿,说她居然能和一个老无赖处那么好,可见是真正的"好"女人了。他还对她说,两小时后,他开车到门口,假如门口没她人,他掉车头就走。然后他再不来烦她;她愿意陪老头多久就多久,他再一次说他受够了。

老头目送她走到门口。她欲回身说再见,见老头的拖鞋一只底朝天。她去摆正它时,忽然意识到老头或许再用不着穿鞋;她这分周到对老头只是个刺痛的提醒。对她自己呢?这举动是个借口;她需要借口多陪伴他一会,为他再多做点什么。

"我还会回来看你……"

"别回来……"他眼睛去看窗外,似乎说:外面多好,出去了,干嘛还进来?

老头的手动了动,小渔感到自己的手也有动一动的冲动。她的手便去握老头的手了。

"要是……"老头看着她,满嘴都是话,却不说了。他眼睛大起来,仿佛被自己的不知天高地厚吓住了。她没问——"要是"是问不尽的。要是你再多住几天就好了。要是我死了你会记得我吗?要是我幸运地有个葬礼,你来参加吗?要是将来你看到任何一个孤零零的老人,你会由他想到我吗?

小渔点点头,答应了他的"要是"。

老头向里一偏头,蓄满在他深凹的眼眶里的泪终于流出来。

## 字词注释

[1] 本文节选自严歌苓著,《少女小渔》,陕西师范大学出版社,2008 年版。

## 思考表达

**体悟思索:**

严歌苓关注中外文化撞击的特殊情境,本文是如何体现小渔的生存困境的?

**口才表达:**

著名作家梁晓声说,严歌苓与我们的一些作家经验式的写作不同,她的语言里有一种"脱口秀",是对语言天生的灵气。结合本文分析严歌苓的语言特点。

**书面表达:**

以小渔的口吻给江伟写一封信。

微课赏析

*《少女小渔》*

推 荐 阅 读

1. 鲁迅《阿 Q 正传》
2. 巴金《随想录》
3. 李泽厚《美的历程》
4. (清)曾国藩《曾国藩家书》
5. 林语堂《苏东坡传》
6. [美]黄仁宇《万历十五年》
7. 阿城《棋王》
8. 大冰《阿弥陀佛,么么哒》
9. [苏]尼古拉·奥斯特洛夫斯基《钢铁是怎样炼成的》
10. [日]东野圭吾《解忧杂货店》

# 模块四　恣肆汪洋　别具只眼

## 庄子(节选)[1]

[战国·宋]庄　子

### 引人入胜

本文节选自《庄子·秋水》。《庄子》是继《老子》之后体现道家思想的一部极其重要的作品。道家文化与哲学是中华文化传统最深邃博大的根源之一,以其崇尚自然的精神风骨、包罗万象的广阔胸怀而成为使中华文化立足于世界的坚实基础。《庄子》一书,分为"内篇""外篇""杂篇"三部分,共三十三篇,以其深邃的思想内容和奇诡的创作手法,在先秦诸子散文中独树一帜,是一部洋溢着浪漫主义的散文集。

《秋水》是《庄子》中的一个长篇,用篇首的两个字作为篇名,中心是讨论人应怎样去认识外物。全篇由两大部分组成:前一部分写北海海神跟河神的谈话,一问一答,一气呵成,构成本篇的主体;后一部分写了六个寓言故事,每个寓言故事自成一体,各不关联。本文选自后一部分。

### 走近作者

庄子(约前369—前286),庄氏,名周,字子休,楚国公族,楚庄王之后裔。战国时期宋国蒙(今河南商丘)人,著名的思想家、哲学家、文学家,是道家学派的代表人物,老子哲学思想的继承者和发展者,先秦庄子学派的创始人。后世将他与老子的哲学称为"老庄哲学"。庄子生活的战国后期,社会正处于剧烈的大变动之中,奴隶主统治政体已分崩离析,封建君主制度尚未建立,诸侯兼并,天下纷争,政治腐败,社会混乱。庄子曾做过漆园吏,生活贫穷困顿,却鄙弃荣华富贵、权势名利,力图在乱世保持独立的人格,追求逍遥无恃的精神自由。庄子在中国文学史和思想史上有着重要贡献,一生著书十余万言,书名《庄子》,也称《南华真经》。

## 文本赏析

庄子与惠子[2]游于濠梁[3]之上。

庄子曰:"儵鱼[4]出游从容,是鱼之乐也。"

惠子曰:"子非鱼,安知鱼之乐?"

庄子曰:"子非我,安知我不知鱼之乐?"

惠子曰:"我非子,固不知子矣;子固非鱼也,子之不知鱼之乐全矣!"

庄子曰:"请循其本[5]。子曰'汝安知鱼乐'云者,既已知吾知之而问我。我知之濠上也。"

## 字词注释

[1]本文选自孙通海译注,《庄子》,中华书局,2007年版。

[2]惠子(前390—前317),姓惠,名施,战国中期宋国商丘(今河南商丘)人。惠子是著名的政治家、哲学家,名家学派的开山鼻祖和主要代表人物,是庄子的至交好友。

[3]濠梁:濠水的桥上。濠,水名,在现在安徽凤阳。

[4]儵(shū)鱼:一种银白色的淡水鱼。

[5]请循其本:意为请回到初始的思路上。

## 思考表达

**体悟思索:**

分析庄子和惠子这段论辩中体现出的态度和认知的差异,你更赞同谁的说法,为什么?

**口才表达:**

阅读《庄子》中庄子和惠子所有论争的相关内容,谈谈你对两人关系的看法。

**书面表达:**

庄子与惠子,一位是道家的一代宗师,一位是名家的著名人物;一位穷得家徒四壁,一位贵为相国;一位视名利如敝屣,一位却汲汲于富贵;一位喜欢深居简出,一位则不甘寂寞。两人的出身、个性、学术、人生道路等如此不同,却惺惺相惜,竟也相反相成。请在思考的基础上,以"闻达于世与光耀千秋"为题,写作一篇800字左右的文章。

# 《世说新语》六则[1]

## [南朝] 刘义庆

**引人入胜**

《世说新语》又名《世语》,内容主要是记录魏晋名士的逸闻轶事和玄言清谈,也可以说是一部记录魏晋风流的故事集,是中国魏晋南北朝时期"笔记小说"的代表作。今传本皆作上、中、下三卷,分为德行、言语、政事、文学、方正、雅量等三十六门,全书共一千多则,《任诞》出自《世说新语》第二十三门。任诞,指任性放纵。名士们主张言行不必遵守礼法,凭禀性行事,不做作,不受任何拘束,认为这样才能回归自然,才是真正的名士风流。

《世说新语》在艺术上有较高的成就,鲁迅先生曾把它的艺术特色概括为"记言则玄远冷隽,记行则高简瑰奇"(《中国小说史略》)。《世说新语》及刘孝标注涉及各类人物共一千五百多个,魏晋两朝主要的人物,无论帝王、将相,或者隐士、僧侣,都包括在内。它对人物的描写有的重在形貌,有的重在才学,有的重在心理,但集中到一点,就是重在表现人物的特点,通过独特的言谈举止写出了独特人物的独特性格,使之气韵生动、活灵活现、跃然纸上。

**走近作者**

刘义庆(403—444),字季伯,南朝宋彭城(今江苏徐州)人,文学家。《宋书》本传说他"性简素,寡嗜欲"。刘义庆爱好文学,广招四方文学之士,聚于门下。刘宋宗室,袭封临川王。刘义庆曾任荆州刺史、江州刺史等官职,除《世说新语》外,还著有志怪小说《幽明录》。

**文本赏析**

一

刘伶病酒,渴甚,从妇求酒[2]。妇捐酒毁器,涕泣谏曰:"君饮太过,非摄生之道,必宜断之!"伶曰:"甚善。我不能自禁,唯当祝鬼神自誓断之耳。便可具酒肉。"妇曰:"敬闻命。"供酒肉于神前,请伶祝誓。伶跪而祝曰:"天生刘伶,以酒为名;一饮一斛,五斗解酲。妇人之言,慎不可听。"便引酒进肉,隗然[3]已醉矣。

二

阮籍嫂尝还家,籍见与别,或讥之[4]。籍曰:"礼岂为我辈设也?"

三

阮仲容、步兵居道南[5]，诸阮居道北；北阮皆富，南阮贫。七月七日，北阮盛晒衣，皆纱罗锦绮。仲容以竿挂大布犊鼻裈[6]于中庭。人或怪之，答曰："未能免俗，聊复尔耳！"

四

阮浑长成，风气韵度似父，亦欲作达[7]。步兵曰："仲容已预之，卿不得复尔！"

五

王子猷[8]居山阴。夜大雪，眠觉，开室命酌酒。四望皎然，因起彷徨，咏左思《招隐》。忽忆戴安道，时戴在剡[9]，即便夜乘小船就之。经宿方至，造门不前而返。人问其故，王曰："吾本乘兴而行，兴尽而返，何必见戴！"

六

王孝伯问王大[10]："阮籍何如司马相如？"王大曰："阮籍胸中垒块，故须酒浇之。"

## 字词注释

[1]本文选自[南朝]刘义庆著，《世说新语校笺》，中华书局，1984年版。

[2]刘伶：字伯伦，竹林七贤之一，性好酒，曾作《酒德颂》说："惟酒是务，焉知其余……无思无虑，其乐陶陶。"病酒：饮酒沉醉，醒后困乏如病，叫"病酒"。病酒要用饮酒来解除，这就是下文说的"解酲"（chéng）。

[3]隗（wéi）然：颓然，醉倒的样子。

[4]或讥之：古时礼制，叔嫂不通问，所以有人认为阮籍不遵礼法而指责他。

[5]阮仲容：阮咸，字仲容，是阮籍的侄儿，竹林七贤之一。句中的"步兵"也即阮籍。

[6]犊鼻裈（dúbíkūn）：短裤，一说围裙。旧时风俗，七月七日晒衣裳、书籍，据说这样就不会受虫蛀。

[7]阮浑：为阮籍之子，此句中的"达"意为放浪纵恣。

[8]王子猷：王羲之之子，名徽之，字子猷。

[9]剡（shàn）：剡县，今浙江省嵊州市。有剡溪可通山阴县。

[10]王孝伯：王恭，字孝伯，太原晋阳（今山西太原）人。东晋外戚。

## 思考表达

**体悟思索：**

"魏晋风度"是指魏晋名士在追求人格美时所表现出来的特有的作风态度和精神风貌。他们追求一种有别于传统士人的独特行为方式和思想风范，张扬个性，不守礼法，放浪形骸，对我国后世的文学和美学发展影响很大。分析魏晋风度形成的原因并思考这种名士风范对中国文化的影响。

**口才表达：**

魏晋名士的一些行为具有反世俗、反功利的特点，在现实中往往会使其落落寡合，甚至因此成为众矢之的。对此，你怎么看？

**书面表达：**

张国荣的歌曲《我》中有一句歌词："我就是我，是颜色不一样的烟火。"请结合本篇意旨，以《我就是我》为题，写作一篇 600 字以上的杂感。

微课赏析

《世说新语》

# 神　女　峰[1]

## 舒　婷

### 引人入胜

　　神女峰是屹立在长江边悬崖上的一座小山峰,有着美丽而忧伤的传说。这块耸立在长江巫峡江岸上的山石,凝结着许多内涵不同的爱情故事,而这首诗主要取意于宋玉的《高唐赋》和《神女峰》。两赋写楚怀王梦中亲幸了巫山神女,神女便树立了永远忠贞于他的志节。怀王死后,他的儿子襄王和宋玉游巫山,神女虽一度对宋玉萌生爱意,又被襄王苦苦追求,却终于理智战胜情欲,毅然表示要永远忠于怀王,不再与别人恋爱。沿着这一逻辑,民间传说又补充了神女日夜凝望怀王,日久化为石柱,成为人们万世景仰的偶像等内容。于是,神女峰便成了不嫁二男、贞节重于生命的文化标本。而当代女诗人舒婷却在这个诗歌作品中表达出对爱情婚姻的"正统"道德的反思与批判。

### 走近作者

　　舒婷,原名龚佩瑜,1952 年出生于福建石码镇,中国当代女诗人,朦胧诗派的代表人物。出版的诗集有《双桅船》《舒婷、顾城抒情诗选》《会唱歌的鸢尾花》《始祖鸟》等。舒婷的诗,有明丽隽美的意象,缜密流畅的思维逻辑,从这方面说,她的诗并不"朦胧"。只是多数诗采用隐喻、局部或整体象征的手法,很少以直抒告白的方式,表达的意象有一定的多义性。

### 文本赏析

在向你挥舞的各色花帕中
是谁的手突然收回
紧紧捂住了自己的眼睛
当人们四散离去,谁
还站在船尾
衣裙漫飞,如翻涌不息的云
江涛
高一声
低一声

美丽的梦留下美丽的忧伤

人间天上,代代相传

但是,心

真能变成石头吗

为眺望远天的杳鹤[2]

错过无数次春江月明

沿着江岸

金光菊和女贞子[3]的洪流

正煽动新的背叛

与其在悬崖上展览千年

不如在爱人肩头痛哭一晚

## 字词注释

［1］本文选自北岛,舒婷等著,《朦胧诗新编》,长江文艺出版社,2014 年版。

［2］杳(yǎo):无影无声。

［3］金光菊和女贞子:金光菊是一种菊科植物。女贞子是女贞树的果实。

## 思考表达

**体悟思索:**

在封建社会贞节观的束缚下,女性在封建社会逐渐成为失去独立人格和正当自由的男权奴隶。贞节观在当代社会遭遇了现代观念的撞击,"生命"与"贞节"孰重孰轻成为一个富有争议的话题。你怎么看待现代女性对这种反人性、不公平的"贞节观"的新的思考和"新的背叛"?

**口才表达:**

说说你对诗句"与其在悬崖上展览千年,不如在爱人肩头痛哭一晚"中新的道德价值的理解。

**书面表达:**

贞节观是封建时代桎梏和迫害女性的一种观念。可在很长的历史时期内,很多女性却在努力践行和捍卫这种观念。你对这种现象有什么认识? 请将自己的思考写成一篇自命题文章。

# 金锁记(节选)[1]

## 张爱玲

### 引人入胜

　　《金锁记》是作家张爱玲创作的中篇小说,《金锁记》主要描写一个小商人家庭出身的女子曹七巧的心灵变迁历程。七巧做过残疾人的妻子,欲爱而不能爱,几乎像疯子一样在姜家过了 30 年。在财欲与情欲的压迫下,她的性格终于被扭曲,行为变得乖戾,亲手毁掉自己儿女的幸福。张爱玲另辟蹊径,讲述了一个母亲对自己亲生儿女迫害摧残的传奇故事,从而反映了特定的社会环境和具体的生活环境怎样把一个原本有着温情性格的正常女人变成一个阴鸷毒辣的"吃人者"。

　　翻译家傅雷说,《金锁记》颇有《狂人日记》中某些故事的风味,至少也该列为我们文坛最美的收获之一。中国旅美文学评论家夏志清评价《金锁记》是中国从古以来最伟大的中篇小说。

### 走近作者

　　张爱玲(1920—1995),现当代女作家,原籍河北丰润,生于上海。1952 年赴中国香港,1966年定居美国。

　　主要作品有散文集《流言》,散文小说合集《张看》,中短篇小说集《传奇》,长篇小说《倾城之恋》《半生缘》《赤地之恋》。晚年从事中国文学评价和《红楼梦》研究。

### 文本赏析

　　自从吵闹过这一番,兰仙对于这头亲事便洗手不管了。七巧的病渐渐痊愈,略略下床走动,便逐日骑着门坐着,遥遥的向长安屋里叫喊道:"你要野男人你尽管去战,只别把他带上门来认我做丈母娘,活活的气死了我!我只图个眼不见,心不烦。能够容我多活两年,便是姑娘的恩典了!"颠来倒去几句话,嚷得一条街上都听得见。亲戚丛中自然更将这事沸沸扬扬传了开去。七巧又把长安唤到跟前,忽然滴下泪来道:"我的儿,你知道外头人把你怎么长怎么短糟踏得一个钱也不值!你娘自从嫁到姜家来,上上下下谁不是势利的,狗眼看人低,明里暗里我不知受了他们多少气。就连你爹,他有什么好处到我身上,我要替他守寡?我千辛万苦守了这二十年,无非是指望你姐儿俩长大成人,替我争回一点面子来,不承望今日之下,只落得这等的收场!"说着,呜咽起来。

长安听了这话，如同轰雷掣顶一般。她娘尽管把她说得不成人，外头人尽管把她说得不成人。她管不了这许多。唯有童世舫——他——他该怎么想？他还要她么？上次见面的时候，他的态度有点改变么？很难说……她太快乐了，小小的不同的地方她不会注意到……被戒烟期间身体上的痛苦与这种种刺激两面夹攻着，长安早就有点受不了，可是硬撑着也就撑了过去，现在她突然觉得浑身的骨骼都脱了节。向他解释么？他不比她的哥哥，他不是她母亲的儿女，他决不能彻底明白她母亲的为人。他果真一辈子见不到她母亲，倒也罢了，可是他迟早要认识七巧。这是天长地久的事，只有千年做贼的，没有千年防贼的——她知道她母亲会放出什么手段来？迟早要出乱子，迟早要决裂。这是她的生命里顶完美的一段，与其让别人给它加上一个不堪的尾巴，不如她自己早早结束了它。一个美丽而苍凉的手势……她知道她会懊悔的，她知道她会懊悔的，然而她抬了抬眉毛，做出不介意的样子，说道："既然娘不愿意结这头亲，我去回掉他们就是了。"七巧正哭着，忽然住了声，停了一停，又抽搭抽搭哭了起来。

长安定了一定神，就去打了个电话给童世舫，世舫当天没有空，约了明天下午。长安所最怕的就是中间隔的这一晚，一分钟，一刻，一刻，啃进她心里去。次日，在公园里的老地方，世舫微笑着迎上前来，没跟她打招呼——这在他是一种亲昵的表示。他今天仿佛是特别的注意她，并肩走着的时候，屡屡地望着她的脸。太阳煌煌地照着，长安越发觉得眼皮肿得抬不起来了，趁他不在看她的时候把话说了罢。她用哭哑的喉咙轻轻唤了一声"童先生"。世舫没听见。那么，趁他看她的时候把话说了罢。她诧异她脸上还带着点笑，小声道："童先生，我想——我们的事也许还是——还是再说罢。对不起得很。"她褪下戒指来塞在他手里，冷涩的戒指，冷湿的手。她放快了步子走去，他愣了一会，便追上来，回道："为什么呢？对于我有不满意的地方么？"长安笔直向前望着，摇了摇头。世舫道："那么，为什么呢？"长安道："我母亲……"世舫道："你母亲并没有看见过我。"长安道："我告诉过你了，不是因为你。与你完全没有关系。我母亲……"世舫站定了脚。这在中国是很充分的理由了罢？他这么略一踌躇，她已经走远了。园子在深秋的日头里晒了一上午又一下午，像烂熟的水果一般，往下坠着，坠着，发出香味来。长安悠悠忽忽听见了口琴的声音，迟钝地吹出了"Long，Long，Ago"——"告诉我那故事，往日我最心爱的那故事。许久以前，许久以前……"这是现在，一转眼也就变了许久以前了，什么都完了。长安着了魔似的，去找那吹口琴的人——去找她自己。迎着阳光走着，走到树底下，一个穿着黄短裤的男孩骑在树丫枝上颠颠着，吹着口琴，可是他吹的是另一个调子，她从来没听见过的。不大的一棵树，稀稀朗朗的梧桐叶在太阳里摇着像金的铃铛。长安仰面看着，眼前一阵黑，像骤雨似的，泪珠一串串的披了一脸。世舫找到了她，在她身边悄悄站了半晌，方道："我尊重你的意见。"长安举起了她的皮包皮来遮住了脸上的阳光。

他们继续来往了一些时。世舫要表示新人物交女朋友的目的不仅限于择偶，因此虽然与长安解除了婚约，依旧常常地邀她出去。至于长安呢，她是抱着什么样的矛盾的希望跟着他出去，她自己也不知道——知道了也不肯承认。订着婚的时候，光明正大的一同出去，尚且要瞒了家里，如今更成了幽期密约了。世舫的态度始终是坦然的。固然，她略略伤害了他的自尊心，同时他对于她多少也有点惋惜，然而"大丈夫何患无妻？"男子对于女子最隆重的赞美是求婚。他割舍了他的自由，送了她这一份厚礼，虽然她是"心领璧还"了，他可是尽了他的心。这是惠而不费的事。

无论两人之间的关系是怎样的微妙而尴尬，他们认真的做起朋友来了。他们甚至谈起话来。长安的没见过世面的话每每使世舫笑起来，说："你这人真有意思！"长安渐渐的也发现了她自己原来是个"很有意思"的人。这样下去，事情会发展到什么地步，连世舫自己也会惊奇。

然而风声吹到了七巧耳朵里。七巧背着长安吩咐长白下帖子请童世舫吃便饭。世舫猜着姜家是要警告他一声，不准他和他们小姐藕断丝连，可是他同长白在那阴森高敞的餐室里吃了两盅酒，说了一回话，天气、时局、风土人情，并没有一个字沾到长安身上。冷盘撤了下去，长白突然手按着桌子站了起来。世舫回过头去，只见门口背着光立着一个小身材的老太太，脸看不清楚，穿一件青灰团龙宫织缎袍，双手捧着大红热水袋，身旁夹峙着两个高大的女仆。门外日色昏黄，楼梯上铺着湖绿花格子漆布地衣，一级一级上去，通入没有光的所在。世舫直觉地感到那是个疯人——无缘无故的，他只是毛骨悚然。长白介绍道："这就是家母。"

世舫挪开椅子站起来，鞠了一躬。七巧将手搭在一个佣妇的胳膊上，款款走了进来，客套了几句，坐下来便敬酒让菜。长白道："妹妹呢？来了客，也不帮着张罗张罗。"七巧道："她再抽两筒就下来了。"世舫吃了一惊，睁眼望着她。七巧忙解释道："这孩子就苦在先天不足，下地就得给她喷烟。后来也是为了病，抽上了这东西。小姐家，够多不方便哪！也不是没戒过，身子又娇，又是由着性儿惯了的，说丢，哪儿就丢得掉呀？戒戒抽抽，这也有十年了。"世舫不由得变了色。七巧有一个疯子的审慎与机智。她知道，一不留心，人们就会用嘲笑的，不信任的眼光截断了她的话锋，她已经习惯了那种痛苦。她怕话说多了要被人看穿了。因此及早止住了自己，忙着添酒布菜。隔了些时，再提起长安的时候，她还是轻描淡写的把那几句话重复了一遍。她那平扁而尖利的喉咙四面割着人像剃刀片。

长安悄悄地走下楼来，玄色花绣鞋与白丝袜停留在日色昏黄的楼梯上。停了一会，又上去了。一级一级，走进没有光的所在。

七巧道："长白你陪童先生多喝两杯，我先上去了。"佣人端上一品锅来，又换上了新烫的竹叶青。一个丫头慌里慌张站在门口将席上伺候的小厮唤了出去，叽咕了一会，那小厮又进来向长白附耳说了几句，长白仓皇起身，向世舫连连道歉，说："暂且失陪，我去去就来。"三脚两步也上楼去了，只剩世舫一人独酌。那小厮也觉过意不去，低低地告诉了他："我们绢姑娘要生了。"世舫道："绢姑娘是谁？"小厮道："是少爷的姨奶奶。"

世舫拿上饭来胡乱吃了两口，不便放下碗来就走，只得坐在花梨炕上等着，酒酣耳热。忽然觉得异常的委顿，便躺了下来。卷着云头的花梨炕，冰凉的黄藤心子，柚子的寒香……姨奶奶添了孩子了。这就是他所怀念着的古中国……他的幽娴贞静的中国闺秀是抽鸦片的！他坐了起来，双手托着头，感到了难堪的落寞。

他取了帽子出门，向那小厮道："待会儿请你对上头说一声，改天我再面谢罢！"他穿过砖砌的天井，院子正中生着树，一树的枯枝高高印在淡青的天上，像瓷上的冰纹。长安静静的跟在他后面送了出来。她的藏青长袖旗袍上有着浅黄的雏菊。她两手交握着，脸上现出稀有的柔和。世舫回过身来道："姜小姐……"她隔得远远的站定了，只是垂着头。世舫微微鞠了一躬，转身就走了。长安觉得她是隔了相当的距离看这太阳里的庭院，从高楼上望下来，明晰、亲切，然而没有能力干涉，天井、树，曳着萧条的影子的两个人，没有话——不多的一点回忆，将来是要装在水晶瓶里双手捧着看的——她的最初也是最后的爱。

芝寿直挺挺躺在床上，搁在肋骨上的两只手蜷曲着像宰了的鸡的脚爪。帐子吊起了一半。不分昼夜她不让他们给她放下帐子来。她怕。

外面传进来说绢姑娘生了个小少爷。丫头丢下了热气腾腾的药罐子跑出去凑热闹了，敞着房门，一阵风吹了进来，帐钩豁朗朗乱摇，帐子自动地放了下来，然而芝寿不再抗议了。她的头向右一歪，滚到枕头外面去。她并没有死——又挨了半个月光景才死的。

绢姑娘扶了正，做了芝寿的替身。扶了正不上一年就吞了生鸦片自杀了。长白不敢再娶了，只在妓院里走走。长安更是早就断了结婚的念头。

七巧似睡非睡横在烟铺上。三十年来她戴着黄金的枷。她用那沉重的枷角劈杀了几个人，没死的也送了半条命。她知道她儿子女儿恨毒了她，她婆家的人恨她，她娘家的人恨她。她摸索着腕上的翠玉镯子，徐徐将那镯子顺着骨瘦如柴的手臂往上推，一直推到腋下。她自己也不能相信她年轻的时候有过滚圆的胳膊。就连出了嫁之后几年，镯子里也只塞得进一条洋绉手帕。十八九岁做姑娘的时候，高高挽起了大镶大滚的蓝夏布衫袖，露出一双雪白的手腕，上街买菜去。喜欢她的有肉店里的朝禄，她哥哥的结拜弟兄丁玉根、张少泉，还有沈裁缝的儿子。喜欢她，也许只是喜欢跟她开开玩笑，然而如果她挑中了他们之中的一个，往后日子久了，生了孩子，男人多少对她有点真心。七巧挪了挪头底下的荷叶边小洋枕，凑上脸去揉擦了一下，那一面的一滴眼泪她就懒怠去揩拭，由它挂在腮上，渐渐自己干了。

七巧过世以后，长安和长白分了家搬出来住。七巧的女儿是不难解决她自己的问题的，谣言说她和一个男子在街上一同走，停在摊子跟前，他为她买了一双吊袜带。也许她用的是她自己的钱，可是无论如何是由男子的袋里掏出来的。……当然这不过是谣言。

三十年前的月亮早已沉了下去，三十年前的人也死了，然而三十年前的故事还没完——完不了。

---

**字词注释**

［1］本文节选自张爱玲著，《倾城之恋》，北京十月文艺出版社，2019年版。《金锁记》是

作家张爱玲创作的中篇小说,发表于 1944 年上海《天地》上,后收入小说集《传奇》中。

## 思考表达

**体悟思索:**

小说《金锁记》结尾的意蕴深远,请结合小说进行分析。

**口才表达:**

曹七巧是一个什么样的女人? 说出你的理解。

**书面表达:**

谈谈本文"金锁"的隐喻手法,尝试写作一篇 600 字左右的议论文。

微课赏析

《金锁记》

── 推 荐 阅 读 ──

1. 李贺《梦天》
2. 李白《庐山谣寄卢侍御虚舟》
3. [ 俄 ]普希金《致大海》
4. 黄宗羲《原君》
5. [ 英 ]罗素《我为何而生》
6. 贾平凹《秦腔》
7. 余华《活着》
8. [ 美 ]理查德·巴赫《海鸥乔纳森》
9. [ 奥地利 ]弗兰茨·卡夫卡《变形记》
10. 赖声川《暗恋桃花源》

# 模块五　习惯养成　道法自然

取乎其上，得乎其中
取乎其中，得乎其下
取乎其下，则无所得矣

## 《论语》六则[1]

### [春秋] 孔　子

　　《论语》是一本以记录春秋时思想家兼教育家孔子和其弟子言行为主的汇编，是儒家重要的经典之一，集中体现了孔子的政治主张、伦理思想、道德观念及教育原则等。与《大学》《中庸》《孟子》《诗经》《尚书》《礼记》《易经》《春秋》并称"四书五经"。在表达上，《论语》语言精练而形象生动，是语录体散文的典范。在编排上，《论语》没有严格的编纂体例，每一条就是一章，集章为篇，篇、章之间并无紧密联系，只是大致归类，并有重复章节出现。本文节选《学而》《泰伯》及《颜渊》各两篇。《学而》篇主要讲"务本"的道理，引导初学者进入"道德之门"；《泰伯》篇主要记孔子和曾子的言论及其对古人的评论；《颜渊》篇主要讲孔子教育弟子如何实行仁德，如何为政和处世。

### 走近作者

　　孔子（前551—前479）子姓，孔氏，名丘，字仲尼，春秋时鲁国陬邑（今山东省曲阜市南辛镇）人，祖上为宋国栗邑（今河南省商丘市）贵族。孔子葬于曲阜城北泗水南岸，即今日孔林所在地。孔子是我国历史上伟大的思想家、教育家、政治家和文学家，儒家思想的创始人。他被后世尊为孔圣人、至圣、至圣先师、万世师表，被联合国教科文组织评选为"世界十大文化名人"之首。孔子和儒家思想对中国、朝鲜半岛、日本和越南等地区有深远的影响。

### 文本赏析

《学而》篇一

　　有子[2]曰："其为人也孝弟[3]，而好犯上者[4]，鲜[5]矣；不好犯上，而好作乱者，未之有也[6]。君子务本[7]，本立而道生[8]。孝弟也者，其为仁之本与[9]？"

《学而》篇二

曾子[10]曰："吾日三省[11]吾身。为人谋而不忠[12]乎？与朋友交而不信[13]乎？传不习[14]乎？"

《泰伯》篇一

子曰："笃信好学，守死善道，危邦不入，乱邦不居。天下有道则见[15]，无道则隐。邦有道，贫且贱焉，耻也；邦无道，富且贵焉，耻也。"

《泰伯》篇二

曾子有疾，孟敬子[16]问[17]之。曾子言曰："鸟之将死，其鸣也哀；人之将死，其言也善。君子所贵乎道者三：动容貌[18]，斯远暴慢[19]矣；正颜色[20]，斯近信矣；出辞气[21]，斯远鄙倍[22]矣。笾豆之事[23]，则有司[24]存。"

《颜渊》篇一

颜渊问仁。子曰："克己复礼[25]为仁。一日克己复礼，天下归仁[26]焉。为仁由己，而由人乎哉？"颜渊曰："请问其目[27]。"子曰："非礼勿视，非礼勿听，非礼勿言，非礼勿动。"颜渊曰："回虽不敏，请事[28]斯语矣。"

《颜渊》篇二

仲弓问仁。子曰："出门如见大宾，使民如承大祭[29]；己所不欲，勿施于人；在邦无怨，在家无怨[30]。"仲弓曰："雍虽不敏，请事斯语矣。"

## 字词注释

〔1〕本文选自程树德撰，《论语集释》，中华书局，1990年版。

〔2〕有子：孔子的学生，姓有，名若，一说比孔子小13岁，一说小33岁。后一说较为可信。在《论语》中，记载的孔子学生，一般都称字，只有曾参和有若称"子"。因此，许多人认为《论语》即由曾参和有若所著述。

〔3〕孝弟：孝，奴隶社会时期所认为的子女对待父母的正确态度；弟，读音和意义与"悌"（tì）相同，即弟弟对待兄长的正确态度。孝、弟是孔子和儒家特别提倡的两个基本道德规范。旧注说：善事父母曰孝，善事兄长曰弟。

〔4〕犯上：犯，冒犯、干犯。上，指在上位的人。

〔5〕鲜（xiǎn）：少的意思。《论语》中的"鲜"字，都是如此用法。

〔6〕未之有也：此为"未有之也"的倒装句型。古代汉语的句法有一条规律，否定句的宾语若为代词，一般置于动词之前。

〔7〕务本：务，专心、致力于。本，根本。

〔8〕道：在中国古代思想里，道有多种含义。此处的道，指孔子提倡的仁道，即以仁为核心的整个道德思想体系及其在实际生活的体现。简单讲，就是治国做人的基本原则。

［9］为仁之本：仁是孔子哲学思想的最高范畴，又是伦理道德准则。为仁之本，即以孝、弟作为仁的根本。还有一种解释，认为古代的"仁"就是"人"字，为仁之本即做人的根本。

［10］曾子：曾子姓曾名参（shēn），字子舆，生于公元前505年，鲁国人，是被鲁国灭亡了的郮国贵族的后代。曾参是孔子的得意门生，以孝出名。据说《孝经》就是他撰写的。

［11］三省（xǐng）：省，检查、察看。三省有几种解释：一是三次检查；二是从三个方面检查；三是多次检查。其实，古代在有动作性的动词前加上数字，表示动作频率，不必认定为三次。

［12］忠：旧注曰：尽己之谓忠。此处指对人应当尽心竭力。

［13］信：旧注曰：信者，诚也。以诚实之谓信。要求人们按照礼的规定相互守信，以调整人们之间的关系。

［14］传不习：传，老师传授给自己的。习，温习、实习、演习等。

［15］见（xiàn）：同"现"。

［16］孟敬子：鲁国大夫孟孙捷。

［17］问：探望、探视。

［18］动容貌：使自己的内心感情表现于面容。

［19］暴慢：粗暴、放肆。

［20］正颜色：使自己的脸色庄重严肃。

［21］出辞气：出言，说话。指注意说话的言辞和口气。

［22］鄙倍：鄙，粗野。倍同"背"，背理。

［23］笾（biān）豆之事：笾和豆都是古代祭祀和典礼中的用具。

［24］有司：指主管某一方面事务的官吏，这里指主管祭祀、礼仪事务的官吏。

［25］克己复礼：克己，克制自己。复礼，使自己的言行符合于礼的要求。

［26］归仁：归，归顺。仁，即仁道。

［27］目：具体的条目。目和纲相对。

［28］事：从事，照着去做。

［29］出门如见大宾，使民如承大祭：这句话是说，出门办事和役使百姓，都要像迎接贵宾和进行大祭时那样恭敬严肃。

［30］在邦无怨，在家无怨：邦，诸侯统治的国家。家，卿大夫统治的封地。

## 思考表达

**体悟思索：**

孔子的"非礼勿视，非礼勿听，非礼勿言，非礼勿动"有什么意义？

**口才表达:**

联系实际,请谈谈"吾日三省吾身"这一好习惯的重要性。

**书面表达:**

请以"习惯"为主题,写一篇 500 字的发言稿。

# 劳 山 道 士[1]

## ［清］蒲松龄

### 引人入胜

《劳山道士》（也作《崂山道士》），出自《聊斋志异》，是一篇寓言故事，告诉人们无论做什么事，都要能沉得下心，谦虚好学，才能够有所成就。本文寓意深刻，构织绵密，文字细腻，尤其是场面描写生动真实，是众口传诵的精品名篇。

### 走近作者

蒲松龄（1640—1715），字留仙，又字剑臣，别号柳泉居士，世称聊斋先生，自称异史氏，清代杰出文学家、小说家。蒲松龄用毕生精力完成《聊斋志异》，还著有《聊斋文集》《聊斋诗集》及《聊斋俚曲》等。《聊斋志异》内容丰富多彩，故事多采自民间传说和野史轶闻，将花妖狐魅和幽冥世界的事物人格化、社会化，充分表达了作者的爱憎感情和美好理想。作品继承和发展了我国文学中志怪传奇文学的优秀传统和表现手法，情节幻异曲折，跌宕多变，文笔简练，叙次井然，被誉为我国古代文言短篇小说中成就最高的作品集。鲁迅先生在《中国小说史略》中说此书是"专集之最有名者"；郭沫若先生为蒲松龄故居题联，赞蒲氏著作"写鬼写妖高人一等，刺贪刺虐入骨三分"；老舍也评价过蒲氏"鬼狐有性格，笑骂成文章"。

### 文本赏析

邑有王生，行七[2]，故家子[3]。少慕道[4]，闻劳山多仙人[5]，负笈往游。登一顶，有观宇[6]，甚幽。一道士坐蒲团上[7]，素发垂领[8]，而神观爽迈[9]。叩而与语，理甚玄妙[10]。请师之。道士曰："恐娇惰不能作苦。"答言："能之。"其门人甚众，薄暮毕集。王俱与稽首，遂留观中。

凌晨，道士呼王去，授一斧，使随众采樵。王谨受教。过月余，手足重茧[11]，不堪其苦，阴有归志。

一夕归，见二人与师共酌，日已暮，尚无灯烛；师乃剪纸如镜，粘壁间。俄顷，月明辉室，光鉴毫芒[12]。诸门人环听奔走。一客曰："良宵胜乐[13]，不可不同。"乃于案上取壶酒，分赉诸徒[14]，且嘱尽醉。王自思：七八人，壶酒何能遍给？遂各觅盎盂[15]，竞饮先釂[16]，惟恐樽尽[17]；而往复挹注[18]，竟不少减。心奇之。

俄一客曰："蒙赐月明之照，乃尔寂饮[19]。何不呼嫦娥来[20]？"乃以箸掷月中。见一美人自光中出。初不盈尺；至地，遂与人等。纤腰秀项，翩翩作《霓裳舞》[21]。已而歌曰："仙仙乎，而还乎，而幽我于广寒乎[22]！"其声清越，烈如萧管[23]。歌毕，盘旋而起，跃登几上，惊顾之间，已复为箸。三人大笑。又一客曰："今宵最乐，然不胜酒力矣。其饯我于月宫可乎？"三人移席，渐入月中。众视三人，坐月中饮，须眉毕见，如影之在镜中。移时，月渐暗；门人然烛来[24]，则道士独坐，而客杳矣。几上肴核尚存[25]；壁上月，纸圆如镜而已。道士问众："饮足乎？"曰："足矣！""足，宜早寝，勿误樵苏[26]。"众诺而退。王窃欣慕，归念遂息。

又一月，苦不可忍，而道士并不传教一术。心不能待，辞曰："弟子数百里受业仙师，纵不能得长生术，或小有传习，亦可慰求教之心；今阅两三月[27]，不过早樵而暮归。弟子在家，未谙此苦[28]。"道士笑曰："吾固谓不能作苦，今果然。明早当遣汝行。"王曰："弟子操作多日，师略授小技，此来为不负也。"道士问："何术之求。"王曰："每见师行处，墙壁所不能隔，但得此法足矣。"道士笑而允之。乃传一诀[29]，令自咒毕[30]，呼曰："入之！"王面墙不敢入。又曰："试入之。"王果从容入，及墙而阻。道士曰："俯首骤入，勿逡巡！"王果去墙数步，奔而入；及墙，虚若无物，回视，果在墙外矣。大喜，入谢。道士曰："归宜洁持[31]，否则不验。"遂助资斧遣之归。

抵家，自诩"遇仙，坚壁所不能阻"。妻不信。王效其作为，去墙数尺，奔而入，头触硬壁，蓦然而踣[32]。妻扶视之，额上坟起[33]如巨卵焉。妻揶揄之[34]。王惭忿，骂老道士之无良而已[35]。

异史氏曰："闻此事，未有不大笑者；而不知世之为王生者正复不少。今有伧父[36]，喜疢毒而畏药石[37]，遂有舐痈吮痔者[38]，进宣威逞暴之术，以迎其旨，绐之曰：'执此术也以往，可以横行而无碍。'初试未尝不小效，遂谓天下之大，举可以如是行矣，势不至触硬壁而颠蹶不止也。"

## 字词注释

[1] 本文选自[清]蒲松龄著，《聊斋志异》，浙江古籍出版社，2015年版。

[2] 行七：排行第七。

[3] 故家子：世家大族之子。

[4] 少慕道：少时羡慕道术。道，这里指道教。道教源于古代巫术和秦汉时神仙方术。东汉张道陵倡导五斗米道，奉老子为教主，逐渐形成道教。后世道教多讲求神仙符箓、斋醮礼忏等迷信法术。

[5] 劳山：也称"崂山"或"牢山"，在今山东省青岛市东北，南濒黄海，东临崂山湾，上有上清宫、白云洞等名胜古迹。

[6] 观（guàn）宇：道教庙宇。

〔7〕蒲团:宗教用物。蒲草编结的圆草垫。僧、道盘坐或跪拜时垫用。

〔8〕素发垂领:白发披垂到脖颈。素,白色。

〔9〕神观爽迈:神态爽朗超俗。观,容貌、仪态。迈,高超不俗。

〔10〕玄妙:幽深微妙。《老子》:"玄之又玄,众妙之门。"

〔11〕手足重(chóng)茧:手脚部磨出了老茧。重茧,一层层摩擦而生成的硬皮。

〔12〕光鉴毫芒:月光明彻,纤微之物都能照见。毫,兽类秋后生出御寒的细毛;芒,谷类外壳上的针状刺须,如麦芒。毫、芒,比喻极其微细。

〔13〕良宵胜(shèng)乐:美好夜晚的盛美乐事。宵,晚。胜,盛,

〔14〕分赉(lài):分发赏赐。赉,赏赐。

〔15〕盎盂:盛汤水的容器。盎,大腹而敛口;盂,宽口而敛底。

〔16〕竞饮先釂(jiào):争先干杯。釂,饮尽杯中酒。

〔17〕樽:本作"尊",也作"罇",盛酒器,犹今之酒壶。

〔18〕往复挹(yì)注:指众人传来传去地倒酒。《诗·大雅·泂酌》:"泂酌彼行潦,挹彼注兹。"挹注,从大盛器倒入小盛器,这里指从酒壶倒入酒杯。

〔19〕乃尔寂饮:如此寂寞地喝酒。乃尔,如此。

〔20〕嫦娥:本作"姮娥"。神话传说中的月神,据说本为后羿之妻。《淮南子·览冥训》:"羿请不死之药于西王母,姮娥窃之奔月宫。"

〔21〕《霓裳舞》:即《霓裳羽衣舞》,唐代天宝年间宫廷盛行的一种舞蹈。据《乐苑》,《霓裳羽衣曲》本为西凉节度使杨敬述所献西域《婆罗门曲》,经唐玄宗改制而成。而《唐逸史》则传说唐玄宗曾夜游月宫,见"仙女数百,皆素练裳衣,舞于广庭。问其曲,曰《霓裳羽衣曲》"。详见《乐府诗集·舞曲歌辞五·霓裳辞》题解。

〔22〕"已而"四句:已而,然后。仙仙,同"僊僊",起舞的样子。《诗·小雅·宾之初筵》:"屡舞僊僊。"还,归。幽,幽禁。广寒,月宫名。旧题汉郭宪《洞冥记》:"冬至后月养魄于广寒宫。"歌辞大意是:我翩翩地起舞啊,这是回到人间了吗? 还是仍被幽禁在月宫呢! 这位来自月宫的嫦娥,分辨不出剪贴壁上的月亮是人间的虚造还是天上的实有,故有此歌。

〔23〕烈如箫管:像箫管般嘹亮清脆。箫管,管乐器的统称。

〔24〕然:通"燃"。

〔25〕肴核:菜肴果品。

〔26〕樵苏:砍柴割草。

〔27〕阅:经,历。

〔28〕谙:熟习。

〔29〕诀:指施行法术的口诀。

〔30〕咒:念咒。即诵念施法的口诀。

〔31〕洁持:洁以持之,即以纯洁的心地葆其道术。

〔32〕蓦(mò)然而踣:猛地跌倒。踣,同"仆",跌倒。

［33］坟起:高起,指肿块隆起。

［34］揶揄(yéyú):讥笑嘲弄。

［35］无良:不善,没存好心。

［36］伧(cāng)父:鄙贱匹夫。古时讥讽骂人的话。

［37］喜疢(chèn)毒而畏药石:喜好伤身的疾患,而害怕治病的药石。用以比喻喜欢阿谀奉承而害怕直言忠告。疢毒,疾病,灾患。药石,治病的药物和砭石。《左传·襄公二十三年》:"臧孙曰:季孙之爱我,疾疢也;孟孙之恶我,药石也。美疢不如恶石。夫石犹生我,疢之美,其毒滋多。孟孙死,吾亡无日矣。"

［38］舐(shì)痈吮痔:一般作"吸痈舐痔"。吸痈脓,舔痔疮,喻指无耻的谄媚奉迎。《史记·佞幸列传》:"文帝尝病痈,邓通常为帝唶吮之。"又,《庄子·列御寇》:"秦王有病,召医,破痈溃痤者,得车一乘,舐痔者,得车五乘,所治愈下,得车愈多。"

## 思考表达

**体悟思索:**

请认真思索课文最后一段的含义,并谈谈王生是一个什么样的人?

**口才表达:**

请用自己的语言讲述这个故事。

**书面表达:**

有人说:"赚钱不费力,费力不赚钱。"也有很多人做白日梦想不劳而获。将你对此的看法,写成一篇 400~500 字的议论文。

微课赏析

《劳山道士》

# 习 惯 说[1]

## [清] 刘 蓉

引人入胜

"说"是古代议论、说明一类文章的总称,文章短小精悍,主要用来说明某种观点、某一事物的理论,或是通过某个现象来说明道理。《习惯说》这篇短文,通过生活中的一件小事,写出了大道理。由此及彼,因小见大,发人深思。一个人学习时,初始阶段的习惯非常重要,君子求学,贵在慎重地对待开始阶段的习惯养成。习惯成自然,有了良好的习惯,就有了良好的开端。这一体悟,对求学、育才树人等很多事情,都有着普遍的借鉴意义。

## 走近作者

刘蓉(1816—1873),字孟蓉,号霞仙,湖南湘乡人,清代文学家,是桐城派古文家,做过曾国藩的幕客。他精通古文,著有《养晦堂文诗集》14卷及《思辨录疑义》等作品。曾国藩评价说:"吾友刘君孟容,湛默而严恭,好道而寡欲。自其壮岁,则已泊然而外富贵矣。既而察物观变,又能外乎名誉。"

## 文本赏析

少时[2]读书养晦堂之西偏一室[3],俯而读[4],仰而思,思有弗得[5],辄起绕室以旋[6]。室有洼径尺[7],浸淫日广[8],每履之[9],足若蹶焉[10],既久而遂安之。

一日,先君子[11]来室中坐,坐语久之,顾[12]而笑曰:"一室之不治,何家国天下为[13]!"顾谓童子取土平[14]之。

嗣复起旋,履其迹,蹴然[15]以惊,如土忽隆起者。俯视地,坦然[16]则既[17]平矣。已而复然,又久而后安之。

于是作而叹曰:习之中人[18]甚哉!足之利平地,而不与洼适[19]也;及其既久,则洼者若平;不待目与地属,心与足谋而自适其适,至使久而即乎其故[20],则反窒焉而不宁[21]。……故君子务平其政,诚慎[22]其所以道之也。

## 字词注释

[1]本文选自[清]刘蓉撰,《刘蓉集》,岳麓书社,2008年版。

［2］蓉:作者自称。少:年少,年龄小。

［3］养晦堂:刘蓉居室名,在湖南湘乡市。

［4］俯:低头。

［5］弗得:没有心得。

［6］旋:徘徊。

［7］径尺:直径一尺。

［8］浸(jīn)淫日广:日渐向外扩展。

［9］履:踩,走。

［10］若:总是。踬(zhì):绊倒。

［11］先君子:就是自称死去的父亲。先,称已亡故的前辈时使用的尊称。

［12］顾:看。

［13］何……为:哪里还谈得上……

［14］童子:未成年的仆人。平:填平。

［15］蹴(cù)然:猛然。

［16］坦然:地面平坦的样子。

［17］既:已。

［18］中人:适合于人,这里是影响人的意思。中,深入影响。

［19］适:适应。

［20］故:缘故。

［21］窒焉:受阻碍的样子。窒,阻碍。宁:安宁。

［22］慎:慎重。

## 思考表达

**体悟思索:**

文章选取生活中的一件小事,小中见大,即事寓理,告诉了我们一个什么道理?

**口才表达:**

谈谈读本文的感受。

**书面表达:**

俗话说:"播种一种行为,收获一种习惯;播种一种习惯,收获一种性格;播种一种性格,收获一种命运。"请以"习惯"为主题,写一篇600~800字的演讲稿。

# 受戒 (节选) [1]

## 汪曾祺

**引人入胜**

《受戒》是一篇散文化的小说,描绘了 20 世纪 30 年代在中国苏北小村镇上发生的一段韵事。小说以小和尚明海受戒前后所见所感和与小英子天真纯朴的友情为线索,以当地的和尚生活为题材,用诙谐而富有情趣的笔触,描绘了小小的"荸荠庵"内形形色色的和尚和庵外居民的风土人情。通过一个世俗化的佛门故事,描写了普通人的人生欢乐,表达了对淳朴的民间日常生活的肯定与赞美,同时也含蓄地表现出对清规戒律的否定和批判。

在文体风格上追求小说与散文、诗歌的融合,淡化情节和人物性格心理,将散文笔调和诗歌的意境营造手法引入小说创作,以纯朴淡雅的语言,描绘了一幅原始浑朴的南方水乡生活的诗意化图景,形成了一种清新独特的田园抒情风格。文中许多细节描写刻画得纤毫毕现,贴切自然,富有诗意。文章的语言是洗练的现代汉语,其行文如行云流水,潇洒自然中得见法度。

**走近作者**

汪曾祺(1920—1997),江苏高邮人,现当代作家。1939 年,汪曾祺考入昆明西南联合大学中文系,深受教写作课的沈从文的影响。1940 年开始发表小说。1943 年大学毕业后在昆明、上海任中学国文教员和历史博物馆职员。1946 年起在《文学杂志》《文艺复兴》和《文艺春秋》上发表《戴车匠》《复仇》《绿猫》《鸡鸭名家》等短篇小说,引起文坛注目。1950 年后在北京文联、中国民间文学研究会工作,编辑《北京文艺》和《民间文学》等刊物。1962 年调北京京剧团(后改北京京剧院)任编剧。著有小说集《邂逅集》《羊舍的夜晚》《汪曾祺短篇小说选》《晚饭花集》《寂寞与温暖》《茱萸集》,散文集《蒲桥集》《塔上随笔》,文学评论集《晚翠文谈》,以及《汪曾祺自选集》等。另有一些京剧剧本。1980 年后发表的短篇《受戒》和《大淖纪事》是其代表作,也是他的获奖小说。其作品被译成多种文字介绍到国外。他以散文笔调写小说,写出了家乡五行八作的见闻和风物人情、习俗民风,富于地方特色。其作品在疏放中透出凝重,于平淡中显现奇崛,情韵灵动淡远,风致清逸秀异。

**文本赏析**

明海出家已经四年了。

他是十三岁来的。

这个地方的地名有点怪，叫庵赵庄。赵，是因为庄上大都姓赵。叫做庄，可是人家住得很分散，这里两三家，那里两三家。一出门，远远可以看到，走起来得走一会，因为没有大路，都是弯弯曲曲的田埂。庵，是因为有一个庵。庵叫菩提庵，可是大家叫讹了，叫成荸荠庵。连庵里的和尚也这样叫。"宝刹何处？"——"荸荠庵。"庵本来是住尼姑的。"和尚庙""尼姑庵"嘛。可是荸荠庵住的是和尚。也许因为荸荠庵不大，大者为庙，小者为庵。

明海在家叫小明子。他是从小就确定要出家的。他的家乡不叫"出家"，叫"当和尚"。他的家乡出和尚。就像有的地方出劁猪的，有的地方出织席子的，有的地方出箍桶的，有的地方出弹棉花的，有的地方出画匠，有的地方出婊子，他的家乡出和尚。人家弟兄多，就派一个出去当和尚。当和尚也要通过关系，也有帮。这地方的和尚有的走得很远。有到杭州灵隐寺的、上海静安寺的、镇江金山寺的、扬州天宁寺的。一般的就在本县的寺庙。明海家田少，老大、老二、老三，就足够种的了。他是老四。他七岁那年，当和尚的舅舅回家，他爹、他娘就和舅舅商议，决定叫他当和尚。他当时在旁边，觉得这实在是在情在理，没有理由反对。当和尚有很多好处。一是可以吃现成饭，哪个庙里都是管饭的。二是可以攒钱。只要学会了放瑜伽焰口，拜梁皇忏，可以按例分到辛苦钱。积攒起来，将来还俗娶亲也可以；不想还俗，买几亩田也可以。当和尚也不容易，一要面如朗月，二要声如钟磬，三要聪明记性好。他舅舅给他相了相面，叫他前走几步，后走几步，又叫他喊了一声赶牛打场的号子："格当——"说是"明子准能当个好和尚，我包了！"要当和尚，得下点本，——念几年书。哪有不认字的和尚呢！于是明子就开蒙入学，读了《三字经》《百家姓》《四言杂字》《幼学琼林》《上论、下论》《上孟、下孟》，每天还写一张仿。村里都夸他字写得好，很黑。

舅舅按照约定的日期又回了家，带了一件他自己穿的和尚领的短衫，叫明子娘改小一点，给明子穿上。明子穿了这件和尚短衫，下身还是在家穿的紫花裤子，赤脚穿了一双新布鞋，跟他爹、他娘磕了一个头，就随舅舅走了。

他上学时起了个学名，叫明海。舅舅说，不用改了。于是"明海"就从学名变成了法名。

过了一个湖。好大一个湖！穿过一个县城。县城真热闹：官盐店，税务局，肉铺里挂着成边的猪，一个驴子在磨芝麻，满街都是小磨香油的香味，布店，卖茉莉粉、梳头油的什么斋，卖绒花布的，卖丝线的，打把式卖膏药的，吹糖人的，耍蛇的，……他什么都想看看。舅舅一劲地推他："快走！快走！"

到了一个河边，有一只船在等着他们。船上有一个五十来岁的瘦长瘦长的大伯，船头蹲着一个跟明子差不多大的女孩子，在剥一个莲蓬吃。明子和舅舅坐到舱里，船就开了。明子听见有人跟他说话，是那个女孩子。

"是你要到荸荠庵当和尚吗？"

明子点点头。

"当和尚要烧戒疤呕！你不怕？"

明子不知道怎么回答，就含含糊糊地摇了摇头。

"你叫什么？"

"明海。"

"在家的时候？"

"叫明子。"

"明子！我叫小英子！我们是邻居。我家挨着荸荠庵。——给你！"

小英子把吃剩的半个莲蓬扔给明海，小明子就剥开莲蓬壳，一颗一颗吃起来。

大伯一桨一桨地划着，只听见船桨泼水的声音："哗——许！哗——许！"

……

荸荠庵的地势很好，在一片高地上。这一带就数这片地势高，当初建庵的人很会选地方，门前是一条河。门外是一片很大的打谷场。三面都是高大的柳树。山门里是一个穿堂。迎门供着弥勒佛。不知是哪一位名士撰写了一副对联：

大肚能容容天下难容之事

开颜一笑笑世间可笑之人

弥勒佛背后，是韦驮。过穿堂，是一个不小的天井，种着两棵白果树。天井两边各有三间厢房。走过天井，便是大殿，供着三世佛。佛像连龛才四尺来高。大殿东边是方丈，西边是库房。大殿东侧，有一个小小的六角门，白门绿字，刻着一副对联：

一花一世界

三藐三菩提

进门有一个狭长的天井，几块假山石，几盆花，有三间小房。

小和尚的日子清闲得很。一早起来，开山门，扫地。庵里的地铺的都是箩底方砖，好扫得很，给弥勒佛、韦驮烧一炷香，正殿的三世佛面前也烧一炷香、磕三个头，念三声"南无阿弥陀佛"，敲三声磬。这庵里的和尚不兴做什么早课、晚课，明子这三声磬就全都代替了。然后，挑水，喂猪。然后，等当家和尚，即明子的舅舅起来，教他念经。

教念经也跟教书一样，师父面前一本经，徒弟面前一本经，师父唱一句，徒弟跟着唱一句。是唱哎。舅舅一边唱，一边还用手在桌上拍板。一板一眼，拍得很响，就跟教唱戏一样。是跟教唱戏一样，完全一样哎。连用的名词都一样。舅舅说，念经：一要板眼准，二要合工尺。说：当一个好和尚，得有条好嗓子。说：民国十年闹大水，运河倒了堤，最后在清水潭合龙，因为大水淹死的人很多，放了一台大焰口，十三大师——十三个正座和尚，各大庙的方丈都来了，下面的和尚上百。谁当这个首座？推来推去，还是石桥——善因寺的方丈！他往上一坐，就跟地藏王菩萨一样，这就不用说了；那一声"开香赞"，围看的上千人立时鸦雀无声。说：嗓子要练，夏练三伏，冬练三九，要练丹田气！说：要吃得苦中苦，方为人上人！说：和尚里也有状元、榜眼、探花！要用心，不要贪玩！舅舅这一番大法说得明海和尚实在是五体投地，于是就一板一眼地跟着舅舅唱起来：

"炉香乍爇——"

"法界蒙薰——"

"法界蒙薰——"

"诸佛现金身……"

"诸佛现金身……"

…………

等明海学完了早经，——他晚上临睡前还要学一段，叫作晚经，——荸荠庵的师父们就都陆续起床了。

这庵里人口简单，一共六个人。连明海在内，五个和尚。有一个老和尚，六十几了，是舅舅的师叔，法名普照，但是知道的人很少，因为很少人叫他法名，都称之为老和尚或老师父，明海叫他师爷爷。这是个很枯寂的人，一天关在房里，就是那"一花一世界"里。也看不见他念佛，只是那么一声不响地坐着。他是吃斋的，过年时除外。

下面就是师兄弟三个，仁字排行：仁山、仁海、仁渡。庵里庵外，有的称他们为大师父、二师父；有的称之为山师父、海师父。只有仁渡，没有叫他"渡师父"的，因为听起来不像话，大都直呼之为仁渡。他也只配如此，因为他还年轻，才二十多岁。

仁山，即明子的舅舅，是当家的。不叫"方丈"，也不叫"主持"，却叫"当家的"，是很有道理的，因为他确确实实干的是当家的职务。他屋里摆的是一张账桌，桌子上放的是账簿和算盘。账簿共有三本。一本是经账，一本是租账，一本是债账。和尚要做法事，做法事要收钱，——要不，当和尚干什么？常做的法事是放焰口。正规的焰口是十个人。一个正座，一个敲鼓的，两边一边四个。人少了，八个，一边三个，也凑合了。荸荠庵只有四个和尚，要放整焰口就得和别的庙里合伙。这样的时候也有过。通常只是放半台焰口。一个正座，一个敲鼓，另外一边一个。一来找别的庙里合伙费事；二来这一带放得起整焰口的人家也不多。有的时候，谁家死了人，就只请两个，甚至一个和尚咕噜咕噜念一通经，敲打几声法器就算完事。很多人家的经钱不是当时就给，往往要等秋后才还。这就得记账。另外，和尚放焰口的辛苦钱不是一样的。就像唱戏一样，有份子。正座第一份。因为他要领唱，而且还要独唱。当中有一大段"叹骷髅"，别的和尚都放下法器休息，只有首座一个人有板有眼地慢声吟唱。第二份是敲鼓的。你以为这容易呀！哼，单是一开头的"发擂"，手上没功夫就敲不出迟疾顿挫！

…………

小英子把明海接上船。

小英子这天穿了一件细白夏布上衣，下边是黑洋纱的裤子，赤脚穿了一双龙须草的细草鞋，头上一边插着一朵栀子花，一边插着一朵石榴花。她看见明子穿了新海青，里面露出短褂子的白领子，就说："把你那外面的一件脱了，你不热呀！"

他们一人一把桨。小英子在中舱，明子扳梢，在船尾。

她一路问了明子很多话，好像一年没有看见了。

她问，烧戒疤的时候，有人哭吗？喊吗？

明子说，没有人哭，只是不住地念佛……

她问善因寺的方丈石桥是相貌和声音都很出众吗？

"是的。"

"说他的方丈比小姐的绣房还讲究？"

"讲究。什么东西都是绣花的。"

"他屋里很香？"

"很香。他烧的是伽楠香，贵得很。"

"听说他会做诗，会画画，会写字？"

"会。庙里走廊两头的砖额上，都刻着他写的大字。"

"他是有个小老婆吗？"

"有一个。"

"才十几岁？"

"听说。"

"好看吗？"

"都说好看。"

"你没看见？"

"我怎么会看见？我关在庙里。"

明子告诉她，善因寺一个老和尚告诉他，寺里有意选他当沙弥尾，不过还没有定，要等主事的和尚商议。

"什么叫'沙弥尾'？"

"放一堂戒，要选出一个沙弥头，一个沙弥尾。沙弥头要老成，要会念很多经。沙弥尾要年轻，聪明，相貌好。"

"当了沙弥尾跟别的和尚有什么不同？"

"沙弥头，沙弥尾，将来都能当方丈。现在的方丈退居了，就当。石桥原来就是沙弥尾。"

"你当沙弥尾吗？"

"还不一定哪。"

"你当方丈，管善因寺？管这么大一个庙？！"

"还早呐！"

划了一气，小英子说："你不要当方丈！"

"好，不当。"

"你也不要当沙弥尾！"

"好，不当。"

又划了一气，看见那一片芦花荡子了。

小英子忽然把桨放下，走到船尾，趴在明子的耳朵旁边，小声地说：

"我给你当老婆，你要不要？"

明子眼睛鼓得大大的。

"你说话呀！"

明子说："嗯。"

"什么叫'嗯'呀！要不要,要不要？"

明子大声地说："要！"

"你喊什么！"

明子小小声说："要——！"

"快点划！"

英子跳到中舱,两只桨飞快地划起来,划进了芦花荡。芦花才吐新穗。紫灰色的芦穗,发着银光,软软的,滑溜溜的,像一串丝线。有的地方结了蒲棒,通红的,像一枝一枝小蜡烛。青浮萍,紫浮萍。长脚蚊子,水蜘蛛。野菱角开着四瓣的小白花。惊起一只青桩(一种水鸟),擦着芦穗,扑鲁鲁飞远了。

……

## 字词注释

［1］本文选自汪曾祺著,《汪曾祺经典》,江苏凤凰文艺出版社,2018年版。

## 思考表达

**体悟思索：**

欣赏本文优美的语言,仔细玩味对话中所体现的人物语言个性。

**口才表达：**

作者说："我写的是美,是健康的人性。人性是任何时候都需要的。"请说说《受戒》一文中是怎样体现作者的这一主张的。

**书面表达：**

请为英子和明海设计结局,形成一篇500字的小短文。

微课赏析

《受戒》

── 推 荐 阅 读 ──

1. 孟子《孟子》
2. 钱谦益《徐霞客传》
3. 俞平伯《陶然亭的雪》
4. 沈从文《边城》
5. 白先勇《我的昆曲之旅》
6. 余光中《听听那冷雨》

7. 单正平《开会》

8. ［美］蕾切尔·卡逊《大自然在反抗》

9. ［日］东山魁夷《一片叶子》

# 模块六　贵生重情　洞明世事

## 长　恨　歌[1]

### ［唐］白居易

**引人入胜**

　　《长恨歌》是唐代诗人白居易的一首长篇叙事诗，是其代表作之一，作于元和元年（806）。白居易时年三十五岁，任盩厔（今陕西周至）县尉。一天，他与在当地结识的秀才陈鸿、王质夫同游仙游寺，谈起五十多年前的天宝往事。唐玄宗与杨贵妃的爱情悲剧及相关遗闻传说，让三人不胜感慨。他们唯恐此事与时湮没，不闻于世，王质夫遂提议，由擅长抒情的白居易为之作歌，由陈鸿为之写传奇小说《长恨歌传》。

　　诗歌以"长恨"为中心，生动地描绘了唐玄宗、杨贵妃缠绵悱恻的爱情故事及悲剧结局。诗分四段，先写热恋情景，突出杨氏之美和玄宗对她的迷恋，对玄宗因贪恋女色而误国事有所讥讽。次写兵变妃死，悲剧铸成，玄宗肠断。这是悲欢荣辱极端对比的写法。再写物是人非及刻骨铭心的无望思念。最后写天人永隔之长恨。如此由乐而悲、由思而恨，构成全诗的感情脉络，其间因果关系密切而分明，个中复杂的情节，只用精练的几句话就交代过去，而着力在情的渲染。诗人从反思的角度写出了酿成悲剧的原因，但对悲剧中的主人公又寄予同情和惋惜。全诗写得婉转细腻，却不失雍容华贵，没有半点纤巧之病。明明是悲剧，却又那样超脱，实为浪漫与古典兼备的绝妙典型。

**走近作者**

　　白居易（772—846），字乐天，号香山居士，又号醉吟先生，祖籍山西太原，到其曾祖父时迁居下邽，生于河南新郑，曾官至翰林学士、左赞善大夫。白居易是唐代伟大的现实主义诗人，唐代三大诗人之一。白居易的诗歌题材广泛，形式多样，语言平易通俗。他的诗歌主张和诗歌创作，以其对通俗性、写实性的突出强调和全力表现，在中国诗史上占有重要的地位。在《与元九书》中，他明确地说："仆志在兼济，行在独善。奉而始终之则为道，言而发明之则为诗。谓之讽喻诗,兼济之志也;谓之闲适诗,独善之义也。"由此可以看出,在白居易自己所分的讽喻、闲适、感伤、杂律四类诗中,前两类体现着他"奉而始终之"的兼济、独善之道,所以最受重视。同时提出了自己的文学主张:"文章合为时而著,歌诗合为事而作。"白居易与元稹共同倡导新乐府运动,世称"元白",与刘禹锡并称"刘白"。公元 846 年,白居易在洛阳逝世,葬于香山。有《白氏长庆集》传世,代表诗作有《长恨歌》《卖炭翁》《琵琶行》等。

## 文本赏析

汉皇重色思倾国[2],御宇[3]多年求不得。
杨家有女[4]初长成,养在深闺人未识。
天生丽质难自弃,一朝选在君王侧。
回眸一笑百媚生,六宫粉黛无颜色[5]。
春寒赐浴华清池[6],温泉水滑洗凝脂[7]。
侍儿扶起娇无力,始是新承恩泽时。
云鬓花颜金步摇[8],芙蓉帐[9]暖度春宵。
春宵苦短日高起,从此君王不早朝。
承欢侍宴无闲暇,春从春游夜专夜。
后宫佳丽三千人,三千宠爱在一身。
金屋[10]妆成娇侍夜,玉楼宴罢醉和春。
姊妹弟兄皆列土[11],可怜[12]光彩生门户。
遂令天下父母心,不重生男重生女[13]。
骊宫[14]高处入青云,仙乐风飘处处闻。
缓歌慢舞凝丝竹[15],尽日君王看不足。
渔阳鼙鼓动地来[16],惊破霓裳羽衣曲[17]。
九重城阙烟尘生[18],千乘万骑西南行[19]。
翠华摇摇行复止,西出都门百馀里。
六军不发无奈何,宛转蛾眉马前死[20]。
花钿委地无人收[21],翠翘金雀玉搔头[22]。
君王掩面救不得,回看血泪相和流。
黄埃散漫风萧索,云栈萦纡登剑阁[23]。
峨嵋山[24]下少人行,旌旗无光日色薄。
蜀江水碧蜀山青,圣主朝朝暮暮情。
行宫[25]见月伤心色,夜雨闻铃肠断声[26]。
天旋地转回龙驭[27],到此踌躇不能去。
马嵬坡下泥土中,不见玉颜空死处[28]。

君臣相顾尽沾衣,东望都门信马[29]归。

归来池苑皆依旧,太液芙蓉未央柳[30]。

芙蓉如面柳如眉,对此如何不泪垂。

春风桃李花开夜,秋雨梧桐叶落时。

西宫南苑[31]多秋草,落叶满阶红不扫。

梨园弟子[32]白发新,椒房阿监青娥老[33]。

夕殿萤飞思悄然,孤灯挑尽[34]未成眠。

迟迟[35]钟鼓初长夜,耿耿星河欲曙天[36]。

鸳鸯瓦冷霜华重[37],翡翠衾寒谁与共[38]。

悠悠生死别经年,魂魄不曾来入梦。

临邛道士鸿都客[39],能以精诚致魂魄[40]。

为感君王展转思,遂教方士殷勤觅[41]。

排空驭气[42]奔如电,升天入地求之遍。

上穷碧落下黄泉[43],两处茫茫皆不见。

忽闻海上有仙山,山在虚无缥渺间。

楼阁玲珑五云起[44],其中绰约[45]多仙子。

中有一人字太真,雪肤花貌参差[46]是。

金阙西厢叩玉扃[47],转教小玉报双成[48]。

闻道汉家天子使,九华帐[49]里梦魂惊。

揽衣推枕起徘徊,珠箔银屏迤逦开[50]。

云鬓半偏新睡觉[51],花冠不整下堂来。

风吹仙袂[52]飘飘举,犹似霓裳羽衣舞。

玉容寂寞泪阑干[53],梨花一枝春带雨。

含情凝睇[54]谢君王,一别音容两渺茫。

昭阳殿[55]里恩爱绝,蓬莱宫[56]中日月长。

回头下望人寰[57]处,不见长安见尘雾。

惟将旧物[58]表深情,钿合金钗寄将去[59]。

钗留一股合一扇,钗擘黄金合分钿[60]。

但教心似金钿坚,天上人间会相见。

临别殷勤重寄词,词中有誓两心知[61]。

七月七日长生殿[62],夜半无人私语时。

在天愿作比翼鸟[63],在地愿为连理枝[64]。

天长地久有时尽,此恨绵绵无绝期[65]。

## 字词注释

［1］本文选自顾学颉校点，《白居易集》，中华书局，1979 年版。

［2］汉皇：原指汉武帝。此处借指唐玄宗李隆基。唐人文学创作常以汉称唐。重色：爱好女色。倾国：绝色女子。汉代李延年对汉武帝唱了一首歌："北方有佳人，绝世而独立，一顾倾人城，再顾倾人国，宁不知倾城与倾国，佳人难再得。"后来，"倾国倾城"就成为美女的代称。

［3］御宇：驾御宇内，即统治天下。汉贾谊《过秦论》："振长策而御宇内。"

［4］杨家有女：蜀州司户杨玄琰，有女杨玉环，自幼由叔父杨玄珪抚养，17 岁，即开元二十三年（735）被册封为玄宗之子寿王李瑁之妃。后被唐玄宗看中，22 岁时，玄宗命其出宫为道士，道号太真。27 岁被玄宗册封为贵妃。白居易此谓"养在深闺人未识"，是作者有意为帝王避讳的说法。

［5］六宫粉黛：指宫中所有嫔妃。古代皇帝设六宫，正寝（日常处理政务之地）一，燕寝（休息之地）五，合称"六宫"。粉黛：粉黛本为女性化妆用品，粉以抹脸，黛以描眉。此代指六宫中的女性。无颜色：意谓相形之下，都失去了美好的姿容。

［6］华清池：即华清池温泉，在今西安市临潼区南的骊山下。唐贞观十八年（644）建汤泉宫，咸亨二年（671）改名温泉宫，天宝六年（747）扩建后改名华清宫。唐玄宗每年冬、春季都到此居住。

［7］凝脂：形容皮肤白嫩滋润，犹如凝固的脂肪。

［8］金步摇：一种金首饰，用金银丝盘成花之形状，上面缀着垂珠之类，插于发鬓，走路时摇曳生姿。

［9］芙蓉帐：绣着莲花的帐子。

［10］金屋：据《太真外传》，杨玉环在华清宫的住所名端正楼。此言金屋，系用汉武帝"金屋藏娇"语意。

［11］姊妹弟兄：杨玉环被册封贵妃后，家族沾光受宠。她的大姐封为韩国夫人，三姐封为虢国夫人，八姐封为秦国夫人，堂兄杨铦官鸿胪卿、杨锜官侍御史，堂兄杨钊赐名国忠，官右丞相。姊妹，姐妹。列土，裂土受封，裂土封王之意，列，通"裂"。

［12］可怜：可爱，值得羡慕。

［13］不重生男重生女：陈鸿《长恨歌传》云，当时民谣有"生女勿悲酸，生男勿喜欢""男不封侯女作妃，看女却为门上楣"等。

［14］骊宫：即华清宫，因在骊山下，故称。

［15］凝丝竹：指弦乐器和管乐器伴奏出舒缓的旋律。

［16］渔阳：郡名，辖今北京市平谷区和天津市的蓟县等地，当时属于平卢、范阳、河东三镇节度使安禄山的辖区。天宝十四载（755）冬，安禄山在范阳起兵叛乱。鼙鼓：古代骑兵用的小鼓，此借指战争。

［17］霓裳羽衣曲:舞曲名,据说为唐开元年间西凉节度使杨敬述所献,经唐玄宗润色并制作歌辞,改用此名。乐曲着意表现虚无缥缈的仙境和仙女形象。天宝后曲调失传。

［18］九重城阙:九重门的京城,此指长安。阙(què),意为古代宫殿门前两边的楼,泛指宫殿或帝王的住所。烟尘生:指发生战事。

［19］千乘万骑西南行:天宝十五年(756)六月,安禄山破潼关,逼近长安。玄宗带领杨贵妃等出延秋门向西南方向逃走。当时随行护卫并不多,“千乘万骑”使用夸张手法。乘:马车。

［20］翠华摇摇行复止,西出都门百馀里。六军不发无奈何,宛转蛾眉马前死:李隆基西奔至距长安百余里的马嵬驿(今陕西兴平),扈从禁卫军发难,不再前行,请诛杨国忠、杨玉环兄妹以平民怨。玄宗为保自身,只得照办。翠华:用翠鸟羽毛装饰的旗帜,皇帝仪仗队用。百馀里:指到了距长安一百多里的马嵬坡。六军:泛指禁卫军。宛转:形容美人临死前哀怨缠绵的样子。蛾眉:古代美女的代称,此指杨贵妃。

［21］花钿:用金翠珠宝等制成的花朵形首饰。委地:丢弃在地上。

［22］翠翘:像翠鸟长尾一样的头饰。金雀:雀形金钗。玉搔头:玉簪。

［23］云栈:高入云霄的栈道。萦纡:萦回盘绕。剑阁:又称剑门关,在今四川剑阁县北,是由秦入蜀的要道。此地群山如剑,峭壁中断处,两山对峙如门。诸葛亮相蜀时,凿石驾凌空栈道以通行。

［24］峨嵋山:在今四川峨眉县。玄宗奔蜀途中,并未经过峨嵋山,这里泛指蜀中高山。

［25］行宫:皇帝离京出行在外的临时住所。

［26］夜雨闻铃肠断声:《明皇杂录·补遗》:“明皇既幸蜀,西南行。初入斜谷,霖雨涉旬,于栈道雨中闻铃音与山相应。上既悼念贵妃,采其声为《雨霖铃曲》以寄恨焉。”这里暗指此事。后《雨霖铃》成为宋词词牌名。

［27］天旋地转:指时局好转。肃宗至德二年(757),郭子仪率军收复长安。回龙驭:皇帝的车驾归来。

［28］不见玉颜空死处:不见杨贵妃,徒然见到她死去的地方。也有人认为是杨贵妃的尸体已经腐烂,看不到原来的娇美容颜。

［29］信马:听任马往前走。

［30］太液:汉宫中有太液池。未央:汉有未央宫。此皆借指唐长安皇宫。

［31］西宫南苑:皇宫之内称为大内。西宫即西内太极宫,南苑为兴庆宫。玄宗返京后,初居南内。上元元年(760),权宦李辅国假借肃宗名义,胁迫玄宗迁往西内,并流贬玄宗亲信高力士、陈玄礼等人。

［32］梨园弟子:指玄宗当年训练的乐工舞女。梨园:唐玄宗时宫中教习音乐的机构,曾选“坐部伎”三百人教练歌舞,随时应诏表演,号称“皇帝梨园弟子”。

［33］椒房:后妃居住之所,因以花椒和泥抹墙,故称。阿监:宫中的侍从女官。青娥:年轻的宫女。

［34］孤灯挑尽:古时用油灯照明,为使灯火明亮,过了一会儿就要把浸在油中的灯草往前

挑一点。挑尽,说明夜已深。唐时宫廷夜间燃烛而不点油灯,此处旨在形容玄宗晚年生活环境的凄苦。

〔35〕迟迟:迟缓。报更钟鼓声起止原有定时,这里用以形容玄宗长夜难眠时的心情。

〔36〕耿耿:微明的样子。欲曙天:长夜将晓之时。

〔37〕鸳鸯瓦:屋顶上俯仰相对合在一起的瓦。霜华:霜花。

〔38〕翡翠衾:布面绣有翡翠鸟的被子。谁与共:与谁共。

〔39〕临邛道士鸿都客:意谓有个从临邛来长安的道士。临邛:今四川邛崃市。鸿都:东汉都城洛阳的宫门名,这里借指长安。

〔40〕致魂魄:招来杨贵妃的亡魂。

〔41〕方士:有法术的人。这里指道士。殷勤:尽力。

〔42〕排空驭气:即腾云驾雾。

〔43〕穷:穷尽,找遍。碧落:即天空。黄泉:指地下。

〔44〕玲珑:华美精巧。五云:五彩云霞。

〔45〕绰约:体态轻盈柔美。

〔46〕参差:仿佛,差不多。

〔47〕金阙:金碧辉煌的神仙宫阙。叩:叩击。玉扃(jiōng):玉石做的门环。

〔48〕转教小玉报双成:意谓仙府庭院重重,须经辗转通报。小玉:吴王夫差小女。双成:传说中西王母的侍女。这里皆借指杨贵妃在仙山的侍女。

〔49〕九华帐:绣饰华美的帐子。九华:重重花饰的图案。

〔50〕珠箔:珠帘。银屏:饰银的屏风。迤逦:接连不断地。

〔51〕新睡觉:刚睡醒。觉,醒。

〔52〕袂:衣袖。

〔53〕玉容寂寞:此指神色黯淡凄楚。阑干:纵横交错的样子。这里形容泪痕满面。

〔54〕凝睇:凝视。

〔55〕昭阳殿:汉成帝宠妃赵飞燕的寝宫。此借指杨贵妃住过的宫殿。

〔56〕蓬莱宫:传说中的海上仙山。这里指贵妃在仙山的居所。

〔57〕人寰:人间。

〔58〕旧物:指生前与玄宗定情的信物。

〔59〕寄将去:托道士带回。

〔60〕钗留一股合一扇,钗擘黄金合分钿:把金钗、钿盒分成两半,自留一半。擘:分开。合分钿:将钿盒上的图案分成两部分。

〔61〕两心知:只有玄宗、贵妃二人心里明白。

〔62〕长生殿:在骊山华清宫内,天宝元年造。按“七月”以下六句为作者虚拟之词。陈寅恪在《元白诗笺证稿·长恨歌》中云:“长生殿七夕私誓之为后来增饰之物语,并非当时真确之事实。”“玄宗临幸温汤必在冬季、春初寒冷之时节。今详检两唐书玄宗记无一次于夏日炎暑

时幸骊山。而所谓长生殿者,亦非华清宫之长生殿,而是长安皇宫寝殿之习称。如果真有这样的事,应发生在'飞霜殿',但此殿不符合爱情的长久与火热,故当改为'长生殿'。"

［63］比翼鸟:传说中的鸟名,据说只有一目一翼,雌雄并在一起才能飞。

［64］连理枝:两棵树的枝干连在一起,叫"连理"。古人常用此二物比喻情侣相爱、永不分离。

［65］恨:遗憾。绵绵:连绵不断。

## 思考表达

**体悟思索:**

《长恨歌》用浓墨重彩刻画了杨玉环死后,李隆基物是人非及刻骨铭心的无望思念,读之感人。但同时也有学者提出杨玉环实际上是做了李隆基的"替罪羊",在关键时刻李隆基靠牺牲杨玉环的性命保全了自己的皇位,这从爱情的角度看是不平等的。请你思考白居易作为一个男性作家在写作时对待女性的态度和对女性地位的认识。

**口才表达:**

关于《长恨歌》的主题,历来有争论。或曰批判"汉皇重色"误国;或云歌咏李杨爱情;或言二者兼有之。然而文学作品的价值并不止于"主题",请谈谈作者的创作意图及本诗对自己的启示,并朗诵本诗歌。

**书面表达:**

杨玉环是一个著名的历史人物,这个像牡丹花一样娇艳的女性形象在许多人的心中是大唐盛世的象征,对于这个人物你是如何认识的? 请结合本诗和你所知道的历史知识,写作一篇500~600字的人物评论。

# 红楼梦·双玉读西厢[1]

## ［清］曹雪芹

满纸荒唐言,一把辛酸泪。都云作者痴,谁解其中味?

"开讲不谈红楼梦,读尽诗书也枉然。"

"单是命意,就因读者的眼光而有种种:经学家看见《易》,道学家看见淫,才子看见缠绵,革命家看见排满,流言家看见宫闱秘事……在我的眼下的宝玉,却看见他看见许多死亡。"(鲁迅)

《红楼梦》是一部什么样的书? 有人说是一部谜一样的书;有人说是一部"百读不厌,常读常新"的书;有人说是中国几千年的"国学文化"的"巅峰之作";有人说是"政治小说";有人说是一部反封建反专制,歌自由唱民主颂爱情的力作……真是"仁者见仁,智者见智"。

作者用"曲笔",用"春秋笔法",把"真事隐去",用"假雨村言""披阅十载""增删五次"而写就的这部"满纸荒唐言""一把辛酸泪"的"其中真味",深藏在小说文本中。

宝玉和黛玉共读《西厢记》是《红楼梦》中最富美感的一幕,也集中表现了宝黛二人极具叛逆性的精神世界,《西厢记》中对美好自由爱情的讴歌,像一股清泉一样滋润着宝黛二人的心灵。张生和崔莺莺大胆突破礼教的束缚,勇敢追求爱情的故事也给了宝黛巨大的精神鼓励。

曹雪芹(约1715—约1763),名沾,字梦阮,号雪芹,又号芹溪、芹圃,中国古典名著《红楼梦》作者,关外祖籍辽宁铁岭,生于江宁(今江苏南京)。

曹雪芹早年在南京江宁织造府亲历了一段锦衣纨绔、富贵风流的生活。曾祖父曹玺任江宁织造;曾祖母孙氏做过康熙帝的保姆;祖父曹寅做过康熙帝的伴读和御前侍卫,后任江宁织造,兼任两淮巡盐监察御史,极受康熙宠信。雍正六年(1728),曹家因亏空获罪被抄家,曹雪芹随家人迁回北京老宅。后又移居北京西郊,靠卖字画和朋友救济为生。经历了生活中的重大转折,曹雪芹深感世态炎凉,对封建社会有了更清醒、更深刻的认识。他蔑视权贵,远离官场,过着贫困如洗的艰难日子。曹雪芹素性放达,爱好广泛,对金石、诗书、绘画、园林、中医、织补、工艺、饮食等均有所研究。他以坚韧不拔的毅力,历经多年艰辛,终于创作出极具思想性、艺术性的伟大作品——《红楼梦》。晚年,曹雪芹移居北京西郊,生活更加穷苦,"满径蓬蒿""举家食粥酒常赊"。

## 文本赏析

那一日正当三月中浣，早饭后，宝玉携了一套《会真记》，走到沁芳闸桥那边桃花底下一块石上坐着，展开《会真记》，从头细看。正看到"落红成阵"，只见一阵风过，树上桃花吹下一大半来，落得满身满书满地皆是。宝玉要抖将不来，恐怕脚步践踏了，只得兜了那花瓣儿，来至池边，抖在池内。那花瓣儿浮在水面，飘飘荡荡，竟流出沁芳闸去了。

回来只见地下还有许多花瓣。宝玉正踟蹰间，只听背后有人说道："你在这里做什么？"宝玉一回头，却是黛玉来了，肩上担着花锄，花锄上挂着花囊，手内拿着花帚。宝玉笑道："好，好，来把这个花扫起来，撂在那水里。我才撂了好些在那里呢。"林黛玉道："撂在水里不好，你看这里的水干净，只一流出去，有人家的地方脏的臭的混倒，仍旧把花糟塌了。那犄角上我有一个花冢，如今把他扫了，装在这绢袋里，拿土埋上，日久不过随土化了，岂不干净。"

宝玉听了喜不自禁，笑道："待我放下书，帮你来收拾。"黛玉道："什么书？"宝玉见问，慌得藏之不迭，便说道："不过是《中庸》《大学》。"黛玉笑道："你又在我跟前弄鬼。趁早儿给我瞧瞧，好多着呢！"宝玉道："好妹妹，若论你，我是不怕的。你看了，好歹别告诉别人去。真真这是好书！你要看了，连饭也不想吃呢！"一面说，一面递了过去。林黛玉把花具且都放下，接书来瞧，从头看去，越看越爱，不到一顿饭工夫，将十六出俱已看完，自觉词藻警人，余香满口。虽然看完了，却只管出神，心内还默默记诵。

宝玉笑道："妹妹，你说好不好？"林黛玉笑道："果然有趣。"宝玉笑道："我就是个'多愁多病的身'，你就是那'倾国倾城貌'。"林黛玉听了，不觉带腮连耳通红，登时竖起两道似蹙非蹙的眉，瞪了一双似睁非睁的眼，微腮带怒，薄面含嗔，指宝玉道："你这该死的胡说！好好地把这些淫词艳曲弄了来，还学了这些混账话来欺负我。我告诉舅舅、舅母去！"说到"欺负"两个字上，早又把眼圈儿红了，转身就走。宝玉着了急，向前拦住说道："好妹妹，千万饶我这一遭，原是我说错了。若有心欺负你，明儿我掉在池子里，叫个癞头龟吞了去，变个大王八，等你明儿做了'一品夫人'病老归西的时候，我往你坟上替你驼一辈子碑去。"说的林黛玉嗤的一声笑了，揉着眼，一面笑道："一般也唬的这个调儿，还只管胡说。呸，原来是苗而不秀，是个'银样镴枪头'。"宝玉听了，笑道："你这个呢？我也告诉去。"林黛玉笑道："你说你会过目成诵，难道我就不能一目十行吗？"宝玉一面收书，一面笑道："正经快把花埋了罢，别提那个了。"二人便收拾落花。

正才掩埋妥协，只见袭人走来，说道："那里没找到，摸在这里来。那边大老爷身上不好，姑娘们都过去请安去了，老太太叫打发你去呢。快回去换衣裳去罢。"

宝玉听了，忙拿了书，别了黛玉，同袭人回房换衣不提。

## 字词注释

[1]本文节选自《红楼梦》第二十三回"西厢记妙词通戏语　牡丹亭艳曲警芳心"题目为编者所加。

## 思考表达

**体悟思索:**

思考《红楼梦》人物塑造的方法。

**口才表达:**

根据本回内容,分角色进行表演。

**书面表达:**

以"我眼中的 ×××"为主题,写作一篇 400~500 字的人物评论。

# 我的四个假想敌[1]

## 余光中

引人入胜

　　《我的四个假想敌》是余光中在女儿长大后,踏入谈恋爱阶段时所写的一篇文章。余光中把四个女儿的男友称"四个假想敌",形象地概括了父亲与女儿男友之间必定的、永恒的矛盾;父亲对"假想敌"的种种想象、种种描述、种种议论全都自然生发;这些生发和种种细节群与那个处于细节核(核心意象)有机地构成了这篇学者散文的艺术整体和艺术情趣。从文中可看出余先生对女儿难舍难离之情,以及对女儿男友的要求。

**走近作者**

　　余光中(1928—2017),诗人,生于南京,籍贯福建泉州市永春县桃城镇洋上村(母为江苏人,故也自称"江南人")。余光中曾任台湾中山大学文学院院长,一生从事诗歌、散文、评论、翻译,自称其为自己写作的"四度空间"。余光中驰骋文坛逾半个世纪,涉猎广泛,被誉为"艺术上的多妻主义者"。其文学生涯悠远、辽阔、深沉,为当代诗坛健将、散文重镇、著名批评家、优秀翻译家。主要作品有《乡愁》《余光中经典》《传说》,其中《传说》获台北新闻局金鼎奖歌词奖。

**文本赏析**

　　二女幼珊在港参加侨生联考,以第一志愿分发台大外文系。听到这消息,我松了一口气,从此不必担心四个女儿通通嫁给广东男孩了。

　　我对广东男孩当然并无偏见,在港六年,我班上也有好些可爱的广东少年,颇讨老师的欢心,但是要我把四个女儿全都让那些"靓仔""叻仔"掳掠了去,却舍不得。不过,女儿要嫁谁,说得洒脱些,是她们的自由意志,说得玄妙些呢,是因缘,做父亲的又何必患得患失呢?何况在这件事上,做母亲的往往位居要冲,自然而然成了女儿的亲密顾问,甚至亲密战友,作战的对象不是男友,却是父亲。等到做父亲的惊醒过来,早已腹背受敌,难挽大势了。

　　在父亲的眼里,女儿最可爱的时候是在十岁以前,因为那时她完全属于自己。在男友的眼里,她最可爱的时候却在十七岁以后,因为这时她正像毕业班的学生,已经一心向外了。父亲和男友,先天上就有矛盾。对父亲来说,世界上没有东西比稚龄的女儿更完美的了,唯一的缺点就是会长大,除非你用急冻术把她久藏,不过这恐怕是违法的,而且她的男友迟早会骑了骏马或摩托车来,把她吻醒。

我未用太空舱的冻眠术,一任时光催迫,日月轮转,再揉眼时,怎么四个女儿都已依次长大,昔日的童话之门砰地一关,再也回不去了。四个女儿,依次是珊珊、幼珊、佩珊、季珊。简直可以排成一条珊瑚礁。珊珊十二岁的那年,有一次,未满九岁的佩珊忽然对来访的客人说:"喂,告诉你,我姐姐是一个少女了!"在座的大人全笑了起来。

曾几何时,惹笑的佩珊自己,甚至最幼稚的季珊,也都在时光的魔杖下,点化成"少女"了。冥冥之中,有四个"少男"正偷偷袭来,虽然蹑手蹑足,屏声止息,我却感到背后有四双眼睛,像所有的坏男孩那样,目光灼灼,心存不轨,只等时机一到,便会站到亮处,装出伪善的笑容,叫我岳父。

我当然不会应他。哪有这么容易的事!我像一棵果树,天长地久在这里立了多年,风霜雨露,样样有份,换来果实累累,不胜负荷。而你,偶尔过路的小子,竟然一伸手就来摘果子,活该蟠地的树根绊你一跤!

而最可恼的,却是树上的果子,竟有自动落入行人手中的样子。树怪行人不该擅自来摘果子,行人却说是果子刚好掉下来,给他接着罢了。这种事,总是里应外合才成功的。当初我自己结婚,不也是有一位少女开门揖盗吗?"堡垒最容易从内部攻破",说得真是不错。不过彼一时也,此一时也。同一个人,过街时讨厌汽车,开车时却讨厌行人。现在是轮到我来开车。

好多年来,我已经习于和五个女人为伍,浴室里弥漫着香皂和香水气味,沙发上散置皮包和发卷,餐桌上没有人和我争酒,都是天经地义的事。戏称吾庐为"女生宿舍",也已经很久了。做了"女生宿舍"的舍监,自然不欢迎陌生的男客,尤其是别有用心的一类。但自己辖下的女生,尤其是前面的三位,已有"不稳"的现象,却令我想起叶慈的一句诗:一切已崩溃,失去重心。

我的四个假想敌,不论是高是矮,是胖是瘦,是学医还是学文,迟早会从我疑惧的迷雾里显出原形,一一走上前来,或迂回曲折,嗫嚅其词,或开门见山,大言不惭,总之要把他的情人,也就是我的女儿,对不起,从此领去。无形的敌人最可怕,何况我在亮处,他在暗里,又有我家的"内奸"接应,真是防不胜防。只怪当初没有把四个女儿及时冷藏,使时间不能拐骗,社会也无由污染。现在她们都已大了,回不了头。我那四个假想敌,那四个鬼鬼祟祟的地下工作者,也都已羽毛丰满,什么力量都阻止不了他们了。先下手为强,这件事,该乘那四个假想敌还在襁褓的时候,就予以解决的。至少美国诗人纳许(Ogden Nash, 1902—1971)劝我们如此。

他在一首妙诗《由女婴之父来唱的歌》之中,说他生了女儿吉儿之后,惴惴不安,感到不知什么地方正有个男婴也在长大,现在虽然还浑浑噩噩,口吐白沫,却注定将来会抢走他的吉儿。于是做父亲的每次在公园里看见婴儿车中的男婴,都不由神色一变,暗暗想:"会不会是这家伙?"

想着想着,他"杀机陡萌",便要解开那男婴身上的别针,朝他的爽身粉里撒胡椒粉,把盐撒进他的奶瓶,把沙撒进他的菠菜汁,再扔头优游的鳄鱼到他的婴儿车里陪他游戏,逼他在水深火热之中挣扎而去,去娶别人的女儿。足见诗人以未来的女婿为假想敌,早已有了前例。

不过一切都太迟了。当初没有当机立断,采取非常措施,像纳许诗中所说的那样,真是一大失策。如今的局面,套一句史书上常见的话,已经是"寇入深矣!"女儿的墙上和书桌的玻璃垫下,以前的海报和剪报之类,还是披头,拜丝,大卫·凯西弟的形象,现在纷纷都换上男友了。至少,滩头阵地已经被入侵的军队占领了去,这一仗是必败的了。记得我们小时,这一类的照片仍被列为机密要件,不是藏在枕头套里,贴着梦境,便是夹在书堆深处,偶尔翻出来神往一番,哪有这么二十四小时眼前供奉的?

这一批形迹可疑的假想敌,究竟是哪年哪月开始入侵厦门街余宅的,已经不可考了。只记得六年前迁港之后,攻城的军事便换了一批口操粤语少年来接手。至于交战的细节,就得问名义上是守城的那几个女将,我这位"昏君"是再也搞不清的了。只知道敌方的炮火,起先是瞄准我家的信箱,那些歪歪斜斜的笔迹,久了也能猜个七分;继而是集中在我家的电话,"落弹点"就在我书桌的背后,我的文苑就是他们的沙场,一夜之间,总有十几次脑震荡。那些粤音平上去入,有九声之多,也令我难以研判敌情。现在我带幼珊回了厦门街,那头的广东部队轮到我太太去抵挡,我在这头,只要留意台湾健儿,任务就轻松多了。

信箱被袭,只如战争的默片,还不打紧。其实我宁可多情的少年勤写情书,那样至少可以练习作文,不致在视听教育的时代荒废了中文。可怕的还是电话中弹,那一串串警告的铃声,把战场从门外的信箱扩至书房的腹地,默片变成了身历声,假想敌在实弹射击了。更可怕的,却是假想敌真的闯进了城来,成了有血有肉的真敌人,不再是假想了好玩的了,就像军事演习到中途,忽然真的打起来了一样。真敌人是看得出来的。在某一女儿的接应之下,他占领了沙发的一角,从此两人呢喃细语。啜嚅密谈,即使脉脉相对的时候,那气氛也浓得化不开,害得全家人都透不过气来。这时几个姐妹早已回避得远远的了,任谁都看得出情况有异。万一敌人留下来吃饭,那空气就更为紧张,好像摆好姿势,面对照相机一般。平时鸭塘一般的餐桌,四姐妹这时像在演哑剧,连筷子和调羹都似乎得到了消息,忽然小心翼翼起来。明知这僭越的小子未必就是真命女婿,(谁晓得宝贝女儿现在是十八变中的第几变呢?)心里却不由自主升起一股淡淡的敌意。也明知女儿正如将熟之瓜,终有一天会蒂落而去,却希望不是随眼前这自负的小子。

当然,四个女儿也自有不乖的时候,在恼怒的心情下,我就恨不得四个假想敌赶快出现,把她们统统带走。但是那一天真要来到时,我一定又会懊悔不已。我能够想象,人生的两大寂寞,一是退休之日,一是最小的孩子终于也结婚之后。宋淇有一天对我说:"真羡慕你的女儿全在身边!"真的吗?至少目前我并不觉得,自己有什么可羡之处。也许真要等到最小的季珊也跟着假想敌度蜜月去了,才会和我并坐在空空的长沙发上,翻阅她们小时相簿,追忆从前,六人一车长途壮游的盛况,或是晚餐桌上,热气蒸腾,大家共享的灿烂灯光。人生有许多事情,正如船后的波纹,总要过后才觉得美的。这么一想,又希望那四个假想敌,那四个生手笨脚的小伙子,还是多吃几口闭门羹,慢一点出现吧。

袁枚写诗,把生女儿说成"情疑中副车",这书袋掉得很有意思,却也流露了重男轻女的封建意识。照袁枚的说法,我是连中了四次副车,命中率够高的了。余宅的四个小女孩现在变成了四个小妇人,在假想敌环伺之下,若问我择婿有何条件,一时倒恐怕答不上来。沉吟半晌,我也许会说:"这件事情,上有月下老人的婚姻谱,谁也不能窜改,包括韦固;下有两个海誓山盟的情人,'二人同心,其利断金',我凭什么要逆天拂人,梗在中间?何况终身大事,神秘莫测,事先无法推理,事后不能悔棋,就算交给二十一世纪的电脑,恐怕也算不出什么或然率来。倒不如故示慷慨,伪作轻松,博一个开明父亲的美名,到时候带颗私章,去做主婚人就是了。"

问的人笑了起来,指着我说:"什么叫做'伪作轻松'?可见你心里并不轻松。"

我当然不很轻松,否则就不是她们的父亲了。例如人种的问题,就很令人烦恼。万一女儿发痴,爱上一个耸肩摊手口香糖嚼个不停的小怪人,该怎么办呢?在理性上,我愿意"有婿无类",做一个大大方方的世界公民。但是在感情上,还没有大方到让一个臂毛如猿的小伙子把我的女儿抱过门槛。

现在当然不再是"严夷夏之防"的时代,但是一任单纯的家庭扩充成一个小型的联合国,也大可不必。问的人又笑了,问我可曾听说混血儿的聪明超乎常人。我说:"听过,但是我不稀罕抱一个天才的'混血孙'。我不要一个天才儿童叫我'Grandpa',我要他叫我'外公'。"问的人不肯罢休:"那么省籍呢?"

"省籍无所谓,"我说。"我就是苏闽联姻的结果,还不坏吧?当初我母亲从福建写信回武进,说当地有人向她求婚。娘家大惊小怪,说'那么远!怎么就嫁给南蛮!'后来娘家发现,除了言语不通之外,这位闽南姑爷并无可疑之处。这几年,广东男孩锲而不舍,对我家的压力很大,有一天闽粤结成了秦晋,我也不会感到意外。如果有个台湾少年特别巴结我,其志又不在跟我谈文论诗,我也不会怎么为难他的。至于其他各省,从黑龙江直到云南,口操各种方言的少年,只要我女儿不嫌他,我自然也欢迎。"

"那么学识呢?"

"学什么都可以。也不一定要是学者,学者往往不是好女婿,更不是好丈夫。只有一点:中文必须精通。中文不通,将祸延吾孙!"

客又笑了。"相貌重不重要?"他再问。

"你真是迂阔之至!"这次轮到我发笑了。"这种事,我女儿自己会注意,怎么会要我来操心?"

笨客还想问下去,忽然门铃响起。我起身去开大门,发现长发乱处,又一个假想敌来掠余宅。

## 字词注释

［1］本文选自余光中著，《余光中（散文精读）》，浙江人民出版社，2018年版。

## 思考表达

**体悟思索：**

概括与分析本文中"我"的矛盾心理。

**口才表达：**

本文处处表现出作者的幽默风趣，试举例分析。

**书面表达：**

父爱如山，本文处处体现出余光中的父爱之情，请用饱含深情的语言给你的父亲写一封信。

微课赏析

《我的四个假想敌》

# 永远的尹雪艳(节选)[1]

## 白先勇

　　《永远的尹雪艳》是白先勇的代表作《台北人》系列小说中的第一篇,反映了20世纪中叶至今沧桑变迁。自问世以来,尹雪艳这个虚构的小说人物也一直以其栩栩如生的绝世形象树立在许多人的心目中,可谓"每个人心中都有一个尹雪艳"。这篇小说体现了一种"文化乡愁",能勾起人们对百年上海绝代繁华的旧时记忆。

　　白先勇(1937—　　),回族,当代著名作家,生于广西桂林。中国国民党高级将领白崇禧之子,毕业于台湾大学、美国爱荷华大学,现任香港中文大学博文讲座教授、香港中文大学"昆曲研究推广计划"荣誉主任。著有短篇小说集《台北人》《寂寞的十七岁》《纽约客》等,长篇小说《孽子》,散文集《蓦然回首》《第六只手指》《树犹如此》等,以及舞台剧《游园惊梦》。其中《台北人》入选20世纪中文小说100强(第七位,是在世作家作品的最高排名)。2018年,获得上海白玉兰戏剧表演艺术终身成就奖和第五届郁达夫小说奖"短篇小说奖"。

　　……

## 二

　　尹雪艳的新公馆落在仁爱路四段的高级住宅区里,是一幢崭新的西式洋房,有个十分宽敞的客厅,容得下两三桌酒席。尹雪艳对她的新公馆倒是刻意经营过一番。客厅的家具是一色桃花心红木桌椅。几张老式大靠背的沙发,塞满了黑丝面子鸳鸯戏水的湘绣靠枕,人一坐下去就陷进了一半,倚在柔软的丝枕上,十分舒适。到过尹公馆的人,都称赞尹雪艳的客厅布置妥帖,叫人坐着不肯动身。打麻将有特别设备的麻将间,麻将桌、麻将灯都设计得十分精巧。有些客人喜欢挖花,尹雪艳还特别腾出一间有隔音设备的房间,挖花的客人可以关在里面恣意唱和。冬天有暖炉,夏天有冷气,坐在尹公馆里,很容易忘记外面台北市的阴寒及溽暑。客厅案头的古玩花瓶,四时都供着鲜花。尹雪艳对于花道十分讲究,中山北路的玫瑰花店常年都送来上选的鲜货。整个夏天,尹雪艳的客厅中都细细地透着一股又甜又腻的晚香玉。

尹雪艳的新公馆很快地便成为她旧雨新知的聚会所。老朋友来到时，谈谈老话，大家都有一腔怀古的幽情，想一会儿当年，在尹雪艳面前发发牢骚，好像尹雪艳便是上海百乐门时代永恒的象征，京沪繁华的佐证一般。

"阿媛，看看干爹的头发都白光喽！侬还像枝万年青一式，愈来愈年轻！"

吴经理在上海当过银行的总经理，是百乐门的座上常客，来到台北赋闲，在一家铁工厂挂个顾问的名义。见到尹雪艳，他总爱拉着她半开玩笑而又不免带点自怜的口吻这样说。吴经理的头发确实全白了，而且患着严重的风湿，走起路来，十分蹒跚，眼睛又害沙眼，眼毛倒插，常年淌着眼泪，眼圈已经开始溃烂，露出粉红的肉来。冬天时候，尹雪艳总把客厅里那架电暖炉移到吴经理的脚跟前，亲自奉上一盅铁观音，笑吟吟地说道：

"哪里的话，干爹才是老当益壮呢！"

吴经理心中熨帖了，恢复了不少自信，眨着他那烂掉了睫毛的老花眼，在尹公馆里，当众票了一出"坐宫"，以苍凉沙哑的嗓子唱出：

我好比浅水龙，

被困在沙滩。

……

尹雪艳有迷男人的工夫，也有迷女人的功夫。跟尹雪艳结交的那班太太们，打从上海起，就背地数落她。当尹雪艳平步青云时，这起太太们气不忿，说道：凭你怎么爬，左不过是个货腰娘。当尹雪艳的靠山相好遭到厄运的时候，她们就叹气道：命是逃不过的，煞气重的娘儿们到底沾惹不得。可是十几年来这起太太们一个也舍不得离开尹雪艳，到了台北都一窝蜂似的聚到尹雪艳的公馆里，她们不得不承认尹雪艳实在有她惊动人的地方。尹雪艳在台北的鸿翔绸缎庄打得出七五折，在小花园里挑得出最登样的绣花鞋儿，红楼的绍兴戏码，尹雪艳最在行，吴燕丽唱《孟丽君》的时候，尹雪艳可以拿得到免费的前座戏票，论起西门町的京沪小吃，尹雪艳又是无一不精了。于是这起太太们，由尹雪艳领队，逛西门町、看绍兴戏，坐在三六九里吃桂花汤团，往往把十几年来不如意的事儿一股脑儿抛掉，好像尹雪艳周身都透着上海大千世界荣华的麝香一般，熏得这起往事沧桑的中年妇人都进入半醉的状态，而不由自主都津津乐道起上海五香斋的蟹黄面来。这起太太们常常容易闹情绪。尹雪艳对于她们都一一施以广泛的同情，她总耐心地聆听她们的怨艾及委屈，必要时说几句安抚的话，把她们焦躁的脾气一一熨平。

"输呀，输得精光才好呢！反正家里有老牛马垫背，我不输，也有旁人替我输！"

每逢宋太太搓麻将输了钱时就向尹雪艳带着酸意的抱怨道。宋太太在台湾得了妇女更年期的痴肥症，体重暴增到一百八十多磅，形态十分臃肿，走多了路，会犯气喘。宋太太的心酸话较多，因为她先生宋协理有了外遇，对她颇为冷落，而且对方又是一个身段苗条的小酒女。十几年前宋太太在上海的社交场合出过一阵风头，因此她对以往的日子特别向往。尹雪艳自然是宋太太倾诉衷肠的适当人选，因为只有她才能体会宋太太那种今昔之感。有时讲到伤心处，宋太太会禁不住掩面而泣。

"宋家阿姐，'人无千日好，花无百日红'，谁又能保得住一辈子享荣华、受富贵呢？"

于是尹雪艳便递过热毛巾给宋太太揩面，怜悯地劝说道。宋太太不肯认命，总要抽抽搭搭地怨怼一番：

"我就不信我的命又要比别人差些！像侬吧，尹家妹妹，侬一辈子是不必发愁的，自然有人会来帮衬侬。"

三

尹雪艳确实不必发愁，尹公馆门前的车马从来也未曾断过。老朋友固然把尹公馆当做世外桃源，一般新知也在尹公馆找到别处稀有的吸引力。尹雪艳公馆一向维持它的气派。尹雪艳从来不肯把它降低于上海霞飞路的排场。出入的人士，纵然有些是过了时的，但是他们有他们的身份，有他们的派头，因此一进到尹公馆，大家都觉得自己重要，即使是十几年前作废了的头衔，经过尹雪艳娇声亲切地称呼起来，也如同受过诰封一般，心理上恢复了不少的优越感。至于一般新知，尹公馆更是建立社交的好所在了。

当然，最吸引人的，还是尹雪艳本身。尹雪艳是一个最称职的主人。每一位客人，不分尊卑老幼，她都招呼得妥妥帖帖。一进到尹公馆，坐在客厅中那些铺满黑丝面椅垫的沙发上，大家都有一种宾至如归、乐不思蜀的亲切之感，因此，做会总在尹公馆开标，请生日酒总在尹公馆开席，即使没有名堂的日子，大家也立一个名目，凑到尹公馆成一个牌局。一年里，倒有大半的日子，尹公馆里总是高朋满座。

尹雪艳本人极少下场，逢到这些日期，她总预先替客人们安排好牌局；有时两桌，有时三桌。她对每位客人的牌品及癖性都摸得清清楚楚，因此牌搭子总配得十分理想，从来没有伤过和气。尹雪艳本人督导着两个头干脸净的苏州娘姨在旁边招呼着。午点是宁波年糕或者湖州粽子。晚饭是尹公馆上海名厨的京沪小菜：金银腿、贵妃鸡、炝虾、醉蟹——尹雪艳亲自设计了一个转动的菜牌，天天转出一桌桌精致的筵席来。到了下半夜，两个娘姨便捧上雪白喷了明星花露水的冰面巾，让大战方酣的客人们揩面醒脑，然后便是一碗鸡汤银丝面作了夜宵。客人们掷下的桌面十分慷慨，每次总上两三千。赢了钱的客人固然值得兴奋，即使输了钱的客人也是心甘情愿。在尹公馆里吃了玩了，末了还由尹雪艳差人叫好计程车，一一送回家去。

当牌局进展激烈的当儿，尹雪艳便换上轻装，周旋在几个牌桌之间，踏着她那风一般的步子，轻盈盈地来回巡视着，像个通身银白的女祭司，替那些作战的人们祈祷和祭祀。

"阿媛，干爹又快输脱底喽！"

每到败北阶段，吴经理就眨着他那烂掉了睫毛的眼睛，向尹雪艳发出讨救的哀号。

"还早呢，干爹，下四圈就该你摸清一色了。"

尹雪艳把个黑丝椅垫枕到吴经理害了风湿症的背脊上，怜恤地安慰着这个命运乖谬的老人。

"尹小姐，你是看到的。今晚我可没打错一张牌，手气就那么背！"

女客人那边也经常向尹雪艳发出乞怜的呼吁,有时宋太太输急了,也顾不得身份,就抓起两颗骰子啐道:

"呸!呸!呸!勿要面孔的东西,看你霉到啥个辰光!"

尹雪艳也照例过去,用着充满同情的语调,安抚她们一番。这个时候,尹雪艳的话就如同神谕一般令人敬畏。在麻将桌上,一个人的命运往往不受控制,客人们都讨尹雪艳的口采来恢复信心及加强斗志。尹雪艳站在一旁,叼着金嘴子的三个九,徐徐地喷着烟圈,以悲天悯人的眼光看着她这一群得意的、失意的、老年的、壮年的、曾经叱咤风云的、曾经风华绝代的客人们,狂热地互相厮杀,互相宰割。

……

## 字词注释

[1]本文节选自《永远的尹雪艳》2、3节。出自白先勇著,《台北人》,花城出版社,2000年版。

## 思考表达

**体悟思索:**

试论《永远的尹雪艳》的多重意蕴。

**口才表达:**

请从女性主义角度解读、讨论《永远的尹雪艳》中尹雪艳的人物形象。

微课赏析

《永远的尹雪艳》

**书面表达:**

有人说,《永远的尹雪艳》表达的是深深的乡愁。离家在外求学,请写出你的乡愁。

## 推 荐 阅 读

1. 汤显祖《牡丹亭》
2. 孔尚任《桃花扇》
3. 萧红《呼兰河传》
4. [法]弗朗索瓦丝·萨冈《你好,忧愁》
5. 王安忆《长恨歌》
6. 莫言《生死疲劳》
7. 阿城《棋王》
8. 张爱玲《倾城之恋》
9. [法]维克多·雨果《悲惨世界》
10. [英]夏洛蒂·勃朗特《简·爱》

# 项目二 实用写作

　　高职学生在校期间写作能力的培养应主要放在实用写作的能力上,因为高职教育的目的是以就业为导向的,同时,大学期间也需要很多应用文的写作实践。所以,在校期间培养大学生基本的应用写作能力,能为今后的工作奠定良好的基础,也能满足其在校学习和生活的需要。以大学生在校的实际需要和实践为切入点培养其基础应用写作能力,应该是值得重视和尝试的视角和方法。而对于一些专业性很强的应用文,通过专业课的渠道进行学习应该更为有效。

　　应用写作有自身的特点和规律,一是应用写作不同于以往的基础写作能力练习,属于具体文种写作,而不是以叙述、描写、议论、抒情、说明等表达方式练习为主的写作,所以,更讲求实用性,也就是说,无论练习或是应用,都更注重完整、精益求精,更注重来自于实际和解决具体问题。二是应用写作具有体式约定俗成、主题表达直接、结构条理明晰、表达方式基本运用陈述和说明、语言简洁明了等特征。不同于文学性写作的体式和结构要创新,主题表达要含蓄,表达方式多用描写、抒情、铺叙、议论等,语言讲求生动形象和新颖,呈现多样的写作风格等。

　　大学生在校期间使用的应用文种可分为两类:处理私务的和处理公务的,如日记、申请书、检查书、情况说明书、职业生涯规划书、简历等都是私务性质的文体,通知、消息、报告、请示等都是公务性质的,当然也有公私兼用的,如计划、总结、合同等。但要注意的是,有不少情况是事情类型一样,处理公务和私务使用名称不同,如汇报情况,公务用报告,私务用情况说明书;请示事情,公务用请示,私务用申请书。为了方便学习,我们把"实用写作"项目分为事务文书写作、活动文书写作和求职创业文书写作三个模块。

　　应用写作能力的提高,不只是单纯的表达和练习问题,同所有写作一样,也要求具备一定的思想性和人文性。所以既要多写多练,也要重视思想、思维的磨砺和学识的积累,这里不仅要通过前面"人文修养"部分来强化思想、见解和学识,也要通过"实用写作"部分的拓展阅读来强化。当然,重视应用写作、多写多练是提高应用写作能力必不可少的条件和方法。

# 模块一 事务文书写作

## 申 请 书

### 一、概念

申请书简称申请,是个人向某类组织或机构表示某种请求时用的应用性文种。组织或机构之间有什么请求事项用《党政机关公文处理工作条例》中的"请示"文种。

目前,大学生在校期间使用的"书"类文体还是很多的,如检讨书、建议书、倡议书等,有些"书"类文种可以简称,如检讨书简称"检查",建议书简称"建议"。这些可以加"书"的应用文种一般用于处理个体与组织或机构之间的事务,包括倡议书,也是以个体动员为着眼点。

"书"类文种带有的"书信体"色彩较浓,一般都具有写作的灵活性、思想以及情感的倾诉性和语言的相对文学化特点。当然,作为一种应用文体,有基本的格式,思想以及情感的倾诉要围绕主题表达展开,到位而不过分,语言的文学性也要把控好,文采的体现要建立在应用性文种语言简明特点基础之上。

大学生在校涉及的申请事项一般为加入党团组织、贫困补助、成立社团等方面,主要使用的有入党申请书、贫困补助申请书以及成立 ×× 社团申请书等具体种类。

### 二、格式

申请书一般包含标题、抬头、正文、落款四个部分。

#### (一) 标题

一般由"事项 + 文种"构成,如"助学金申请书",也可简写为"助学金申请",有特殊要求的不能简写,如"入党申请书"不能简写成"入党申请",否则,就不能够体现该事项的庄重。

#### (二) 抬头

一般申请书用于个体向组织或机构提出申请,所以抬头要指向某种组织或机构,而不要指向个人,个别情况下,实在拿不准向什么机构申请,可以写"尊敬的学院领导",但千万不能写成"尊敬的 ×× 院长",因为"尊敬的学院领导"含有"组织和机构"的意味,而"尊敬的 ×× 院长"则成了针对个人,这是不合适的,因为申请的事项应该由组织或机构来决定。

### (三) 正文

一般由开头、主体、结语构成。开头最好开门见山,亮明身份,提出申请事项,如"我叫×××,是 ×× 年级 ×× 班学生,我申请加入中国共产党"。主体部分注意内容要素的完整和结构的逻辑性与清晰性,内容要素构成一个整体,不缺项,各部分内容排列有逻辑性,或事理递进,或逐项并列,或呈纵式,或呈横式,要符合认识和思维习惯与规律;外在结构上,要条理分明,层次段落清晰合理、美观适读。结语一般为惯用语,直接提出请准意愿,如"以上申请,敬请批准"等。

入党申请书的内容要素和逻辑顺序一般为:入党动机、入党条件、入党承诺和态度。入党动机部分可细分为:党的知识了解、党的历史和功绩认同与赞颂、自身入党的目的;入党条件部分可包括年龄条件、思想品质、实际表现等,应对照党章有关要求具体表述;入党承诺部分应包括:如果申请获准如何履行党员职责和义务,如果暂未获准怎么创造条件继续争取。

贫困补助申请的内容要素和逻辑顺序一般为:申请条件陈述、申请目的表述、申请成功后的有关保证。申请条件要对照贫困补助要求去写,一般包括自身贫困状况和在校表现;申请目的要符合贫困补助设立的目的;申请成功后的有关保证一般指该项补助要按要求使用和要努力让资助起到应有的作用。

成立社团申请的内容要素和逻辑顺序一般为:社团成立的背景、意义和依据,社团的组织构架和有关设计,社团成立后的工作思路和作用预估,社团成立获准后的有关承诺和保证等。成立社团申请一般还应附上社团章程。

### (四) 落款

申请书的落款一般包括申请者和申请日期,现代条件下,如有必要,为了联系方便,有些申请书也可下附联系人和联系方式。

### 三、注意事项

1. 内容要素要齐全,先后顺序要符合逻辑。
2. 语言表达有温度,情感显现具有说服力。

经典案例

## 案例（一）学业生涯

### 大学生文学社成立申请书

学校团委：

　　我叫×××，是××级××班学生，我代表×××文学社筹备小组申请成立×××文学社。

　　我校现有在校生两万余人，爱好文学者很多，同时也有××学院的××专业、××学院的××专业系与文学紧密相关，但是，我校迄今为止没有正式成立文学社团。文学属于艺术，具有强大的审美作用，如果成立正式的文学社团，不仅能提高爱好文学的同学的文化素质和文学水平，也有利于全校学生审美素质的提高，有利于学生更好地成人成才，有利于校园文化建设，同时也有助于我校相关专业的建设和学校在外形象与声誉的打造与提升。×月×日我校团委下发《关于加强我校学生社团建设的通知》，根据通知精神，我们成立了×××文学社筹备小组，制订了《×××文学社成立方案》，拟写了《×××文学社章程》，各项筹备工作已基本就绪。

　　关于×××文学社，我们的基本定位是全校性学生爱好者团体，初步规模定为30人，即每个二级学院3人左右，今后发展规模每个二级学院控制在30人，考虑条件成熟情况下成立二级学院分支社团，筹备印制内部文学刊物《××湖畔》，每月一期，每月组织一次社团交流研讨创作活动。×××文学社活动经费除了争取学校团委有关资助外，也会依法依规向社员实际收取一定的会费，现暂定每位社员每年80元。其他有关事项会根据学校团委要求、依法依规处理，具体情况请审核后附《×××文学社章程》。

　　×××文学社如果顺利获准成立，将在5月召开成立大会，招收社员，并将于6月印制《××湖畔试刊》。其他有关工作安排请审核后附《×××文学社成立方案》。

　　×××文学社如果顺利获准成立，我们一定合规合法开展活动，同时努力把社团办好，多出精品，多进行展出活动，积极参加校内外各类比赛，为提高学生的综合素质出力，为建设优秀的校园文化增砖添瓦，为打造学校的良好形象和声誉做出贡献。

　　以上申请，敬请批准！

　　附件：1.《×××文学社章程》

　　　　　2.《×××文学社成立方案》

申请人：×××

2019年×月×日

**分析点评**：该申请书格式规范，要素齐全，详略得当，条理清晰，语言得体洗练，堪为范例。

## 案例(二)走向职场

**职场新人转正申请书**

尊敬的公司领导：

　　我于 2019 年 10 月 7 日进公司，根据公司的需要，目前担任文员一职，负责办公室内勤治理工作。

　　本人工作认真、细心且具有较强的责任心和进取心，勤勉不懈，极富工作热情；性格开朗，乐于与他人沟通，具有良好和熟练的沟通技巧，有很强的团队协作能力；责任感强，能够完成领导交付的工作，和公司同事之间能够通力合作，关系相处融洽而和睦，配合各部分负责人成功地完成各项工作；积极学习新知识、技能，注重自身发展和进步，平时利用下班时间进行培训学习，来进一步提高自己的综合素质，目前正在就读自学本科，以期将来能学以致用，同公司共同发展、进步。

　　两个多月来，我在王总、公司领导和同事们的热心帮助及关爱下取得了一定的进步，综合看来，我觉得自己还有以下的缺点和不足：一、思想上个人主义较强，随意性较大，显得不虚心与散漫，没做到谦虚谨慎，尊重服从；二、有时候办事不够干练，言行举止没注重约束自己；三、工作主动性发挥得还是不够，对工作的预见性和创造性不够，离领导的要求还有一定的间隔；四、业务知识方面特别是相关法律法规把握得还不够扎实等。

　　在今后的工作计划和学习计划中，我会进一步严格要求自己，虚心向领导、同事学习，我相信凭着自己高度的责任心和自信心，一定能够改正这些缺点，争取在各方面取得更大的进步。

　　根据公司规章制度，试用职员在试用期满三个月合格后，即可被录用成为公司正式员工。因此，我特向公司申请：希望能根据我的工作能力、态度及表现给出合格评价，使我定期转为正式员工，并根据公司的薪金福利情况，从 2020 年 2 月起，转正工资调整为 2 800 元／月。

　　来到这里工作，我最大的收获莫过于在敬业精神、思想境界、业务素质、工作能力上都得到了很大的进步，激励我在工作中不断前进与完善。我明白了企业的美好明天要靠大家的努力来创造，相信在全体员工的共同努力下，企业的美好明天更辉煌。在以后的工作中我将更加努力上进，希望上级领导批准转正。

　　此致

敬礼！

申请人：张小飞
2019 年 12 月 10 日

　　**分析点评**：这是一份职场新人的转正申请书，不仅写出了自己对公司的真情实感，也总结了对自己的客观评价及认识，语言朴实，感悟深刻。格式规范、要素齐全、体例完备。

## 实操训练

1. 成立一个社团,其章程包括哪些方面?
2. 谈谈你对社团的看法。
3. 按照申请书的内容要素要求,写一篇加入某社团的申请书。

拓展链接

# 计　划

文种要义

## 一、概念

计划是对未来的事务进行预先安排所使用的文种,个人和组织或机构都可以使用,即公务和私务兼用。计划文种的特点一般包括预见性、整体性、科学性、步骤性、可操作性和可变性。所谓预见性,就是要在充分了解各方面情况下对未来要处理的事务有预先的考虑和规划。所谓整体性,就是要对涉及该项事务的方方面面都要考虑到。所谓科学性,就是计划安排符合实际,任务和标准都能很好实现。所谓步骤性,就是有明确的时间和顺序安排。所谓可操作性,就是工作安排具体、明晰,不粗略,不含糊。所谓可变性,就是根据实际情况可以对计划进行合理调整。

计划有长期、中期、短期之分,中长期的往往称作"规划""纲要",短期的单项性计划往往直接写成方案。很多计划具体执行起来往往需要再制订实施方案甚至制订一系列实施方案。方案是指行动计划或理解为更细致的、可完全按照执行的计划。计划可以从个人或组织与机构方面进行性质分类;可以从内容方面分类,如学习计划、工作计划,综合计划、单项计划等;还可以从外在形式上分类,如表格式、条文式或既有条文也包含表格的综合式等。分类的目的是便于认识和学习,无目的的分类是没有意义的。

能在办事之前制订计划是好习惯,可以合理利用时间、提高效率。在实际运用中,由于内容的不同,计划又有纲要、规划、工作要点、方案、安排、打算、设想等多种名称。

## 二、格式

计划的外在形式呈现为表格式、条文式或综合式,其整体结构可分为标题、正文和落款三部分。

### (一)标题

标题可分为简略式和完全式,简略式一般为"内容 + 文种",如学习计划;完全式为"计划主体 + 时限 + 内容 + 文种",四要素齐全。

### (二)正文

正文可分为前言、主体和结语。前言是对制订计划的背景、目的、原则等方面的说明。主体要体现计划三要素:目标、措施和步骤。目标回答"做什么",要明确具体,很多计划目标单纯,就是任务本身,可写为"任务"。措施回答"怎样做",要科学,要得力。步骤回答"什么时间完成",要前后有序,进度可控。结语主要是注意事项或保障性措施等,也有附加动员性口号的。

结语部分不是每个计划都有,很多计划没有结语部分。

### (三) 落款

落款包括计划制订者和制订时间。该部分内容有时加括号放在标题之下,主要是为了醒目和美观。

### 三、注意事项

1. 制订计划要注意符合政策、从实际出发、明确具体。

2. 制订计划要注意周密调研、集思广益。

3. 一些具体事项实施计划要有预案,以防实施过程中情况有变,诸如运动会活动方案,如果运动会召开过程中天气变化影响正常进行,要有预案应对。

**经典案例**

## 案例(一)学业生涯

××学院"萌芽"文学社
2019—2020 学年第一学期活动计划

为了贯彻学院关于大力开展第二课堂的意见,我社特制订如下活动安排:

### 一、任务和要求

1. 通过各项活动,进一步激发同学们的学习兴趣,提高阅读、写作能力,培养文学新苗。

2. 把读书活动、社会实践、经常练笔三者结合起来,增长知识,丰富积累。本学期举办文学作品欣赏两次,每周练笔不少于两篇。

3. 继续办好刊物《萌芽》,分小组轮流编辑出版,共 4 期。

4. 参加市、省、全国的文学作品竞赛、演讲比赛,力争成绩优异。

5. 向省、市报刊推荐好作品,一学期发表的习作不少于 5 篇。

### 二、措施和办法

1. 开学初,改选并充实原有的文学社社员,由 5 人增至 8 人。

2. 继续做好聘请辅导老师的工作,校内增聘 2 名,校外增聘 1 名。

3. 加强与兄弟院校文学社的联系。10 月组织部分社员外出取经。

4. 争取学校团委、学生会的支持,多方筹集活动经费,为独立开展活动创造条件。

5. 学期结束,评选优秀社员,对不能履行文学社章程者劝其退社,以补充新社员。

2019 年 10 月 15 日

**分析点评:**这份活动计划使用完整式标题,包含单位名称、时限、内容和计划名称。前言用一句话概括了制订计划的目的,简明扼要。任务要求分条列项,每事一项,要"做什么"具体明确。措施五条,每条一项,"怎么做"一目了然。这是一份较简单的计划,任务明确,内容单一,措施较具体,可操作性强,落款处标明制订时间。

## 案例(二)走向职场

### ×× 市 2017 年精准扶贫工作要点

2017 年是全面深化改革的关键之年,是全面推进依法治国的开局之年,也是全面完成"十二五"规划的收官之年。全市扶贫系统必须紧紧围绕减贫增收这个核心,全面贯彻落实党的十八届三中、四中全会精神,深入学习贯彻系列重要讲话精神,按照市委、市政府的工作部署,以集中连片特困地区为主战场,以产业扶贫为总抓手,大力实施扶贫开发"三步走"发展战略,扎实推进"精准扶贫·减贫摘帽"第一民生工程,全面完成"十二五"扶贫开发规划目标任务。

总体目标:全市减少农村贫困人口 20 万人以上,实现 ×× 自治县和全市 20 个以上贫困乡镇"减贫摘帽"。围绕"乡有主导产业、户有脱贫项目、人有增收技能"的目标,加快推进产业扶贫进程。全面落实目标、任务、资金和权责"四到县"制度,构建形成运行规范、监管严谨、充满活力的扶贫开发体制机制,切实做到精准扶贫、阳光扶贫、公正扶贫和廉洁扶贫。重点工作:

**一、以机制创新为动力,深入推进"四大改革"**

着力破除扶贫攻坚的体制机制障碍,深入贯彻落实《关于创新机制扎实推进农村扶贫开发工作的意见》(中办发〔2013〕25 号)及《关于以改革创新精神扎实推进扶贫开发工作的实施意见》(×党办发〔2017〕23 号),制定出台《关于实施扶贫开发"三步走"发展战略的实施意见》,编制规划、创新机制、先行先试、探索路子,在同步小康中当先锋、打头阵、做表率。

(一)创新精准扶贫分类指导机制……

(二)创新扶贫项目资金管理机制……

(三)创新金融扶贫服务协调机制……

(四)改进扶贫开发考核评价机制……

**二、以脱贫致富为核心,加快拓展"八大行动"**

扶贫开发是贫困地区"三农"工作的重中之重,是保障改善民生的关键举措。各级扶贫部门要切实履行职责,创新思路方法,加大扶持力度,注重精准发力,坚持整体推进与精准到户、加快发展与保护生态、各方支持与自身奋斗相结合,进一步完善政府、市场、社会协同推进的大扶贫工作格局,加快贫困地区和贫困群众脱贫致富奔小康步伐。

(一)在思想先导上拓展新高度……

(二)在减贫摘帽上拓展新成就

大力实施扶贫开发"三步走"发展战略,加大争取投入和扶持力度,整合专项扶贫与行业扶贫资金,全年投入财政扶贫专项资金力争增长 15% 以上。适时启动"十三五"扶贫规划编制工作,大力实施重点区域、重大民生事项和重点工程建设,稳步推进 ×× 山、×× 山集中连片特困地区扶贫攻坚。全力加强对 ×× 县"减贫摘帽"工作的督促、检查和指导,保证各项措施落实到位,确保"收官之作"收得精彩、收得圆满,全面完成重点县"减贫摘帽"。到 2017 年底,确保全市 4 个国家扶贫开发重点县、105 个以上贫困乡镇实现"减贫摘帽",农村贫困人口减少到 50 万人以内。

（三）在产业扶贫上拓展新水平……

（四）在结对帮扶上拓展新境界……

（五）在社会扶贫上拓展新成效……

（六）在就业扶贫上拓展新实践……

（七）在队伍建设上拓展新风貌……

（八）在廉洁扶贫上拓展新气象……

（资料来源于网络）

**分析点评:**这是一篇政府事务公文,属于计划范畴,当然,这个工作要点需要进一步制订实施方案才能更好落实,这里需要进一步落实的就是时间安排和负责部门或负责人。除此之外,这篇公文体现了计划文体的典型特征:整体性,通盘考虑和安排全市精准扶贫工作;科学性,工作安排得力到位、切实可行;可操作性,总体目标明确、任务具体、指标量化。从整体结构上看,制订者和制订时间省略,标题、正文的开头和主体都清晰、合理、精严,开头部分表达了此项工作的背景、指导思想、总体目标,主体部分科学、完整、系统、具体、精准、有序地部署了工作。语言上准确、规范、简明。这篇计划性公文很值得借鉴。当然,如前所述,这个工作部署需要再制订实施方案或一系列方案来落实。

**实操训练**

拓展链接

1. 思考在形成计划习惯、谋事在前方面自身有哪些优点和不足。

2. 谈谈你对《礼记·中庸》中"凡事预则立,不预则废"这句话的理解。

3. 制订一个改变自身最大缺点或目前最急需克服的弱点的计划并认真实施,务求彻底改进。

# 总　　结

## 一、概念

总结是对前一段实践活动进行回顾，检视付出与成就、问题与不足，提炼经验与教训，梳理下一步行动思路，以促进和激励下一步行动更好开展的有效工具和文种，大多用于工作方面。

领导人物代表组织或机构对全体成员或代表所作的总结属于另外一种文种——报告，但报告从本质上讲就是总结，不同的是报告的目的在于激励，而总结的目的主要在于寻找规律性的经验教训。还有一种文体——述职报告，也是总结性的文体，但述职报告重在向上级汇报自身履行职责情况，从而让上级判定是否继续授权任职或给以什么样的考评，所以，同为总结性文种，报告重在统一思想和激励，总结重在寻找经验教训，而述职报告重在汇报履职尽责情况。当然，由于写作目的不同，内容和形式上也还是有明显差异的，从大的方面讲，报告内容全面而且政治思想性和战略性强，总结内容提炼性强，重在突出工作做法、成就和规律性认识，而述职报告的内容重在显示自己的德能勤绩足以配位。从格式上看，报告、述职报告都有抬头，而总结没有抬头，等等。

总结文种的特点可概括为实践性、提炼性和激励性。实践性总结内容真实而不能虚假，提炼性总结在回顾工作时不能面面俱到。而经验教训要体现规律性，激励性总结要充分肯定成绩并对未来工作要有清晰、宏伟的打算和信心。

总结可从不同角度分类，从性质上可分为个人和单位、综合和专题，其中个人总结的工作回顾部分往往按照思想方面、工作方面、学习方面等版块分类而不设内容撮要的小标题，经验往往谦虚地称为"体会"，而单位性质的总结往往省略经验和教训部分，主体内容只涵盖工作回顾和存在问题与今后努力方向。总结还可以从具体内容上分为工作、学习、科研、教学等类别，从范围上分为地区、行业、单位、部门等类别，从时间上分为年度、季度、月份、阶段等类别。

## 二、格式

总结一般由标题、概述、主文和落款四部分组成，有时也把概述作为正文一部分看待。

### （一）标题

总结的标题可分为公文式和新闻式，公文式标题如《学院 2019 年度行政工作总结》，其中单位名称；时间、内容类型、文种四要素齐全，个人工作总结标题可省略总结者名称；新闻式标题一般为双行标题，也有单行的，双行的如《完善制度　强化考评　抓好管理提质量——××学院××年度教学工作总结》，单行的如《用热情和关爱点亮学生的心灵》。

**（二）概述**

概述部分主要是写前一阶段工作总形势、总任务、指导思想、突出成效、总体评价等。近年来，为了更好地突出成绩、评价工作，有些单位要求总结概述部分还要就重点工作和亮点工作专门概述。

**（三）主文**

该部分一般包括各项工作的主要做法和成效、经验、问题和教训、今后打算和努力方向等几部分。

在实际的写作中，一般多突出做法与成效，以利于赢得好评和激励前进，工作中出现的问题和失误大多不做专门陈述，所以总结的内容往往呈现三大块：主要做法和成效、经验和教训、不足之处和努力方向等，把失误放到教训里给以淡化提及，工作欠缺和不到之处在第三部分给以简明罗列，这样写的好处是确保总结的激励作用和赢得评价者的好评。当然，过分粉饰错误、掩盖问题是不良文风。总结既要凸显其激励性，也要充分认识错误、总结教训，以利于克服问题和困难，更好前进。

主要做法和成就部分要提炼能反映整体工作付出和成效的内容，既不能面面俱到，也不能有主要工作缺漏和片面做法，要反映工作全局情况和值得借鉴的做法。

经验和教训部分要体现规律性认识，要上升到理性高度。

不足之处和努力方向部分要抓住核心问题，这些问题的解决或努力能使整体工作呈现向好或光明的前途。

主文（指工作做法和成效部分）的结构形式一般呈现横式或纵式，横式居多，一般是分项罗列具体工作，外在结构呈现撮要标目或者分列小标题，由主到次、由因到果地进行总结。纵式结构较少，这样的总结一般按工作前后阶段来安排层次，每一阶段分别总结做法、成绩、经验教训。就总结四大部分或三大部分的总体结构来讲，呈递进型纵式结构。

**（四）落款**

同计划文种一样，现在为了美观和醒目，落款也往往是放在标题下方，一般为总结者在上，总结日期加括号在下。

**三、注意事项**

1. 总结内容一定要真实，不能编造，也不能虚浮夸大，总结的目的是总结经验教训、把握规律，以利于开展好下一步工作，即便要讲求激励作用，也不能吹嘘蒙人，更不能欺骗领导和上级，骗取好评和荣誉。

2. 好的总结一般能体现出"六度"：厚度、宽度、深度、亮度、美度、温度。厚度即内容足够丰富。宽度指总结里体现出的视野，如果有全国性、国际性视野，有前沿和未来视野，工作的做法必然不同。深度是指思想、思考有深度,能把握规律性。亮度是指工作有突出成绩,很抢眼。美度是指结构、语言等形式方面很美妙。而温度是指总结里能自然体现对单位的忠诚热爱、对工作的敬业执着、对做法与成绩的自信自豪等。对个人总结来讲,如果总结读给人听,让人肃然起敬,甚或震撼感动,甚或激动流泪,都不是很奇怪的事。

**经典案例**

## 案例(一)学业生涯

### 2019 年 ×× 市新汽车站运营情况调查活动总结

2019 年 9 月 8 日至 16 日,我们调查小组进行了为期 8 天的"×× 市新汽车站运营情况"调查活动。"一分耕耘,一分收获"是我们对这次活动的最深体会。

此次调查活动,我组对调查活动进行了周密策划,然后按照方案,事先将调查活动知会 ×× 市汽车站工作人员,经同意后,到新汽车站现场派发问卷,经过对数据的统计、分析,我组按期完成了调查报告。活动中,我们共发出调查问卷 150 份,问卷回收率达 100%。随后,我们将调查结果及建议提供给车站负责人,得到了他们的肯定与赞扬。此次调查活动顺利完成有以下几点经验:

**一、良好的沟通是走向成功的第一步**

……

**二、策划是活动成败的关键**

策划在一次活动的组织中是至关重要的,它关系到活动能否顺利展开。策划首先要考虑得很周全,保证方案的顺利进行,同时还要有灵活性,在遇到障碍时,应有应对措施。

在此次策划中,我们首先对整个活动拟定了一个提纲,经过反复推敲与修改,最后确定了具体的活动安排,主要环节包括:第一,确定活动主题、方案,通知各活动参与方;第二,确定详细的问卷派发日期及工作分工;第三,整理调查数据,对活动进行总结,写出报告。调查活动使我得到了宝贵的策划经验。

**三、中立立场是调查建议的保证**

……

**四、实践是提高个人技能的平台**

……

×× 学院工商管理系 × 班暑假社会实践小组

2019 年 10 月 20 日

**分析点评:**本文是学生实践活动的总结。标题是文件式标题形式,开头简要介绍了调查活动的基本情况,指出主要成绩。主体部分的可贵之处在于:第一,把经验上升为可以指导日后工作的理性认识;第二,介绍了基本情况,肯定了成绩或找出了缺点;第三,分析了成功或失败的原因,讲清了具体做法,是一篇成功的习作。

## 案例(二)走向职场

### 个人参加工作三年来的总结

从××年×月×日来××报到参加工作,至今已近三年时间。根据组织部门安排,我先后在××乡党委、县委群众工作局和县委办公室学习锻炼,现在县委办公室从事县委主要领导秘书工作。近三年来,在各位领导的亲切关怀和同事们的大力支持下,我逐步适应工作环境,积极履行工作职责,圆满完成各项目标任务,得到了领导和同事的一致肯定,我也亲身感受到了组织的关怀和团结奋斗的快乐。现将近三年来的工作情况总结如下:

**一、高举旗帜、学习创新,不断提高自身综合素质**

(一) 在思想上,政治立场更加坚定,牢固地树立并深化了为人民服务的理念。能够及时关注世界形势发展变化趋势……

(二) 在学习上,能够主动挤出业余时间钻研理论知识,不断充实提高自身素质……

**二、求真务实、踏实肯干,不断增强业务工作能力**

近三年来,根据组织部门的安排,我先后经历了基层乡镇、信访部门、县委部门三个不同的工作岗位,在各位领导和同事们的帮助下,主要做了以下工作:

(一) 在××乡党委工作期间。我主要负责党政综合办公室文秘工作……

(二) 在县委群众工作局学习锻炼期间。我被分配在接待室,负责接待群众来信来访。我先后共接待上访群众5批22人次(其中个体访2批3人次、集体访3批19人次)……

(三) 在县委办公室学习锻炼期间。我被分配在秘书一职,负责县委主要领导秘书工作。我忠于职守,兢兢业业,认真办文、办会、办事,努力做好"三服务"工作。两年多来,共撰写领导讲话稿、会议纪要、情况报告、汇报材料、县委文件草稿等各类公务文稿100余万字;参与服务县委常委会议、县委工作会议、县四大班子联席会议、县委办公室工作会议等大小会议100余次;跟随领导下乡40余次,去过全县20多个乡(镇),对××县情有了更加深入的了解。2010年12月为县委主要领导撰写的署名文章发表于省委政研室刊物《调查与决策》。2011年11月全程参与县第十一次党代会筹备工作,主笔承担了县党代会报告起草工作,圆满完成了州第七次党代会××代表团简报编写、联络工作任务。此外,还积极协助同事承担了县委政研室、县委保密局、县委办公室综合股等科室的部分工作,2011年3月协助县委政研室编辑完成约11万字的《××县2010年度调研论文选编》,2011年9月协助同事编辑完成了约11万字的《彝族民间故事传说集》。我积极履行工作职责,努力完成各项工作任务,没有让领导交待的任何事情在我身上延误,没有让任何文稿在我手中出错,没有让前来办事的同事在我这里受到冷落,没有让县委办公室的形象在我面前受到影响,力争做到了工作"零"失误。2011年3月被县委评为"2010年度全县政策研究工作先进个人";2011年12月被州委政研室评为"2011年度全州党委政研系统先进个人"。2010年、2011年连续两年被单位测评为"优秀公务员"。

### 三、艰苦朴素、真诚待人,逐渐适应彝区生活环境

面对迥异于北方的语言、气候、环境、风俗习惯、人际关系⋯⋯我努力地克服着生活中遇到的种种困难⋯⋯

### 四、存在的问题和不足

虽然近三年来我做了不少工作,但细细查找,仍然存在不少的问题和不足,和组织的要求以及群众的期望还有较大的差距。主要表现在以下方面:

（一）没有很好处理工学矛盾⋯⋯

（二）接触基层一线时间少⋯⋯

（三）无法脱除书生气息⋯⋯

（四）工作积极性有所松懈⋯⋯

### 五、今后整改的方向和措施

来××工作已近三年时间,无论今后处于什么岗位、从事任何工作,我都会服从组织部门安排,一如既往地完成各项工作任务,并从以下方面努力进行整改:

（一）加强学习,提高理论素养⋯⋯

（二）减少应酬,集中精力攻坚克难⋯⋯

（三）正视矛盾,处理棘手问题⋯⋯

（四）拓宽视野,不断调整思维方式⋯⋯

广阔的基层是选调生成长的良好平台。虽然来××工作仅短短的近三年时间,虽然××是国家级扶贫开发工作重点县,但是我深深地热爱着这片神秘而又充满生机的土地。在各位领导、同事、广大人民群众的关心和帮助下,我学习到了许多知识,初步积累了基层工作经验。然而,作为一名共产党员,我要时刻保持自己的先锋意识和旗帜意识,积极参加锻炼,丝毫不敢懈怠,努力改造自己的人生观、价值观、世界观,提高自己的工作能力,争取做到"下得去、留得住、用得上",全心全意为人民群众服务,为今后成长发展奠定良好的基石,以实现自己的人生理想和社会价值。

（资料来源于网络）

**分析点评:**这篇个人总结非常规范,反映了较高的写作水平。首先,内容丰富、完整系统、具体精要、真实可信,很好地体现了总结的实践性,如果工作不认真努力、体会不真切深刻,是写不出这么有内容的总结的。其次,结构清晰合理,每部分、每个层次都先后有序,符合逻辑,小标题撮要呈现,在个人总结中不多见,这是思想水平和写作水平的体现。最后,语言上简洁明了,准确规范,体现了很高的驾驭文字的水平。

**实操训练**

1. 思考周围同学们在总结反思习惯和能力方面主要的问题有哪些。

2. 谈谈你对理想的班级文化的理解。

3. 根据总结文种的要求，就入大学以来的思想、学习、生活等做全面、细致的书面总结。

拓展链接

# 模块二　活动文书写作

## 广　告　文　案

### 一、概念

广告文案又称"广告文稿",指广告作品中用以表达广告主题和创意、说明宣传内容的文字部分。广告文案是广告作品的中心所在,是广告作品创意构思的具体体现。一则广告作品中,广告文案所包含的信息量最大,广告作品中的其他信息往往是依据广告文案进行再创作的产物。因此,广告文案设计的成败,在很大程度上决定着整个广告设计的成败。

### 二、格式

广告文案是由标题、正文、口号和随文组成的,是广告内容的文字化表现。在广告设计中,文案与图案图形同等重要,图形具有前期的冲击力,广告文案具有较深的影响力。

#### (一)广告标题

广告标题是广告文案的主题,往往也是广告内容的诉求重点。它的作用在于吸引人们对广告的注目,留下印象,引起人们对广告内容的兴趣。只有当受众对标题产生兴趣时,才会阅读正文。广告标题的设计形式有:情报式、问答式、祈使式、新闻式、口号式、暗示式、提醒式等。广告标题撰写时要语言简明扼要、易懂易记、传递清楚、新颖个性。广告标题的文字数量一般在 12 个字以内为宜。

#### (二)广告副标题

广告副标题是广告方案的补充部分,起到点睛和补充的作用。

#### (三)广告正文

广告正文是对产品及服务,以客观的事实、具体的说明,来增加消费者的了解与认识,以理服人。广告正文的内容主要包括:提供商品(或厂商)的有关资料(包括历史、工艺、荣誉、效果等),以取得消费者的信赖;介绍该商品(或厂商)的特色,以引起消费者的兴趣;介绍该商品的使用方法或售后服务项目,以消除消费者的后顾之忧;提出建议,希望消费者能优先考虑购买该商品。

当然,并不是每一则广告正文都要面面俱到,它们可以有不同的侧重点。广告正文创作常见类型如下:

1. 简介体

简介体是简明扼要地介绍企业的情况、商品的性能特点、服务的风格特色等。这种表现形式的特点是客观、冷静、有条不紊,适合在文字较多的媒介上运用。

2. 新闻体

新闻体是在特定的广告版面、广告时间里,用新闻报道的形式,即通过新闻报道的写作笔法、特有的文体结构来写作广告正文。新闻体的写作具有两个基点:其一,必须以广告信息本身所具有的时效性和新闻价值为基础。其二,写作的表现方式必须是新闻表现才能达到新闻效果。

3. 分列体

分列体是把主要的广告信息分为若干项给予一一列举的表现形式,其特点是使广告受众在阅读中能够一目了然。

4. 公文体

公文体是采用公文的表现结构、特有形式进行正文的表现。特点是能给人以客观、严谨、公正的感觉,能提高广告信息的权威性和严肃性。也有用幽默的方式来处理的情形,以达到一种出其不意的效果。

5. 格式体

格式体是把商品的种类、单位、价格等各项用整齐的表格形式进行表现。这种广告写作方法多出现在手机、电脑等数码产品的广告中,不同型号对应不同价位。

6. 论说体

论说体是以论辩为主的广告正文表现形式,兼具说理性、逻辑性。以严密的逻辑思辨性和语言的严谨性取胜。以下情况多运用论说体:塑造观念形象时或推出一种消费新观念时。

7. 证言体

证言体是以消费者的语言或文字进行广告信息表现的广告正文形式。它让受众产生可亲、可信的感觉。例如:某品牌直营店加盟的广告采用加盟者讲述自己加盟后的成功经历的形式来表达广告诉求,从而吸引更多的人加盟。

8. 故事体

故事体是通过讲述一个与广告信息息息相关的故事来表现广告信息的正文形式。特点是情节引人入胜。

9. 诗歌体

诗歌体是以诗歌形式进行广告信息表现的正文形式,具有音韵美、形式美、语言美、意境美四大特征,适合表现产品的文化韵味和附加价值。

**10. 散文体**

散文体是以散文形式进行广告信息表现的正文形式。有诗的意味但无诗的严格形式和阳春白雪之感,较为平易、生活化。

**11. 歌曲体**

歌曲体是广告正文以歌曲表现的正文形式。在广播、电视等媒体中广泛运用。

**12. 名人推荐体**

名人推荐体是指名人在推荐广告中商品或谈他(她)对商品的评价和使用体验时所运用的文本形式。名人推荐体要求权威性、适人性。适人性指的是表述要适合名人本人的一贯特点。

**13. 相声体**

相声体是用相声表现的正文形式。相声形式生动、幽默和谐趣,短小精悍,令人记忆犹新。

**14. 对话体**

对话体是用对话表现的正文形式,其特征是生动活泼,自然朴实,产生场景感。

不论采用何种题材式样,都要抓住主要的信息来叙述,言简易懂。

**(四)广告随文**

广告随文又叫"附文",是对广告正文的有效补充,主要是将在广告正文的完整结构中无法表现的有关问题做一个必要的交代。一般出现在广告文案的结尾部分。

随文的内容包括购买商品或获得服务的方法;权威机构的证明标志、用于接听诉求对象反映的热线电话、网址、直接反映表格、特别说明、品牌(企业)名称与标志等。

**(五)广告口号**

广告口号是战略性的语言,目的是经过反复和相同的表现,以便明白它与其他企业精神的不同,使消费者掌握商品或服务的个性。这已成为推广商品不可或缺的要素。广告口号常有的形式:联想式、比喻式、许诺式、推理式、赞扬式、命令式。广告口号的撰写要注意简洁明了、语言明确、独创有趣、便于记忆、易读上口。

**三、要点**

1. 准确规范、点明主题。

2. 简明精炼、言简意赅。

3. 生动形象、表明创意。

4. 动听流畅、上口易记。

经典案例

## 案例(一)学业生涯

### "××黑芝麻糊"电视广告文稿

时间:约 20 世纪 30 年代的一个晚上
地点:江南小镇街巷
人物:小男孩、挑担卖芝麻糊的妇女、妇女的小女儿

遥远的年代,麻石小巷,天色近晚。一对挑担的母女向幽静的陋巷走去。(画外音,叫卖声):"黑芝麻糊哎——"(音乐起)。

深宅大院门前,一个小男孩用力拨开粗沉的樘栊,挤出门来,深吸住飘来的香气。(画外音,男声):"小时候,一听见黑芝麻糊的叫卖声,我就再也坐不住了……"。

担挑的一头,小姑娘头也不抬地站在瓦钵里研芝麻。另一头,卖芝麻糊的妇女热情地照顾食客。

(叠画)大锅里,浓稠的芝麻糊不断地滚腾。

小男孩搓住小手,神情迫不及待。

大铜勺被提得老高,往碗里倒芝麻糊。

(叠画)小男孩埋头猛吃,大碗几乎盖住了脸庞。

研芝麻的小姑娘投去别致的目光。镜头九:几名过路食客美美地吃着,妇女周边蒸腾着浓浓的香气。

在大人的背后,小男孩大模大样地将碗舔得干干净净(特写)。

小姑娘捂嘴讪笑起来。镜头十二:妇女爱怜地给小男孩添上一勺芝麻糊,悄悄地抹去他脸上的残糊。

小男孩默默地抬起头来,目光里似羞涩、似感激、似怀想……

(叠画)一阵烟雾擦过,字幕出(特写):"一股浓香,一缕温暖"。(画外音,男声):"一股浓香,一缕温暖。××黑芝麻糊"。

(叠画)产品标板。

推出字幕(特写):××黑芝麻糊广西南方儿童食品厂。

**分析点评**:这是一篇抒情散文式的电视广告。"一股浓香,一缕温暖",为 ×× 黑芝麻糊营造出一个"温馨"的氛围,深深地感染了每一位观众。每当人们看到 ×× 黑芝麻糊时,可能就会回忆起那片温情。这段经典广告,曾获得全国性广告设计大奖,它的定位就是情感销售:受

众与广告之间产生联动效应,并对该产品产生认同感、亲切感和温馨感。由此触发人们购买产品的欲望,并实施到商店去购买该商品的行动。它利用了人们的怀旧心理,调动了人们的情愫,广告宣传获得了巨大的成功,也由此获得了极高的品牌知名度。

## 案例(二)走向职场

### ×× 咖啡广告文案

广告标题:爱,就是深深地爱

文案正文:还记得第一次在铭典咖啡遇见了你 / 发现你简约而深邃 / 因此我喜欢上了你 / 就像回忆里第一次来 ×× 喝咖啡的感觉 / 淡淡地,却总也忘不掉 / 三年了,浪漫的 ×× 咖啡馆成就了我们的爱情 / 你,豪放、自信而细心 / 就像手中余热尚存的咖啡入口的感觉 / 浓浓地,进入我内心深处 / 回头看渐渐地走过的爱 / 无论是爱的酸甜苦辣 / 你都一直陪伴着我 / 就像生活里 ×× 咖啡一直陪伴着我一样 / 我少了咖啡 / 更少不了你 / 因为,爱——/ 就是深深地爱

**分析点评:**该文案以创意独特的形式取胜,画面感强,新颖突出,情感充沛,引起受众的共鸣,主题定位明确,贴合产品的买点。

## 实操训练

拓展链接

1. 下面是贝克啤酒的一则平面广告文案,请结合所学知识分析其成功之处。

题目:禁酒令

正文:

查生啤之新鲜,乃我酒民头等大事,新上市之贝克生啤,为确保酒民利益,严禁各经销商销售超过七日之贝克生啤,违者严惩,重罚十万元人民币。

2. 写作题

拥有自主形象"小 ××",主张简单生活,天然护肤。它相信天然的力量——汲取大自然的植物能量,为肌肤细胞充沛补水,给肌肤做减法,还原本真。

"小 ××"自然鲜颜素颜霜的产品调性是妆效自然,温和养肤。产品定位是为少女肌研制温和养肤的裸妆产品。核心卖点是萃取阿尔卑斯冰川水和 7 种复合植物,打造自然清透妆感的同时,深入补水,为肌肤补充多种营养和能量;自然素颜、滋润养肤、无需卸妆。

请为"小 ××"自然鲜颜素颜霜进行文案策划,广告标题、口号、正文、附文格式完整;正文字数不少于 200 字,文字风格不限。

# 调 查 报 告

## 一、概念

调查报告,就是根据调查、收集、记录、整理和分析市场对商品的需求状况以及与此有关的资料的文书。调查报告是调查人员以书面形式,反映调查内容及工作过程,并提供调查结论和建议的报告。调查报告是调查研究成果的集中体现,其撰写的好坏将直接影响到整个调查研究工作的成果质量。一份好的调查报告,能给企业的经营活动提供有效的导向作用,能为企业的决策提供客观依据。

调查报告可以从不同角度进行分类。按所涉及内容含量的多少,可以分为综合性调查报告和专题性调查报告;按调查对象的不同,可以分为关于市场供求情况的调查报告、关于产品情况的调查报告、关于消费者情况的市场调查报告、关于销售情况的调查报告以及有关市场竞争情况的调查报告;按表述手法的不同,可以分为陈述型调查报告和分析型调查报告。

## 二、格式

从严格意义上说,调查报告没有固定不变的格式。不同的调查报告写作,主要依据调查的目的、内容、结果以及主要用途来决定。但一般来说,各种调查报告在结构上都包括标题、导言、主体和结尾几个部分。

### (一)标题

调查报告的标题即调查的题目。标题必须准确揭示调查报告的主题思想。标题要简单明了、高度概括、题文相符。如《××市居民住宅消费需求调查报告》《关于化妆品市场调查报告》《××产品滞销的调查报告》等,这些标题都很简明,能吸引人。

### (二)导言

导言是调查报告的开头部分,一般说明调查的目的和意义,介绍调查工作基本概况,包括调查的时间、地点、内容和对象以及采用的调查方法、方式。这是比较常见的写法。也有调查报告在导言中,先写调查的结论是什么,或直接提出问题等,这种写法能增强读者阅读报告的兴趣。

### (三)主体

主体是调查报告中的主要内容,是表现调查报告主题的重要部分。这一部分的写作直接决定调查报告的质量高低和作用大小。主体部分要客观,全面阐述市场调查所获得的材料、数据,用它们来说明有关问题,得出有关结论;对有些问题、现象要做深入分析、评论等。总之,主体部分要善于运用材料,来表现调查的主题。

### (四)结尾

结尾主要是形成调查的基本结论,也就是对调查的结果做一个小结。有的调查报告还要提出对策措施,供有关决策者参考。

有的调查报告还设有附录。附录的内容一般是有关调查的统计图表、有关材料出处、参考文献等。

## 三、要点

1. 力求客观真实、实事求是。
2. 调查资料和观点要相统一。
3. 突出调查的目的。
4. 语言要简明、准确、易懂。

**经典案例**

## 案例(一)学业生涯

### 小学生上网情况调查报告

**一、调查目的**

随着科技的发展,上网也成了我们生活的一部分。然而,网络也给少年儿童带来了许多危害。网络对小学生的利弊到底如何呢? 为此,课题组特地做了一个小学生上网情况调查报告。

**二、调查对象和方法**

调查对象:某小学五年级 2 班全体同学。

调查方式:问卷调查和采访询问。调查表里面的问题涉及上网时间、上网内容等。

**三、调查结果**

调查对象中有 12% 的人从不上网,上网学生中有 58% 是男生,有 42% 是女生。男生上网 77% 都是在家上网;只有 23% 的人在网吧上网,而且有上通宵的现象。男生上网一般是玩游戏聊天,偶尔上网学习,查资料。女生都是在家上网,很少有超过 5 小时的,一般都是在网上聊天,查资料,没人玩游戏。从调查问卷中,可以看出:

1. 小学生上网的目的主要是玩游戏、交朋友、聊天,其次才是学习或查资料。

2. 学生上网时间一般选择在双休日、放学回家时,平均每星期上网时间为 2~3 小时,做到有节制与适度;但有 15% 的学生痴迷于网络之中,难以自拔,每星期上网时间至少 7 小时,几乎是天天想去。

3. 上网的经济来源。65%的费用是来自于父母给的零用钱或压岁钱,2.5%的是向同学借的,还有32.5%的,都是靠给别的同学抄作业,甚至向别人勒索而来。

**四、课题组建议**

网络是一把双刃剑,这就看我们如何利用。我建议同学们要正确、科学地上网,改掉以前那些不良的坏习惯,提倡上网学习的方式。建议有三点:

1. 科学上网。努力学习和掌握必备的网络科学知识,树立正确的上网观。充分运用现代网络优势,吸取知识,增长本领,丰富阅历。

2. 文明上网。严格遵从网络规则,恪守网上道德,不黑他人网站,不改他人网页,聊天讲文明,发帖遵法律,在虚拟世界里播撒文明之光。

3. 绿色上网。主动使用"××××"等绿色上网软件,自觉选择上网安全通道,正确把握上网时间和上网时段,严格屏蔽不良网站,确保个人的身心健康。

**分析点评:**这是某学生在对某学校学生进行了一定的调查后所完成的一份关于小学生上网情况的调查报告。这份调查报告标题由调查目的、调查对象和方法、调查结果及建议四个部分组成,内容充实、结构合理、分析透彻、中心突出,是一份合格的调查报告。

## 案例(二)走向职场

### ××市居民家庭饮食消费状况调查报告

为了深入了解本市居民家庭在酒类市场及餐饮类市场的消费情况,特进行此次调查。调查由本市某大学承担,调查时间是 2019 年 7 月至 8 月,调查方式为问卷式访问调查,本次调查选取的样本总数是 2 000 户。各项调查工作结束后,该大学将调查内容予以总结,其调查报告如下:

**一、调查对象的基本情况**

(一)样品类属情况。在有效样本户中,工人 320 户,占总数比例的 18.2%;农民 130 户,占总数比例的 7.4%;教师 200 户,占总数比例的 11.4%;机关干部 190 户,占总数比例的 10.8%;个体户 220 户,占总数比例的 12.5%;经理 150 户,占总数比例的 8.52%;科研人员 50 户,占总数比例的 2.84%;待业户 90 户,占总数比例的 5.1%;医生 20 户,占总数比例的 1.14%;其他 260 户,占总数比例的 14.77%。

(二)家庭收入情况……

**二、专门调查部分**

(一)酒类产品的消费情况

1. 白酒比红酒消费量大

分析其原因,一是白酒除了顾客自己消费以外,用于送礼的较多,而红酒主要用于自己消费;二是商家做广告也多数是给白酒做广告,给红酒做广告的很少。这直接导致白酒的市场大于红酒的市场。

2. 白酒消费多元化

(1) 从买白酒的用途来看……

(2) 购买因素比较鲜明……

(3) 顾客忠诚度调查表明……

(4) 动因分析……

(二) 饮食类产品的消费情况

本次调查主要针对一些饮食消费场所和消费者比较喜欢的饮食进行,调查表明,消费有以下几个重要特点。

1. 消费者认为最好的饭店不是最佳选择,而最常去的饭店往往又不是最好的饭店……

2. 消费者大多选择在自己工作或住所的周围,有一定的区域性……

3. 消费者追求时尚消费……

4. 近年来,海鲜与火锅成为市民饮食市场的两个亮点,市场潜力很大,目前的消费量也很大……

### 三、结论和建议

(一) 结论

1. 本市的居民消费水平还不算太高,属于中等消费水平,相当一部分居民没有达到小康水平。

2. 居民在酒类产品消费上主要是用于自己消费,并且以白酒居多,红酒的消费比较少。用于个人消费的酒品,无论是白酒还是红酒,其品牌以家乡酒为主。

3. 消费者在买酒时多注重酒的价格、质量、包装和宣传,也有相当一部分消费者持无所谓的态度。对新牌子的酒认知度较高。

4. 在饭店内的消费,主要集中在中档消费水平上,火锅和海鲜的消费潜力较大,并且已经有相当大的消费市场。

(二) 建议

1. 商家在组织货品时要根据市场的变化制定相应的营销策略。

2. 对消费者较多选择本地酒的情况,政府和商家应采取积极措施引导消费者的消费,实现城市消费的良性循环。

**分析点评:**这份调查报告标题由调查范围、调查内容和文种组成,简明扼要,一目了然。前言部分简要介绍调查的目的、承担调查的部门、调查的时间、调查的方式和调查抽样的数量,并用"各项调查工作结束后,该大学将调查内容予以总结,其调查报告如下"一句话引领下文。正文部分采用条块式来谋篇布局,分别叙述了"调查对象的基本情况",介绍了"专门调查部分"的具体内容并表明了作者的"结论和建议",每一部分又分成若干方面来叙述说明。结尾采用自然结束的方式。全文结构完整,格式规范,思路清晰,条理分明,中心突出,详略得当。

拓展链接

**实操训练**

根据下述材料,撰写一篇调查报告。

中国饮料协会统计报告显示,国内果汁及果汁饮料实际产量超过百万吨,同比增长33.1%,市场渗透率达36.5%,居饮料行业第四位,但国内果汁人均年消费量仅为1千克,为世界果汁平均消费水平的1/7,西欧国家平均消费量的1/4,市场需求潜力巨大。

我国水果资源丰富,其中,苹果产量世界第一,柑橘产量世界第三,梨、桃等产量居世界前列。据权威机构预测,到2005年,我国预计果汁产量可达150万~160万吨,人均果汁年消费量达1.2千克左右。2015年,预计果汁产量达195万~240万吨,人均年消费量达1.5千克。

近日,我公司对××市果汁饮料市场进行了一次市场调查,根据统计数据,我们对调查结果进行了简要的分析。

追求绿色、天然、营养成为消费者和果汁饮料的主要目的。品种多、口味多是果汁饮料行业的显著特点,据××市场调查显示,每家大型超市内,果汁饮料的品种都在120种左右,厂家达十几家,竞争十分激烈,果汁的品质及创新成为果汁企业获利的关键因素,品牌果汁饮料的淡旺季销量无明显区分。

目标消费群——调查显示,在选择果汁饮料的消费群中,15~24岁年龄段占了34.3%,25~34岁年龄段占了28.4%,其中,又以女性消费者居多。

影响购买因素——口味:酸甜的味道销得最好,低糖营养性果汁饮品是市场需求的主流;包装:家庭消费首选750毫升和1升装的塑料瓶大包装;260毫升的小瓶装和利乐包为即买即饮或旅游时的首选;礼品装是家庭送礼时的选择;新颖别致的杯型因喝完饮料后瓶子可当茶杯用,所以也影响了部分消费者购买决定。

饮料种类选择习惯——71.2%的消费者表示不会仅限于一种饮料,会喝多种饮料;有什么喝什么占了20.5%;表示就喝一种饮料占8.3%。

品牌选择习惯——调查显示,习惯于多品牌选择的消费者有54.6%;习惯性单品牌选择的有13.1%;因品牌忠诚性做出单品牌选择的有14.2%;价格导向占据了2.5%;追求方便的比例为15.5%。

饮料品牌认知渠道——广告:75.4%;自己喝过才知道:58.4%;卖饮料的地方:24.5%;亲友介绍:11.1%。

购买渠道选择——在超市购买:61.3%;随时购买:2.5%;个体商店购买:28.4%;批发市场:2.5%;大中型商场:5.4%;酒店、快餐厅等餐饮场所也具有较大的购买潜力。

一次购买量——选择喝多少就买多少的有62.4%;选择一次性批发很多的有7.6%;会多买一点存着的有29.9%。

# 通　　知

## 一、概念

### （一）通知的概念和作用

通知是批转下级机关公文，转发上级机关和不相隶属机关的公文，传达要求下级机关办理和有关单位需要周知或执行的事项，任免人员时使用的公文。

在国家行政机关、人民团体、企业和事业单位的公务活动中，通知起着承接上下、联系内外的多方面的作用。通知可以用于传达上级机关的指示，可以用于要求下级机关办理某一事项，也可以用于告知下级机关需要知道的事项，因此，具有"传达"和"领导"的作用。通知又可以作为批转下级机关的公文，也可以作为转发上级机关、同级机关和不相隶属机关的公文，因此，又具有"桥梁"和"纽带"的作用。通知在发挥上述四种作用的同时，又必然地具有"记载和凭证"的作用。但是，在多种用途中，通知的主要用途在于"传达"和"告知"。

### （二）通知的特点

1. 应用广泛，使用频率高

在所有公文中，通知是使用最广泛的。首先，任何一级政府机关、企事业单位、群众团体，均可制发通知，不受机关或组织性质、级别的限制。其次，无论是上级领导机关的重要决策，还是日常的行政工作，都可以使用通知。通知不受内容轻重繁简的限制，比较灵活、实用。

因为通知适用范围广泛，行文简便，写法多样，所以在现行公文中使用频率最高。

2. 内容简单，行文简便

一则通知一般只布置或通报一项工作事项，对写作的格式无严格要求，与其他指令性公文相比较，显得灵活简便。

3. 具有执行性

通知多用于下行文，其内容是要求下属单位予以执行或办理的事项，如用于布置工作，用于转发或批转公文，要求所属单位予以学习讨论和执行、办理。

### （三）通知的种类

1. 指示性通知

指示性通知主要用于传达上级机关的决定或指示；部署需要执行与办理的一般性工作或具体事项；上级主管部门向下级主管部门指导业务事项；一般基层单位布置具体工作等。

2. 事务性通知

事务性通知主要用于将最近决定的有关事项知照受文单位,如机构的设立及撤销,机关单位隶属关系变更等。

3. 会议性通知

会议性通知是召开比较重要的会议之前,把有关事项告知给有关单位和人员时使用的通知。

4. 发布性通知

发布性通知是上级机关发布一般行政法规、条例、办法等公文时所用的通知。

5. 批转性通知

上级部门的批示需要执行,或者下级部门的情况可供相关部门借鉴,常用"转发""批转"等类型的通知。常见的批转性通知有三种情况:

(1) 用于批转下级机关公文,通称"批转性通知";

(2) 用于转发上级机关、同级机关和不相隶属机关的公文,通称"转发性通知";

(3) 印发有关的文件材料,如领导人讲话、本机关的工作计划和工作总结等,通称"印发性通知"。此类通知与发布性通知相同,其后均有被批转、转发和印发的原文作为附件。

6. 任免性通知

上级机关在任免下级机关的领导人或上级机关的有关任免事项需要下级机关知道时,要发任免通知。

## 二、格式

通知的结构具有行政公文的基本要素,虽然通知的种类很多,各有差异,但一般都是由标题、主送机关、正文、落款和发文日期四部分组成。

### (一) 标题

通知的标题一般有两种写法:一是完全式标题,即由发文机关、事由和文种构成,如《国务院关于清理检查"小金库"的通知》;二是由事由和文种构成,如某大学教务处发的《关于做好期中教学检查工作的通知》。如果通知的内容紧急,可在标题中"通知"两字前加上"紧急"两字,如《湖北省人民政府关于抗洪救灾的紧急通知》。

### (二) 主送机关

通知通常有特定的受文者,要标明主送机关。

### (三) 正文

通知的正文一般包括通知缘由、通知事项、通知要求三部分。不同种类的通知正文写法不完全相同。

指示性通知的正文,其缘由部分可以写发出本通知的依据和目的,也可以写发出本通知的意义,文字应力求简短概括,然后用"特作如下通知"或"特通知如下"转入通知的内容。通知的事项大多分条列项地写,具体地提出要求、措施和办法。指示要明确,要切合实际。

事务性通知的正文,其缘由部分简要说明缘由、依据、目的,主体部分将需要讲述或说明的事项写清楚,结语一般用程式化用语"特此通知"结束全文。

会议性通知的正文,一般包括召开会议的机关、会议名称、会议起止时间、会议地点、会议内容和任务、参加会议人员的条件和人数、报到时间及地点、与会人员所携带的文件材料等内容。

发布性通知的正文都很简短,只需写明发布的意义和目的,提出执行的要求就可以了。

批转性通知的正文一般包括转发对象和批示意见两个部分。转发对象部分要写明被转发的公文的名称及原发单位名称。批示意见根据实际情况,可长可短。不仅要表明本机关的态度,还要结合本地区、本单位、本部门的实际情况做出具体的指示性意见。对下级机关要求的通常用语,有"参照执行""遵照执行""研究执行""认真贯彻执行"等不同的提法。要根据所批转或转发文件的具体情况,选择合适的词语。

任免性通知的正文,要写清决定任免的时间、机关、会议或依据文件以及任免人员的具体职务。

**（四）落款和发文日期**

通知落款的写法,与其他公文落款的格式基本相同。如果发文机关的名称在标题中已经写明,正文之后也可以不写落款,但应加盖机关印章。发文日期可写在全文末尾的右下方,有的也可以提前,置于标题之下。

### 三、要点

1. 主题集中,重点突出。
2. 措施具体,提高效率。
3. 注重时效,不误时机。

**经典案例**

## 案例（一）学业生涯

**河南 ×× 学院关于做好 2016—2017 学年第二学期**
**团委推优和第二十四期业余党校有关工作的通知**

各团总支:

推荐优秀团员作为入党积极分子是培养造就中国特色社会主义事业建设者和接班人,加强党员队伍建设,充实党的新生力量的需要,也是激发广大团员青年的政治热情,增强共青团组织的吸引力和凝聚力的需要。为做好 2016—2017 学年第二学期团委推优工作,现将具体办法通知如下。

**一、指导思想**

用马列主义、毛泽东思想、邓小平理论、"三个代表"重要思想构筑团员青年的精神支柱,深入贯彻落实科学发展观,带领团员青年树立起坚定的共产主义理想和信念,担负起党赋予共青团的光荣使命。推荐优秀团员作为党的培养对象,是培养造就社会主义事业接班人,加强党员队伍建设,充实党的新生力量的需要。

**二、"推优"候选人基本条件**

1. 热爱党、热爱祖国、热爱人民,坚决拥护党的方针、政策和决定。积极参加各类政治学习活动和班级团支部的团日活动,认真学习马列主义、毛泽东思想、邓小平理论、"三个代表"重要思想,深入贯彻落实科学发展观,努力提高自身的政治理论素质。

2. 提出入党申请书满三个月的团员。

3. 能积极主动地参加各项团活动并完成组织布置的任务,关心集体,团结同学,在同学中起到先锋模范作用,至少获得一项院级及院级以上荣誉或奖项,并有良好的群众基础,群众支持率不低于 50%。

4. 遵纪守法,敢于同各种不良现象作斗争,敢于进行批评和自我批评,无违纪违规行为,无处分和其他不良记录,宿舍文明创建不低于两星级。

5. 专业思想稳定,学习态度端正,学习努力,学习成绩良好,目前所学科目均达到及格标准,学业积分不低于 50 分,学业积分在班级排名前 60%,表现积分不低于 18 分,荣誉积分在班级排名前 60%,能顺利完成学业,预期能按时毕业。

6. 在同等条件下,担任各级团组织和学生会部门干部且工作成绩突出的团员,以及获得院级以上荣誉的团员应予优先考虑。

**三、推优比例和培训时间**

1. 各系推优名额:(略)。

2. 院级学生组织名额分配如下:(略)。

3. 推优名单提交时间:(略)。

4. 培训时间:2017 年 3 月 6 日—3 月 13 日。

5. 考试时间:2017 年 3 月 21 日。

**四、筛选参加业余党校人员办法**

1. 本次推优人员筛选参加业余党校人员办法:一是日常考核和公示接受学生监督,对于不符合条件的直接淘汰;二是经过培训后进行《党章》的考试,根据考试结果进行筛选。考试筛选办法如下:以支部为单位,依据各支部考试平均成绩,平均分最高的两个支部淘汰 25% 人员,平均分最低的两个支部淘汰 35% 人员,其他支部淘汰 30% 人员。

2. 参加了第二十三期业余党校预备班未及格学员筛选参加业余党校人员办法:参加了第二十三期业余党校预备班未及格学员经表现积分、学业积分及排名、宿舍文明创建等条件审核合格者,直接参加第二十四期业余党校预备班。

3. 参加了第二十三期业余党校但是考试不合格者经表现积分、学业积分及排名、宿舍文明创建等条件审核合格者,直接参加第二十四期业余党校。

**五、培训要求及规定**

1. 学员必须完整认真地学完规定教材的全部内容,坚持听完全部辅导讲座,做好笔记。经学院党委组织部统一组织考试,成绩合格,准予结业,发给第二十三期业余党校结业证书,同时填写入党积极分子鉴定表,装入本人档案。

2. 学员要安排好自学时间,做好学习笔记;积极参加辅导讲座,专心听讲,勤于思考。考试成绩不及格者,不颁发结业证。

3. 按时到课,各支部选出一名学生作为该支部组长,认真负责考勤工作,开课前提前到达上课地点并对号入座,由院团委人力资源部进行考勤。原则上培训期间不准请假,凡缺勤两个讲座的学员,取消培训班学员资格。

4. 各组组长负责收齐本组学员一寸彩色免冠照片一张,进行办理听课证。

希望各团总支做好本支部入党推优报名、审核推荐和业余党校报名工作。

共青团河南××学院委员会

2017 年 2 月 17 日

**分析点评**:这是一篇非常标准、格式完整的指示性通知,主要是安排团员推优和业余党校工作。这份通知开篇简要介绍了推优的意义,然后按照推优指导思想、推优条件、推优名额分配及时间要求、业余党校学员筛选办法四个方面对工作进行了详细安排,各部门内容详细具体,内容准确,传递信息清楚明了,是一篇不错的范文。

## 案例(二)走向职场

### 关于召开 2020 年文秘专业国家教学资源库建设第一次线上推进会的通知

各相关院校:

2019 年 3 月,××学院联合××学院、××学院,以及来自于全国数十家院校与企业,共同申请建设××国家资源库。在前期相关院校、企业通力合作之下,××国家资源库已经通过教育部正式立项。正式建设期为 2020—2021 年,2020 年为资源库建设启动之年。

2020 年的突发疫情,让资源库建设遇到了很多困难。现在疫情逐步受到控制,为了让资源库的建设能有序、高效的推进,××学院、××学院、××学院将牵头召开"××专业国家教学资源库线上推进会"。会议诚邀职业教育国家资源库建设专家、××专委会领导、各高校××专业教育专家及相关企业一线专家参会,深入研讨××专业资源建设与利用的相关问题,切实推进××专业国家教学资源库的各项建设。

**一、会议议题**

1. 专家讲座;

2. ××资源库建设情况报告;

3. ××资源库建设与要求交流。

**二、会议具体事宜**

1. 会议时间:2020 年 6 月 5 日全天;

2. 会议形式:腾讯会议平台线上会议;

3. 会议参与人员:资源库专家、主持院校领导、各子项目负责人。

本次会议采取线上形式,请相关院校事先做好互联网和软件调试,保证会议圆满完成。

××学院　××学院　××学院

2020 年 5 月 28 日

**分析点评**:这是一篇会议性通知。会议性通知又大体可以分为两类,其中一类是带有一定的行政指令或者是职责、义务要求的会议通知,收文单位和个人接收到通知后,会按照会议通知要求按时参加会议,这类会议通知要将会议重要性、会议价值等方面介绍清楚,同时,为保证会议筹备工作的顺利进行,一般还要求发送参会回执。这是将来员工在企业工作岗位上经常会遇到的一类会议通知。

**实操训练**

拓展链接

根据下列材料,写一份会议通知。

河南省行政管理研究会决定于 2019 年 11 月 8 日至 12 日在郑州市召开一年一度的年会,于 10 月 15 日发出会议通知。会议的内容:研究和探讨当前行政管理学的学术问题和热点问题。全省行政管理研究会的会员均可参加。11 月 7 日报到。报到和开会地点:华天大酒店。要求与会者于会前半个月交来相关学术论文一篇。会务费自理。

# 模块三  求职创业文书写作

## 求 职 材 料

**文种要义**

求职材料一般包括求职信及简历等。

### 一、概念

求职信是求职者本着求职目的向有关单位介绍自身情况、展示实力、求取重视和面试机会的专用书信。

求职简历是一个人所从事过的工作和与工作有关的情况的综合描述。简历的作用与求职信的作用是一致的。简历在求职信的基础上进一步显示求职者的工作实力,表明自己是"最合适人选"的意旨。

### 二、格式

#### (一) 求职信的格式

求职信通常由标题、称谓、开头语、正文、结尾、署名、日期、附件等部分构成。

1. 标题

标题是求职信的眉目,居中写明"求职信"。

2. 称谓

写给用人单位的人事部门或直接写给单位负责人,注意称谓要做到礼貌、得体。

如用人单位明确,可直接写明单位名称,如"尊敬的 ×× 公司人事部""尊敬的 ×× 公司王经理"。如用人单位不确定,称谓可写"尊敬的公司人事部领导""尊敬的总经理先生"等。

3. 开头语

先写问候语"您好",表示礼貌、尊敬。再写求职人的自我简介或用人信息的获得渠道。如"我叫 ×××,是 ×× 大学工商管理系 ×× 专业的应届毕业生"。又如"近从省人才市场获悉贵公司拟招聘 ×× 专业人才 × 名,这给我提供施展自己智慧和才能的机遇"。开头语表述应简洁明确、干脆利落,不宜过多过长。

4. 正文

正文是求职信的核心部分。

首先,详细介绍自己的专业优势,即学习的主要专业课程,参加的专业实践活动及在院各类专业竞赛中的获奖情况等,要充分展示自己在专业方面的突出成绩,使自己在众多应聘者中出类拔萃。

其次,介绍自己的工作能力及爱好特长,包括自己在院期间担任学生会、班级的主要干部职务,在各类活动中的组织能力、人际交往能力、口才表达能力等。个人的兴趣、爱好及特长也是竞争的优势。

再次,如果用人单位明确,可以谈谈对企业的认识、了解,表达迫切要求工作的愿望及录用后的打算。如"贵厂是闻名遐迩的中外合资企业,总经理知人善用,重视人才,我非常愿意并渴望到贵厂工作,并愿为贵厂的兴旺发达贡献自己的知识与才华"。撰写这部分内容时,要力求简明,注意扬长避短,突出自己的优势与长处。

5. 结尾

结尾再次表达求职的愿望,希望获得机遇,起到吸引和打动对方的作用。如可写"希望给予面试的机会""热切地盼望着贵公司给予答复"等,也可写礼貌用语"此致""敬礼"。

6. 署名、日期

署上求职者的姓名、日期。

7. 附件

附件是指荣誉证书等的复印件。

**(二) 求职简历的内容**

简历包括个人基本信息、职业或工作目标、资历简介及能力描述、教育背景、工作经历等内容。

1. 个人基本信息

这部分内容一般写在简历顶端,包括姓名、地址、电话号码、电子信箱等。地址后面要写清邮编,电话应能随时接听,电子信箱要随时查看。对于一般求职者来讲,还应该填写性别、出生日期、籍贯、民族、政治面貌等内容。

2. 职业或工作目标

职业或工作目标要明确、具体,要避免"全面"型目标、工种相距较远和高低反差过大的目标,如"高校教师"和"班级辅导员"差距就很大,两者并列至少不利于找到高校教师的工作。同时,职业或工作目标要与聘用者意愿一致,这样才能有希望被录用。

3. 资历简介及能力描述

这部分内容主要针对求职岗位所做的自我条件总述,包括学历资格、专业证书资格、工作经历资格及相关能力等方面的介绍。如一位即将毕业的法学硕士应聘高校法学院教师的资历简介为:"法学硕士,律师资格证,全国高校教师资格证,三年律师事务所专业工作经验,普通话一级乙等证书,演讲赛获奖,口才能力优异。"这些资历和能力简介能给人以清晰的总体印象。

4. 教育背景

这部分内容是简述所受教育经历的,一般从大中专阶段开始,也可附加培训、进修内容。

5. 工作经历

工作经历包括工作单位、岗位或职务、具体任务或职责、重要业绩、起止时间等内容,可以视情况详写或略写。大学生可写社会实践和实习经历。

6. 综合素质

综合素质包括在校任职和参加各类社团和活动。

7. 成果

诸如发表论文、出版的著作、专利发明、项目研究等都可列在成果部分。

8. 荣誉

荣誉为获得的表彰和奖励情况。

9. 其他

有些简历附加有"自我评价",这是因为前面没有"资历概述",整体内容静态罗列,能力展示不够,有些内容诸如品质、性格前面无机会展示。有些简历加有"性格、爱好、特长"等部分内容。诸如家庭情况等各类有必要说明的内容可列在此项。

如果确有必要,简历后可附加身份重要的人物的正规推荐信,但不要用表格填写式的推荐。

### 三、要点

1. 内容客观真实。
2. 语言简洁精练。
3. 语气诚挚恳切。
4. 段落结构完整。

**经典案例**

## 案例(一)学业生涯

**自 荐 信**

尊敬的学生处老师:

非常感谢你们能在百忙之中阅读本人的自荐材料。

我叫李××,来自××班,我自荐的学生会职务是学习部干事。

我对学生会工作有着浓厚的兴趣,而兴趣是从事一项工作的动力源泉,正是因为兴趣的指引,我鼓起了勇气向学生会进行自荐。在同学们的支持下,本人有幸在班里担任过班长。曾多次参与班级活动的组织。工作中,积极出谋划策,为同学服务,极大地培养了我的自身能力。

我想要加入的学生会部门，需要很强的个人能力和办事效率，是一个比较富有挑战性的工作，会对我造成很大的压力，但是我本人性格开朗，做事果断，头脑灵活，而且喜欢有挑战性的工作，尽管在这之前没有类似的工作经验，但我有信心、有决心面对新形势的挑战。

如果我有幸自荐成功，我将积极做好学生学习情况调查，迅速反馈学生意见，服务学院制度决策，尽我最大的努力做好自己的本职工作，团结和帮助广大同学，支持学校的各项组织工作。在更好地为同学服务的同时，相信我能在新的岗位上得到更多的锻炼，体现出一名大学生应该具备的综合素质，做到巾帼不让须眉！

当然，有很多同学比我更出色，比我更胜任学习部一职，如果我应聘不成功，我也会继续努力，因为有竞争才有提高，有提高才有发展。

此致

敬礼！

××班　李××

××××年××月××日

**分析点评：**这是一份"基本款"的求职信。开篇介绍了"我是谁，我想竞选什么"，接着介绍个人优势，重点规划任职打算，最后是表态，语言恳切，条理清晰，段落合理，把基本的内容清楚地表现出来了，适合借鉴。

## 案例(二) 走向职场

求 职 信

王经理：

您好！我是一名即将毕业的广州××学院的学生，非常高兴在××人才网和我们的校园网站上看到××通信广东分公司的招聘信息，特别是看到广州分公司也在其中，如果能在自己的家乡参加应聘，我必定是非常幸运的。

但是您必定有疑虑，因为我的专业是旅游酒店管理，却想应聘市场营销！关于这个问题，我想进行如下阐明：

第一，在学科知识上我并不逊于市场营销专业。我们的专业除了学习市场营销的一系列课程外，还专注于消费者心理的研究，正如移动所说"沟通从心开端"，把握消费者心理对于营销策划更为重要。另外，我还广泛浏览了从《定位》到《虔诚的价值》等众多营销领域经典著作。

第二，市场营销中许多具有艺术性、技巧性和因地制宜的内容，都不局限于从书上获得，大卫·奥格威在成为广告教父之前是一个被牛津退学的愁闷厨师，策划狂人史玉柱也不过是一个整天盘算数学方程式的学生。在这点上，我已经在学习成绩上证明了我的禀赋，我的营销案例分析课程获得全院最高分95分，而且从简历中您能够看到，我曾经成功地参与了企业的策划活动。

在贵公司的通信业务中，我很中意12580移动秘书服务，我认为这是一个设计得非常好的增值服务,工作人士以及像我们这样正在找工作的大学生就非常需要此项服务。最关键的问题是如何推广给顾客!假如我有幸能够入职移动公司,我会采用如下的方法进行推广:

首先,在大学校园设立咨询台进行推广。我们可以接洽学校的就业辅导中心,强调我们这项服务可以赞助大学生不错过任何一家企业的面试通知,那么很可能学校会免费供给场地让我们做宣传。

其次,免费免操作为顾客供给半个月的 12580 移动秘书服务。所谓免操作,是指顾客不需要到营业厅办理,不需要自己打 1860 开通,也不需要设立密码,一切都和短信息一样,是自行开通的!顾客对于任何一项服务都是非常非常怕麻烦的,所以我们要把服务做到"零"麻烦!当顾客已经习惯这项服务时,我们就可以请求顾客打电话开通此项业务了!

当然,目前我对于移动的业务完全是门外汉,您可能会对我的幼稚哑然失笑,不过,我只是想让您了解我对通信业务的热情和爱好!同时我相信自己能够为 ×× 通信广州分公司的壮大添砖加瓦,和 ×× 通信的新广告词一样,"我能"!

感谢您的浏览,忠心期待您的回复。同时祝您身体健康,一切顺意!

×× 学院　郑 ××

2017 年 4 月 15 日

**附件:**

个人简历

| 姓　　名 | 郑 ×× | 性　　别 | 女 | 民　　族 | 汉 | 照片 |
|---|---|---|---|---|---|---|
| 政治面貌 | 团员 | 出生年月 | 1986.09 | 婚姻状况 | 未婚 | |
| 籍　　贯 | 广东省 × 市 × 县 × 村 | | | 求职意向 | 移动秘书服务 | |
| 联系电话 | ××××××××× | | 电子邮箱 | | ××××@sina.com | |
| 毕业院校 | | 所学专业 | | 毕业时间 | | 学历 |
| ×× 学院 | | 酒店管理专业 | | 2017.07 | | 大专 |
| 学　习　经　历 | | | | | | |
| 时　　间 | | 学习单位 | | 主要学习情况 | | |
| 2011.09—2014.07 | | × 县 × 高中 | | 担任班长 | | |
| 2014.09—2017.07 | | ×× 学院 | | 学生会主席 | | |
| 工　作　经　历 | | | | | | |
| 2015 年至 2016 年暑假 | | 暑假在 ×× 公司办公室担任文员助理 | | | | |
| 获得荣誉 | | 2015—2016 年度优秀班干部 | | | | |
| | | 2016 年暑假"优秀实习生" | | | | |
| 自我评价 | | 踏实肯干、兢兢业业、吃苦耐劳 | | | | |

　　**分析点评:**这是一份别出心裁的求职材料,尤其是求职信自曝其短、先抑后扬,起到"后来居上"的效果。意思是说虽然我学的不是市场营销专业,但是我的知识结构和经验比那些专业对口的学生强多了。这是写作上常用的手法,叫"先抑后扬"。还拿出最有利的证据就是自己的学分,而且是比别的同学都高的学分。最后以模拟工作的方法来展现自己对该职位的认识,尽管方案未必能够行得通,但是充分地展现了自己对移动的关注和真诚。语言真诚,以祝福对方的情势收尾。个人简历是求职信的补充。

## 实操训练

拓展链接

　　1. 阅读下面一封求职信,完成后面的练习。

尊敬的 ×× 公司李总经理:

　　当我即将毕业走向工作岗位,四处奔波而找不到一份可以让我施展才华的工作时,突然听到我王某某阿姨(在贵公司财务处上班)说贵公司有招聘信息。我现应聘贵公司技术部经理或公关经理一职。

　　我是 ×× 学院 ×× 专业的专科生,现已学完全部课程,学习成绩优秀,各门功课平均成绩在 80 分以上(成绩表复印件附后),曾担任系学生会学习委员,工作认真负责,曾被学校学生会评为优秀学生会干部(荣誉证书复印件附后)。我有广泛的爱好,在书法、足球方面尤有特长,是系足球队队长。身体健康,能够从事重体力劳动。我善于处理人际关系,大学四年,所有同学都对我竖起大拇指。

　　我应聘贵公司的职务,主要目的是想干一番事业,并不计较福利待遇和个人得失。我研究贵公司的背景材料,发现贵公司符合我的要求,有一套独特的经营管理之道,在实行过程中,虽然难免有不完善之处,但只要让我加入进来,再不断总结经验教训,就能逐渐形成贵公司的经营管理特色。我在学校辅修经济管理专业,在这方面有自己成熟的思路,盼望能有一个付诸实践的机会。这也是我向贵公司应聘的原因之一。如能如愿以偿,我将努力勤奋工作,在本职岗位上创造出骄人的业绩。我坚信您是不会失望的,给我一个杠杆,我可以撬起一个地球。李总经理,给我一个机会吧,我将会使贵公司锦上添花。

　　想用我,就在 × 月 × 日前给我答复。

　　此致

敬礼!

×× 学院 ×× 系:××

2017 年 4 月 18 日

这份求职信在语气等各方面均存在问题,请按照求职信的写法进行修改。

　　2. 根据个人实际情况制作一份个人求职材料。

# 创业规划书

## 一、概念

创业规划书是创业者计划创立的业务的书面摘要,是创业者叩响投资者大门的"敲门砖",一份优秀的创业规划书往往会使创业者达到事半功倍的效果。

## 二、格式

一般来说,在创业规划书中应该包括创业的种类、资金规划及基金来源、资金总额分配比例、阶段目标、财务预估、营销策略、可能风险评估、创业动机、股东名册、预定员工人数,具体内容如下。

### (一) 封面

封面的设计要有审美性和艺术性,一个好的封面会使阅读者产生最初的好感,形成良好的第一印象。

### (二) 摘要

摘要浓缩了创业规划书的精华。规划摘要涵盖规划的要点,以求一目了然,以便读者能在最短的时间内评审并做出判断。摘要尽量简明、生动。特别要说明自身企业的不同之处以及企业获取成功的市场因素。

### (三) 具体内容

1. 企业介绍

这部分的目的不是描述整个规划,也不是提供另外一个概要,而是对你的公司做出介绍,因而重点是你的公司理念和如何制定公司的战略目标。

2. 行业分析

在行业分析中,应该正确评价所选行业的基本特点、竞争状况以及未来的发展趋势等内容。

关于行业分析的典型问题:

(1) 该行业发展程度如何? 现在的发展动态如何?

(2) 创新和技术进步在该行业扮演着一个怎样的角色?

(3) 该行业的总销售额有多少? 总收入为多少? 发展趋势怎样?

(4) 价格趋向如何?

(5) 经济发展对该行业的影响程度如何？政府是如何影响该行业的？

(6) 是什么因素决定着它的发展？

(7) 竞争的本质是什么？你将采取什么样的战略？

(8) 进入该行业的障碍是什么？你将如何克服？该行业典型的回报率有多少？

3. 产品（服务）介绍

产品介绍应包括以下内容：

(1) 产品的概念、性能及特性；

(2) 主要产品介绍；

(3) 产品的市场竞争力；

(4) 产品的研究和开发过程；

(5) 发展新产品的计划和成本分析；

(6) 产品的市场前景预测；

(7) 产品的品牌和专利等。

在产品（服务）介绍部分，要对产品（服务）做出详细的说明，说明要准确，也要通俗易懂，要让非专业投资者也能明白。一般地，产品介绍都要附上产品原型、照片或其他介绍。

4. 人员及组织结构

在企业的生产活动中，存在着人力资源管理、技术管理、财务管理、作业管理、产品管理等。而人力资源管理是其中很重要的一个环节。因为社会发展到今天，人已经成为最宝贵的资源，这是由人的主动性和创造性决定的。企业要管理好这种资源，要遵循科学的原则和方法。

在创业规划书中，必须要对主要管理人员加以阐明，介绍他们所具有的能力，他们在本企业中的职务和责任，他们过去的详细经历及背景。此外，在这部分创业规划书中，还应对公司结构做一简要介绍，包括：公司的组织机构图；各部门的功能与责任；各部门的负责人及主要成员；公司的报酬体系；公司的股东名单，包括认股权、比例和特权；公司的董事会成员；各位董事的背景资料。

经验和过去的成功比学位更有说服力。如果你准备把一个特别重要的位置留给一个没有经验的人，你一定要给出充分的理由。

5. 市场预测

市场预测应包括以下内容：

(1) 需求预测；

(2) 市场预测现状；

(3) 竞争厂商概览；

(4) 目标顾客和目标市场；

(5) 本企业产品的市场地位等。

6. 营销策略

对市场错误的认识是企业经营失败的最主要原因之一。

在创业规划书中,营销策略应包括以下内容:

(1) 市场机构和营销渠道的选择;

(2) 营销队伍和管理;

(3) 促销计划和广告策略;

(4) 价格决策。

### 7. 制造规划

创业规划书中的生产制造计划应包括以下内容:

(1) 产品制造和技术设备现状;

(2) 新产品投产计划;

(3) 技术提升和设备更新的要求;

(4) 质量控制和质量改进计划。

### 8. 财务规划

财务规划一般要包括以下内容:

现金流量表、资产负债表以及损益表的制备,这是重点内容。

流动资金是企业的生命线,因此企业在初创或扩张时,对流动资金需要预先有周详的计划和进行过程中的严格控制。

损益表反映的是企业的盈利状况,它是企业在一段时间运作后的经营结果;资产负债表则反映了某一时刻的企业状况,投资者可以用资产负债表中的数据得到的比率指标来衡量企业的经营状况以及可能的投资回报率。

### 9. 风险与风险管理

(1) 你的公司在市场、竞争和技术方面都有哪些基本的风险?

(2) 你准备怎样应付这些风险?

(3) 就你看来,你的公司还有一些什么样的附加机会?

(4) 在你的资本基础上如何进行扩展?

(5) 在最好和最坏情形下,你的五年计划表现如何?

如果你的估计不那么准确,应该估计出你的误差范围到底有多大。如果可能的话,对你的关键性参数做最好和最坏的设定。

## 三、要点

1. 结构要安排合理。

2. 内容要客观真实。

3. 语言要通俗易懂。

经典案例

## 案例(一)学业生涯

### "晨曦早教"创业规划书

1. 背景

社会竞争的激烈、社会就业压力的不断增大、家庭收入的增长、家长对婴幼儿科学教育意识的觉醒、现有保育和教育机构的空白,每一根属于这个时代的纤维交织成了一个"旭日东升"的早期教育市场。我们依托专业的心理教育团队,为 1~5 岁宝宝的家庭提供个性化的心理以及教育服务……

2. 行业分析

早期教育,是指孩子在 0~6 岁这个阶段,根据孩子生理和心理发展的特点以及敏感期的发展特点,而进行有针对性的指导和培养……

3. 产品(服务)介绍

……

3.1　核心业务

企业发展的初期阶段,集中精力进行"早教部落"服务研发和品牌经营,着力奠定自己在价值链中的核心地位……

3.2　中长期业务拓展

利用核心业务形成的品牌效应,持续加强产品研发和设计团队的构建,持续推出新型产品和服务……

4. 创业团队及组织结构

根据公司战略研究,公司发展将分为筹建期、试运行期、扩展期和成熟期……企业采用董事会下 CEO 负责制,下分出市场、财务、技术和综合四个部门……

5. 市场预测

……

"80 后"的年轻父母对西方教育模式更认可,品牌意识更强,促进早教企业品牌化之路。

6. 营销策略

……

7. 财务规划

7.1　股权结构与规模

"晨曦早教部落有限公司"注册资本 100 万元。公司成立初期,考虑到向银行借款困难以及降低风险,股本结构及规模如表 7.1:

表 7.1　股本结构及规模

| 股权结构 | 金额（万元） | 类型 | 股份 |
| --- | --- | --- | --- |
| 创业团队 | 30 | 投资入股 | 30% |
| 战略投资 | 70 | 投资入股 | 70% |
| 总计 | 100 | | 100% |

……

## 7.2　财务分析

……

## 8. 风险分析

……

我们确立了低价、质优的办学优势，当然资金与经验方面还有诸多不足，但是我们会用我们的热诚积极地改进，为孩子们创造一个美好和谐的明天。

附件 1：早教中心调查问卷

附件 2："中国人口早期教育暨独生子女培养示范区"项目工作调查问卷的总结

**分析点评：**这是一份 ×× 学院财经系大二学生完成的创业规划书，在这份规划书中，不仅对创业背景、行业状况、产品特性、核心业务、组织结构等进行了科学全面的分析，还对市场发展做出了预测，并制订了相应的营销策略和服务规划。该规划书内容全面、结构合理、分析透彻，是一份切实可行的规划书。

## 案例（二）走向职场

### 奶茶店创业规划书

#### 一、项目介绍

……我们的目标是以一般奶茶店不具备的特色吸引顾客而获取利润，用一年的时间打响"茶物语"名声，建立品牌效应并积累资金，通过调查试点，把运营扩张到其他市场，获得更大的利益。通过在经营的过程中不断改革，逐步完善，形成口碑，扩大市场占有额，形成连锁"茶物语"奶茶店。

#### 二、行业分析

……

#### 三、产品 / 服务介绍

……

#### 四、店面选址

……

## 五、装修与设备购买
……

## 六、人力资源规划
……

## 七、市场分析与预测,竞争者分析与本店特色
……

## 八、营销策略
1. 广告
2. 促销计划
……

## 九、财务需求与运用
……

## 十、风险与风险管理
……

## 十一、中、长期规划

假如实际情况不如现在的预期规划这么理想,我店会及时调整营销战略,两年内依然亏损就处理全部设备设施后关张停业。一年后,如果按预期计划获利的话,计划在未来一至两年内扩大营业面积,安放几套沙发建立更加舒适的娱乐区域,同时在店内配有音响循环播放音乐,如果条件允许,可以加入吉他手现场弹唱与点歌模式,为顾客提供更舒畅的消费环境。三年后,如果奶茶店营业额依然稳定的话,考虑在其他市场再建连锁店面。

**分析点评:**该计划书不仅对创业项目、行业和产品进行了客观分析,还指出了店面选址、装修及设备购买、财务运用、风险管理的方式,并制订了相应的营销策略、人力资源规划和中长期规划。该计划书内容全面、结构合理、分析透彻,是一份切实可行的计划书。

**实操训练**

拓展链接

根据以下材料进行写作。

××学院就业招生处下发《关于举办学院大学生创业大赛的通知》后,号召全校在校学生认真准备,一等奖获得者可以获得 1 万元的创业投资基金。假如你是该学院的在校生,请你组织创业团队完成一份创业规划书。

# 合　同

## 一、概念

合同是当事人或当事双方之间设立、变更、终止民事关系的协议。依法成立的合同,受法律保护。

广义合同是指所有法律部门中确定权利、义务关系的协议。狭义合同是指一切民事合同。

经济合同的形式是指经济合同当事人之间明确权利、义务的表达方式,也是当事人双方意思表示的表现方法。根据《经济合同法》规定,经济合同的形式主要有口头形式和书面形式两种。

## 二、格式

合同一般由标题、合同当事人名称、正文和结尾构成。

### (一) 标题

一般写明合同的性质和种类。如《水果运输合同》《房屋租赁合同》《图书馆承揽合同》等。

### (二) 合同当事人名称

在标题下分行并列写明签订合同双方的单位名称或姓名。合同签约各方的名称应为全称,为表述方便,可在各方前或后用括号注明"甲方"和"乙方"、"供方"和"需方"、"卖方"和"买方"。

### (三) 正文

合同的核心部分,通常以条款式或表格式写明当事人双方所协商的合同内容。这部分必须依据法律规定,按必备的条款安排写作。正文包括开头、主体等。

1. 开头

开头用简明的语言说明签订合同的目的或依据。

2. 主体

主体即合同的具体内容和条款。不同内容的合同条款各不相同,但合同法规定的条款内容包括以下几项基本内容:

(1) 标的。即订立合同双方权利和义务共同指向的对象。任何种类的合同都必须有明确的标的。标的不明确,合同就无法履行。

(2) 数量、质量。标的的数量必须标注明确、具体,标的的质量及要达到的标准应具体规范。

(3) 价款或酬金。价款是根据合同取得标的物的一方当事人向另一方当事人支付的代价;酬金是根据合同取得劳务的一方当事人向对方当事人支付的报酬。

(4) 履行的期限、地点和方式。这是保证合同的权利和义务正确履行的必备条件。

(5) 违约责任。这是对不按照合同规定履行义务的制裁措施,即当事人所应承担的经济责任和法律责任,是维护当事人合法权利的保证。

(6) 其他必备条款。这是根据法律规定或按合同性质必须具备的条款以及当事人一方要求必须规定的条款,如解决争议的方法等。

**(四)结尾**

结尾写明合同的有效期限、合同份数以及保存的方式。写明双方或多方单位全称及代表人姓名、签名、盖章,签订合同的日期,双方电话、账号、开户银行、地址等。

**三、要点**

1. 当事人意思要表述一致。
2. 要以债权债务关系为目的。
3. 要符合相关法律的规定。

**经典案例**

## 案例(一)劳动合同范本

### 劳 动 合 同

甲方:

乙方:

根据《中华人民共和国劳动合同法》和有关法律、法规规定,甲、乙双方在平等自愿、公平公正、协商一致、诚实信用的基础上,签订本合同。

**一、劳动合同期限**

……

**二、工作内容及工作地点**

……

**三、工作时间和休息休假**

……

**四、劳动保护和劳动条件**

……

**五、劳动报酬**

甲方应当每月至少一次以货币形式支付乙方工资,不得克扣或者无故拖欠乙方的工资。乙方在法定工作时间内提供了正常劳动,甲方向乙方支付的工资不得低于当地最低工资标准。

（一）甲方承诺每月_____日为发薪日。

（二）乙方在试用期内的工资为每月_____元。

（三）经甲乙双方协商一致,对乙方的工资报酬选择确定_____条款:

a. 乙方的工资报酬按照甲方依法制定的规章制度中的内部工资分配办法确定,根据乙方的工作岗位确定其每月工资为_____元。

b. 甲方对乙方实行基本工资和绩效工资相结合的内部工资分配办法,乙方的基本工资确定为每月_____元,以后根据内部工资分配办法调整其工资;绩效工资根据乙方的工作业绩、劳动成果和实际贡献按照内部分配办法考核确定。

c. 甲方实行计件工资制,确定乙方的劳动定额应当是本单位同岗位百分之九十以上劳动者在法定工作时间内能够完成的,乙方在法定工作时间内按质完成甲方定额,甲方应当按时足额支付乙方的工资报酬。

d. _____。

（四）甲方根据企业经营效益、当地政府公布的工资指导线、工资指导价位等,合理提高乙方工资。乙方的工资增长办法按照_____(工资集体协商协议、内部工资正常增长办法)确定。

（五）乙方加班加点的工资,以双方经过协商确定的_____工资为基数计算。

## 六、社会保险和福利
······

## 七、劳动纪律
甲方制定的劳动纪律应当符合法律、法规、政策的规定,履行民主程序,并向乙方公示。乙方遵照执行。

## 八、协商条款
经甲乙双方协商一致,同意选择_____条约定条款。
······

## 九、劳动合同终止的条件
经甲乙双方协商约定,出现下列情形之一的,可以终止劳动合同:

1. 劳动合同期满的;

2. _____

3. _____

## 十、劳动争议处理
······

## 十一、其他
（一）劳动合同期内,乙方户籍所在地址、现居住地址、联系方式等发生变化,应当及时告知甲方,以便于联系。

（二）本合同未尽事宜,均按国家有关规定执行,国家没有规定的,通过双方平等协商解决。

（三）本合同不得涂改。

（四）本合同如需同时用中文、外文书写，内容不一致的，以中文文本为准。

（五）本合同一式两份，甲乙双方各执一份。

（六）本合同于_____年____月____日生效。

甲乙双方自愿申请劳动合同鉴证的，应当在劳动合同签订之日起三十日内向劳动保障行政部门提出。

甲方法定代表人签名：　　　　　　　乙方签名：

公章

签名日期：

签章日期：

附件：

劳动合同变更记录

经双方协商同意，对_____年____月____日签订的劳动合同作如下变更：

法定代表人签名：　　　　　　　　　乙方签名：

或委托代理人签名：　　　　　　　　签名日期：

甲方盖章：

签章日期：

鉴证机构盖章：　　　　　　　　　　鉴证人签名：

鉴证日期：

**分析点评**：这是一份标准的劳动合同参考样式。首行正中写标题，标题写明合同的性质。在标题之下，分行并列写明签订劳动合同的双方名称。正文前言部分用简明的语言说明签订合同的目的和依据。正文主体部分采用条款式，从"合同期限""试用期限""劳动报酬"等十一个方面写清劳务合同的有关具体内容和事项。落款写明合同双方的单位名称、代表人姓名和日期。全文格式规范，内容详细周密，清楚明白，语言准确简洁。

## 案例（二）房屋租赁合同

### 房屋租赁合同范本（简单版）

订立合同双方：

出租方：_____，以下简称"甲方"

承租方：_____，以下简称"乙方"

根据《中华人民共和国合同法》及有关规定，为明确甲乙双方的权利、义务关系，经双方协商一致，签订本合同。

**第一条**　甲方将自有的坐落在_____市_____街_____巷_____号的房屋_____栋

＿＿＿＿＿间,建筑面积＿＿＿＿＿平方米、使用面积＿＿＿＿＿平方米,类型＿＿＿＿＿,结构等级＿＿＿＿＿＿＿＿,完损等级＿＿＿＿＿＿＿＿,主要装修设备＿＿＿＿＿＿＿＿,出租给乙方作＿＿＿＿＿＿＿＿使用。

**第二条　租赁期限**

租赁期共＿＿＿＿个月,甲方从＿＿＿＿＿＿＿＿年＿＿＿＿月＿＿＿＿日起将出租房屋交付乙方使用,至＿＿＿＿＿＿＿＿年＿＿＿＿月＿＿＿＿日收回。

乙方有下列情形之一的,甲方可以终止合同,收回房屋:

1. 擅自将房屋转租、分租、转让、转借、联营、入股或与他人调剂交换的;

2. 利用承租房屋进行非法活动,损害公共利益的;

3. 拖欠租金＿＿＿＿个月或空置＿＿＿＿月的。

合同期满后,如甲方仍继续出租房屋的,乙方拥有优先承租权。

租赁合同因期满而终止时,如乙方确实无法找到房屋,可与甲方协商酌情延长租赁期限。

**第三条　租金和租金交纳期限、税费和税费交纳方式**

甲乙双方议定月租金＿＿＿＿＿＿＿＿元,由乙方在＿＿＿＿月＿＿＿＿日交纳给甲方。先付后用。甲方收取租金时必须出具由税务机关或县以上财政部门监制的收租凭证。无合法收租凭证的乙方可以拒付。

甲乙双方按规定的税率和标准交纳房产租赁税费,交纳方式按下列第＿＿＿＿款执行:

1. 有关税法和镇政发(90)第 34 号文件规定比例由甲、乙方各自负担;

2. 甲、乙双方议定。

**第四条　租赁期间的房屋修缮和装饰**

……

**第五条　租赁双方的变更**

……

**第六条　违约责任**

1. 甲方未按本合同第一、二条的约定向乙方交付符合要求的房屋,负责赔偿＿＿＿＿＿＿元。

2. 租赁双方如有一方未履行第四条约定的有关条款的,违约方负责赔偿对方＿＿＿＿＿＿元。

3. 乙方逾期交付租金,除仍应补交欠租外,并按租金的＿＿＿＿%,以天数计算向甲方交付违约金。

4. 甲方向乙方收取约定租金以外的费用,乙方有权拒付。

5. 乙方擅自将承租房屋转给他人使用,甲方有权责令停止转让行为,终止租赁合同。同时按约定租金的＿＿＿＿%,以天数计算由乙方向甲方支付违约金。

6. 本合同期满时,乙方未经甲方同意,继续使用承租房屋,按约定租金的＿＿＿＿%,以天数计算向甲方支付违约金后,甲方仍有终止合同的申诉权。

上述违约行为的经济索赔事宜,甲乙双方议定在本合同签证机关的监督下进行。

**第七条　免责条件**

……

**第八条　争议解决的方式**

......

**第九条** 其他约定事宜

**第十条** 本合同未尽事宜,甲乙双方可共同协商,签订补充协议。补充协议报送市房屋租赁管理机关认可并报有关部门备案后,与本合同具有同等效力。

本合同一式 4 份,其中正本 2 份,甲乙方各执 1 份;副本 2 份,送市房管局、工商局备案。

出租方:(盖章)                          承租方:(盖章)

法定代表人:(签名)             法定代表人:(签名)

委托代理人:(签名)             委托代理人:(签名)

合同有效期限:       年    月    日至     年    月    日

**分析点评:**这是一份标准版的房屋租赁合同。本文标题写明了签约单位名称和合同种类。当事人名称、签约地点和时间写得具体明确。开头简明扼要交代签订合同的依据。正文条款用文字说明,详尽而又明确地规定了供需双方的权利、义务和违约责任等,分条列项,思路清晰,表述严密。全文采用条文式的形式,格式规范,结构完整,语言平实、准确、简洁。

**实操训练**

试指出下面这份合同存在的问题,并提出应如何修改才能符合经济合同的写作要求。

拓展链接

### 交换写字楼合同

甲方:×× 贸易总公司

乙方:×× 市广告集团公司

甲乙双方为了便于在穗、深两地联系业务,需交换写字楼作为各自的办事处。现本着友好合作的精神签订如下协议:

1. 甲方在广州市隆兴路 168 号大楼中为乙方提供一单元住宅(三房一厅,实用面积不得小于 80 平方米)作为乙方驻穗的办事处用房。

2. 乙方在深圳市为甲方提供同样的一单元住宅,规格同上,作为甲方驻深办事处用房。

3. 双方分别负责为对方上述办事处供水、供电及安装电话,以确保日常业务活动的正常开展。

4. 本合同有效期为 5 年,是否延期届时根据需要商定。

5. 本合同自双方同时履约之日起生效。

6. 未尽事宜,由双方另行商定。

甲方代表签字                    乙方代表签字

甲方公章                           乙方公章

年    月    日                  年    月    日

# 项目三　实用口才

　　关于口才,我国古代就有"一言可以兴邦,一言可以误国"的论断,美国著名学者卡耐基说:一个人的成功,15%取决于他的专业技术,85%则要靠人际关系和他的做人处世能力。而人际关系和处世能力主要反映在口才上,它是社交场合上立足制胜的最有力的法宝。

　　职场如战场,哪个人不希望自己早日鹤立鸡群而傲视群雄? 一位口才好的领导者可以发表长篇大论的演讲鼓舞公司员工的士气,让大家热血沸腾,激发出工作的热情;而一位口才差的领导者可能会打击下属的信任感以及对工作的积极程度。一位口才好的节目主持人可以将台上台下的气氛调动起来,达到台上台下互动的目的;而一位口才差的节目主持人只能使原本就很沉闷的气氛显得更加糟糕。一位好的面试人员会巧妙回答招聘官的问题,顺利进入职场;而一位口才差的求职者可能处处碰壁。一位口才好的推销员可以把顾客原来不想买的东西推销出去;相反,一位口才差的推销员可能连顾客原来想买的东西都推销不出去。

　　口才能力已成为现代人必备的重要能力。口才的作用已渗透到当代生活的各个领域。练就好的口才,必将会使你在社会交往、职场生涯中如虎添翼,大显身手,创造出更精彩的人生。

# 模块一　社交口才

## 拜访交谈

### 一、拜访

#### （一）拜访的语言技巧

拜访可以分为公务拜访和私人拜访两种类型。不同形式、不同目的的拜访，其礼节、会话、语言虽各不相同，但在结构上存在共同性，均有"进门语""寒暄语"和"辞别语"三个部分。

1. 进门语

拜访时，应先轻轻敲门或按门铃，当有人应声允许进入或出来迎接时方可入内。切不可不打招呼擅自闯入，即使门开着，也要敲门或以其他方式告知主人有客来访。进门语分为初访、重访、回访、礼节性拜访和事务性拜访五种用语。

（1）初访。初访往往比较慎重，见面后可以这样打招呼：

您好！打扰了。

初次登门，给您添麻烦了。

（2）重访。重访是关系趋向密切的表现，打招呼时就不必过于拘谨：

我们又见面了，真高兴。

如果关系密切可以幽默风趣一些：我又来了，是不是特想我？

（3）回访。回访的目的多出于礼仪或答谢，打招呼时要有致谢的口吻：

上次给您添了不少麻烦，今天特意登门拜谢。

上次劳您跑了一趟，今天特意来看望您。

（4）礼节性拜访。多与探望、祝贺、慰问、吊唁有关，进门语要体现相关内容：

我来看看，你身体好些了吗？

（5）事务性拜访。可以根据与对方的熟识程度选择进门语：

您好！王总，有件事想麻烦您一下。

忙不忙？想找你谈谈跟晨星公司合作的事。

### 2. 寒暄语

寒暄语是指人们见面时所说的客套应酬话，一般没有什么实质内容，是为了打破陌生人之间的界限，缩短熟人之间的情感距离，创造和谐氛围所讲的语言。寒暄的技巧包括以下几种：

（1）环境寒暄法。根据见面时周围的环境，随即加以谈论：

今天变天了，外面风真大！

（2）情境寒暄法。谈论与当下有关的话题：

你也在看《我的前半生》……

（3）人文关怀法。问候对方、对方家人的身体、工作、生活状况。需要特别强调的是，要根据拜访者与对方的熟识程度，确认对方不介意的情况下才能采用此方法：

您女儿真漂亮，上几年级了？

您最近身体好吗？

### 3. 辞别语

拜访结束时要主动告别，并向主人表示感谢。如果主人出门相送，要请主人留步。辞别语也有不同的表达方式：

耽误您这么长时间，真是不好意思。

下次请您到我家坐坐。

这事就拜托您了，请您多费心！

### （二）拜访的注意事项

1. 选择适当的拜访时间。一般来说，清晨、饭点、午休、深夜均不宜登门拜访，选择这些时间拜访会叨扰对方。

2. 事先打电话预约，且按时拜访。如果万不得已做了不速之客，见面首先要表示歉意并说明理由："真抱歉，没打招呼就来了……"然后加以解释。

3. 拜访时交谈的用语及语气，要顾及对方的辈分、地位等，还要看相互之间关系的密切程度。

4. 如果主人的家属在场，拜访者不要无视他们的存在，适当与之交谈，但切记不要喧宾夺主，忽略了拜访对象。

## 二、交谈

### （一）选择话题的技巧

要使交谈得以进行，选择合适的话题尤为重要。由于交际场合、交谈对象、交际目的的不同，话题的选择往往会受到限制。选择合适的话题，是顺利交谈的前提条件。

### 1. 察言观色

一个人的心理状态、精神追求、生活爱好等，或多或少在他们的表情、服饰、谈吐、举止等方面有所表现，只要善于观察，就会发现共同点。由此引出话题，可以使交谈在亲切愉快的氛围中开始。

一位拜访者看到对方举止动作有军人的风范,于是试探道:"看您精神饱满、气宇轩昂,很有军人的气质,在部队服过役吗?""嗯,在部队干了十年。""噢,算来咱俩还是战友呢。你是哪个部队的?"于是,这一对陌生人就攀谈了起来。当然,察言观色还要同自己的情趣爱好相结合,自己对此有兴趣,打破沉寂的气氛才有可能。否则,即使发现了共同点,也还会无话可讲,或讲一两句就交流不下去了。

**2. 试探问询**

为了打破沉默的局面,开口讲话是首要的,有人以打招呼开场,主动询问对方籍贯、职业,从中获取信息;有人通过说话口音、言辞,了解对方情况;有人以动作开场,边帮对方做某些急需帮助的事,边以话试探;有人甚至借火吸烟,也可以发现对方特点,打开口语交际的局面。

一位职员到领导家拜访,看到领导家新装修的房屋,便找到了交谈的话题:"您家装修得真别致,是中式风格吧?""是新中式。""真漂亮!是哪个装修公司设计的?"接下来,双方便可以顺着这个话题展开愉快的交谈。

**3. 就地取材**

社交生活中,只要善于观察,就可以发现可供谈论的话题,并开展有效交谈。比如会面场地、服饰、轶闻趣事等皆可以作为话题开展交谈。

一位推销员到总经理办公室推销产品,发现他的办公室摆放了一些青花瓷器,很漂亮,情不自禁地赞叹:"这些青花瓷器古朴典雅,真是太美了!"总经理是一位瓷器收藏爱好者,听到推销员的赞美,十分高兴,一一向他介绍这些瓷器的色泽、质地、制作工艺等情况,双方交谈甚欢。

**(二) 展开话题的技巧**

找到了共同的话题,就应该适时展开话题,使交谈得以向纵深发展。要使话题不中断,能持续进行,既需要不断用话语激发对方谈话的兴趣,又要察言观色,及时做出正确的反应。

**1. 引导法**

当交谈进行了一个阶段,交谈的话题无法继续的时候,可以适当引导对方继续交谈:我记得你当年所在的部队参加过抗洪救灾工作,是吧?

**2. 设疑法**

针对谈话的内容,提出若干具体的问题,请对方做出回答,促使交谈得以进行:你的看法非常客观,讲的也非常全面,只是有一点我不清楚……

**3. 补正法**

如果对方的阐述不完整或存在偏差,可以适当补充或纠正,使话题得以深入:听你讲的这些,真是长了见识。你刚才说到准备投资农家乐项目,根据我的了解,这种项目目前开发的形式有很多种……

**(三) 控制话题的技巧**

在社交生活中,有些交谈是有主题的。在实际交谈中,有时候会出现话题偏转的情况,为了使交谈达到既定的交际目标,交谈的一方有必要运用巧妙的方法控制话题。

1. 提醒法

交谈中,一旦发现对方偏离话题,可以提醒对方,使交谈重新回到既定主题上,提醒的方法因人而异,对于同龄、相熟的人,可以有礼貌地直接提醒对方已经偏离主题了：我们跑题了,言归正传,刚才说到全校要开展健美操比赛的事情……

对于年长者或者地位较高的人,直接打断对方的话语进行提醒是不礼貌的行为,可以在适当的时候,比如对方就某个内容谈话结束的时候,提醒转入正题：您刚才说得非常有意义,希望以后有机会再向您请教。××贸易公司的事情还需要您进一步做出明确的指示……

2. 引导法

在实际交谈中,常常有人说到自己擅长的事情的时候,滔滔不绝,不知不觉偏离了谈话的主题。遇到这种情况,谈话的另一方要有意识地加以引导,使话题重新回到既定主题。例如一位记者采访一位刚获得世界冠军的运动员,想请她谈谈此时的心理感受：

记者：您好,您刚获得了该项目的金牌,请问您现在是什么心情？

运动员：我非常激动。我这次来比赛,我的家人也特意来为我助阵。看,他们在看台上,那边是我的父母,旁边蓝色衣服的是我的丈夫,前边站着的是我的女儿……

记者：获得冠军后,您有什么话想对他们讲？

运动员：我想说"谢谢"。特别是我的女儿,她经常为我打气,还是我的忠实"粉丝",我很爱我的女儿……

记者：除了感谢您的家人以外,您有什么话想对您的教练和同事讲？

**（四）转移话题的技巧**

交谈过程中,有时候需要及时转换话题,常用技巧有以下几种：

1. 自然转换法

一个话题谈到一定时候,谈兴低落了,就适时停止表示意见,自然地引出另一个话题来。

2. 问题转移法

在交谈中,适当提出一个问题来,把谈兴引向另一方面。

3. 答非所问法

有些话题不便发表意见,可在回答中转移话题,引出另外的内容。

**（五）结束交谈的技巧**

没有不散的筵席,交谈双方即使再投缘,也有曲终人散的时候,适时选择结束交谈时机、礼貌结束交谈也需要技巧。

1. 不在双方热烈讨论某个问题时突然结束交谈。

2. 留意对方的体态语,当对方有神情倦怠、看表、频繁变换坐姿时结束交谈。

3. 结束交谈要有个过渡期。在准备结束谈话前,利用一段时间过渡,使大家的谈兴渐渐消减,为结束交谈做好铺垫。

4. 礼貌结束。谈话结束时要对交谈对象的交谈表示感谢或赞赏。

**经典案例**

### 伊斯曼与爱德莫生

柯达公司创始人乔治·伊斯曼是一位脾气古怪的世界著名企业家,很多人都认为跟他沟通很困难。一次,木材商人爱德莫生去拜访他,被带进办公室时,伊斯曼正低头翻阅一些文件,他抬起头,摘下眼镜:"我很忙,恐怕帮不了你。"

爱德莫生说:"您的办公室真漂亮! 在我一生中,还从没有见过这么雅致的装潢。"伊斯曼道:"噢,这是我亲自设计的。"爱德莫生环视整个屋子,摸着窗框说:"这是橡木做的吧。"伊斯曼回答:"是啊! 那是从英国进口的,我朋友特地为我挑选的。"然后,伊斯曼兴致勃勃地带他参观每一项设计。最后伊斯曼对爱德莫生说道:"我最后一次到日本时,买了些椅子回家,椅子在阳台上被晒褪了颜色,于是我又买了些油漆自己上色。你愿意来看看我那些椅子吗? 那就到我家吃午饭吧,我拿给你看。"午饭后,伊斯曼先生把从日本买回来的椅子拿给爱德莫生先生看。其实那些椅子并不贵,然而,他太自豪了,因为油漆是他自己刷的。

最后,爱德莫生如愿地与伊斯曼签订了价值9万美元的订单,不仅这样,自此,他们成了最要好的朋友。

**分析点评:** 爱德莫生在拜访前,充分了解了伊斯曼的性格特征和习惯爱好,知道伊斯曼对室内装潢情有独钟且有很深的造诣。在拜访时,他从周边环境入手,采用情境寒暄法,运用自然得体的赞美语言,瞬间减轻了双方的陌生感,缩短了双方的情感距离,激发了伊斯曼的谈话兴致,满足了他的成就感,最终达到了拜访的目的,还成就了一段友谊佳话,是成功拜访的典型案例。

**实操训练**

拓展链接

1. 假设你是一家企业的员工,准备去另一家企业做业务拜访,请问你在拜访前需要做哪些准备工作?

2. 情景模拟

临近毕业,你到老师办公室请教毕业论文撰写相关事宜,请两位同学分别扮演老师和学生,模拟办公室拜访,注意拜访的礼仪规范和语言技巧。

# 赞 美 批 评

## 一、赞美

任何人都希望被赞美。美国著名哲学家和心理学家威廉·詹姆斯曾精辟地指出:人性深处最大的欲望,莫过于受到外界的认可和赞扬。对赞美的渴求,是人的本性中的一个重要方面。赞美是人际关系中非常重要的润滑剂,一句赞美的话,犹如一壶清泉,清澈、晶莹、沁人心脾。只有懂得赞美技巧的人,才能受到交往对象的欢迎。

### (一)赞美的原则

#### 1. 态度真诚

每个人都珍视真心诚意,它是人际交往中最重要的尺度。真诚的赞美必须是发自内心、真心实意的,只有情真意切的赞美才有感染力;只有基于事实、发自内心的赞美,才是对他人的尊重和肯定,才能令对方心灵产生共鸣,引起对方好感。相反,无根无据、虚情假意的赞美,会被对方理解为讽刺或虚伪。

有一位先生,听说外国人都喜欢赞美别人,尤其是女士,最喜欢听别人说她漂亮。后来,他出国了,便想试着去赞美别人。他与一位很胖的妇女交谈,习惯性地对这位妇女说:"女士,您真是太漂亮了!"不料,这位妇女狠狠地瞪了他一眼,毫不客气地说:"先生,你是不是离家太久了?"

#### 2. 翔实具体

赞美要具体,不能笼统、空泛、抽象、缺乏具体内容。赞美用语翔实具体,说明对对方情况了解,看重对方的成绩和长处,可以给对方留下深刻的印象,使对方感受到你的真诚、可亲和可信,双方的人际距离就会越来越近,这是赞美的真谛所在。

克莱斯勒公司为罗斯福总统特制了一辆汽车,因为他下肢瘫痪,不能使用普通的小汽车。工程师将这辆定制汽车送到白宫,总统立即对它产生了极大的兴趣:"我觉得简直不可思议,只需按按钮,车子就能跑起来,真是太奇妙了!"他的朋友们也在一旁欣赏汽车,总统当着大家的面夸奖:"我真感激你们花费时间和精力研制了这辆车,这是件了不起的事!"总统接着欣赏了车的散热器、车灯等。也就是说,他提到了车的每一个细节,并坚持让夫人和他的朋友们注意这些装置。这些具体的赞美,让人感到了他的真心和诚意。

#### 3. 准确及时

准确是指赞美要得体、恰到好处,既不过分,也无不及,赞要赞在点子上。赞得过头了,会有吹捧和阿谀之嫌,赞得不够,令人乏味,没有效果。

及时是指赞美要注意相机行事,适可而止,真正做到"美酒饮到微醉后,好花看到半开时"。鲁迅赞美司马迁的《史记》是"史家之绝唱,无韵之离骚",就深入分析并抓住了《史记》的本质特征,深刻精辟。

### 4. 分寸适度

赞美要注意分寸,不可过分。古人说得好,过犹不及。恰如其分,点到为止的赞美才是真正的赞美。滥用华丽辞藻,过度的恭维、空洞的吹捧,只会使对方感到不舒服、不自在,结果适得其反。

欧阳修有次外出,曾与一年轻人同行,年轻人不认识欧阳修,指着路边的一棵死槐树,当着欧阳修的面作起诗来:"远看一枯树,两个干枝丫。"显然,这是一首不堪救药的打油诗,既无文采又无内涵。但欧阳修听了不但没有挖苦半句,还笑眯眯地夸了一句:"好诗,好诗! 如能加上两句,想必会更好。"年轻人问:"加哪两句?"欧阳修回答说:"春来苔是叶,冬至雪作花。"年轻人听了,连连点头并深有所悟。不是吗? 春天树上有青苔,那绿色就是它的生命;冬天树上有积雪,那洁白就是它的风采。尤其令人深思的是,欧阳修的赞美与续诗,不仅把山穷水尽变成了柳暗花明,而且给了年轻人无限的力量和信心。

### (二) 赞美的技巧

#### 1. 直接赞美法

在社交活动中,恰如其分地直接赞美对方,可以创造一种热情友好的气氛,可以使彼此的心情更加愉悦舒畅。

《红楼梦》中王熙凤赞美林黛玉:"天下竟有这样标致的人物,今儿我才算见了。竟不像老祖宗的外孙女儿,竟是个嫡亲的孙女,怨不得老祖宗天天口头心头一时不忘。"

#### 2. 间接赞美法

通过第三者赞美之辞,间接赞美对方的方式。即借用第三方的称赞,表达自己对对方的赞美之意。如:"早听说您在环境艺术设计领域造诣深厚,今天领教了。"也可以通过赞美与对方有密切关系的人或事物,折射出对此人的赞美。如:"您的孩子这么优秀,真是虎父无犬子啊!"

#### 3. 类比达意法

类比达意就是用一些美名远扬、众所周知的人和事,同想要赞扬的对象做比较,找出二者的共同点类比着去赞美。这种方式与用苍白空洞的话语直截了当地说,显得自然而内涵丰富。

小王拜访刚到单位工作的肖博士,这位博士因自己家窄小简陋而面露尴尬之色,连说"家中太简陋,""招待不周"之类的话。小王看到肖博士家虽然不宽敞,但藏书很丰富,使人感觉到仿佛置身于浩瀚文海;窗台上那盆君子兰含苞待放,令人心旷神怡,于是恳切地说:"你太谦虚了! 当年陶渊明'采菊东篱下,悠然见南山',你是'养兰窗台上,南山在心间'啊,房间虽小却别有一番清雅格调。"一席话减轻了肖博士的心理负担。

## 二、批评

### （一）批评的原则

1. 方法性原则

一个人的批评是否能被对方接受，很大程度上取决于所采用的方法和态度。要相信世界上没有人喜欢被批评，如果一味采用指责或简单说明的批评方式，除了引起被批评人的厌恶和不满之外，将一无所获。

2. 个别性原则

被批评毕竟不是一件愉悦的事情，没有人希望自己受到批评的事被曝光在大庭广众之下。所以，为了维护被批评者的形象，在批评的时候，尽可能避免第三者在场。

3. 对事性原则

批评时，一定要针对事情本身，不针对本人。谁都会做错事，做了错事，并不代表他这个人如何。错的是行为本身，而不是某个人。所以，批评时不要针对某个人。

### （二）批评的技巧

1. 模糊暗示

（1）模糊式批评。在批评时不用确定的词语，而是使用一些模糊语言，避免因批评不当产生摩擦。

最近一段时期，公司的纪律总体来说是好的，但也有个别员工有迟到、中途离岗现象……

（2）暗示式批评。不直接提出批评的意见，而是借助某种暗示达到批评的目的。

公司员工迟到了，经理没有直接批评他，而是说："帮我看一下现在几点了？"

2. 语言委婉

对别人进行批评时，语言委婉、含蓄，不伤害被批评者的自尊心。

小李以家中孩子年龄小为理由，拒不接受公司加班安排。经理找他谈话："你的孩子六岁了吧？小陈和小赵的孩子年龄一个三岁，一个五岁……"

3. 柔中有刚

对别人进行批评时，不用尖锐的语言表达，而是用表面温和而实际带有批评意见的语言。

由于工作疏忽，导致公司的一位即将签约的客户流失，经理："白先生是我们公司非常重要的一位潜在客户，希望你能想办法挽回。"

4. 欲抑先扬

在批评别人之前，先进行表扬，使对方的大脑处于兴奋状态，心情比较愉悦时，见机行事，水到渠成地指出对方的缺点和错误。

小丹在父亲的工作室学习做泥塑，每次做完后都把工作室弄得乱七八糟。爸爸："你的卧室干净整洁，学习用具摆放井井有条，这种习惯很难得。要是你能用这种态度来对待工作室的东西，那就太好了。"

### 经典案例

#### 赞美成就人生

大音乐家勃拉姆斯是个农民的儿子,生于汉堡的贫民窟,没有受教育的机会,更没有系统地学习过音乐,所以,他对自己未来能否在音乐事业上取得成功缺乏信心。然而,在他第一次敲开舒曼家大门的时候,他一生的命运就在这一刻决定了。当勃拉姆斯取出他最早创作的一首 C 大调钢琴奏鸣曲草稿,手指无比灵巧地在琴键上滑动,弹完一曲站起来时,舒曼热情地张开双臂拥抱了他,兴奋地喊道:"天才啊!年轻人,天才!……"正是这发自内心的由衷赞美,使勃拉姆斯的自卑消失得无影无踪,也赋予了他从事音乐艺术生涯的坚定信心。在那以后,勃拉姆斯便如同换了一个人,不断地把心底里的才智和激情流泻到五线谱上,成为音乐史上一位卓越的艺术家。

**分析点评:**发自内心、热情洋溢的称赞是赞美,否则就是恭维。卡耐基说:"赞美与恭维到底有什么区别呢?很简单,一个是真诚的,另一个是不真诚的;一个发自内心,另一个出自牙缝;一个为天下人所欣赏,另一个为天下人所不齿。"舒曼发自内心的赞美极大地鼓舞了勃拉姆斯在音乐道路上的决心,最终成就了他辉煌的人生。

### 实操训练

1. 请同学们两两结伴,运用所学的知识,当众赞美对方,同时相互提出批评。

2. 情景模拟

拓展链接

某机关青年小伙子比较多,普遍存在工作热情、干劲、积极性不高,纪律松散,工作疲沓,精神不振,不思进取的现象。原领导没少批评教育,却没有多大作用。刘书记上任后,在一次职工大会上谈到目前现状时,仿拟了孟浩然的一首诗:"春眠不觉晓,上班想睡觉。夜来麻将声,进出知多少!"讲到这种工作局面再持续下去,将要出现什么样的后果时,他又说:"白日依窗尽,工作泡汤流。饭碗端不住,老婆也发愁。"全场干部职工为之屏息静听,听完后发出一阵阵不自然的笑声,笑完后,又陷入沉思。

拓展链接

请根据上面的案例,分析体会刘书记的批评技巧,讨论如果你遇到类似情况,如何提出批评?

# 劝　慰　拒　绝

## 技能要义

### 一、劝慰

#### （一）劝慰概述

劝慰，就是通过语言的安抚使内心不平静的人重新归于平静。如果说赞美是锦上添花，那么劝慰就是雪中送炭。

#### （二）劝慰的语言技巧

##### 1. 要同情，不要怜悯

当一个人遭到挫折和不幸的时候，十分需要别人的同情。真挚的同情，是站在完全平等的地位上交流思想感情，给对方以精神和道义上的支持，并分担对方的感情痛苦，使不幸者痛苦、懊丧的消极情绪得以宣泄，并有助于消除心理上的孤独感，使他们增强战胜困难的信心。怜悯不是平等的思想感情交流，而是对不幸者的感情施舍。这种施舍只能有两种结果：一是刺伤不幸者的自尊心，激起他们的反感；二是使不幸者更加心灰意冷，无法振作。

安慰落榜学生："我也经历过这样的挫折，所以你的心情我完全理解，不要太难过，好好复习，明年再考。如果明年考得更理想，这也许就是一件好事。"

##### 2. 要鼓励，不要埋怨

遭遇不幸和挫折的人，由于一时无法摆脱感情的羁绊，往往会垂头丧气、消极悲观。此时，最重要的是给予其信心和勇气，让他在困难面前看到光明前景，消极埋怨只会使不幸者更加悲观。

一团支书有一科考试不及格，情绪十分低落。班主任找其谈话："你帮我初步挑选几个同学，看谁能当选优秀团员、优秀团干？"这位团支书非常想推自己，但考虑到自己有不及格科目，不符合条件，就没有提自己的名字。班主任安慰她："这些同学中，你最有工作能力，工作也干得最好，但这次因为学习成绩不符合要求，失去这次机会。我相信以你的能力，一定能把成绩提上去，你有信心吗？"

##### 3. 宽其心，给予帮助

通过讲道理，使对方宽心、放心，同时给予对方一定的帮助，减轻其心理压力。

一女学生失恋了，闺蜜安慰她："别苦恼，其实你的条件多好啊，只是你们缺少缘分罢了。这也许是个好事，情不投意不合，多别扭。俗话说，强扭的瓜不甜。以你的条件，不愁找不到与你般配的人。我知道法律系有个男同学非常优秀，有机会我介绍给你认识。"

### 4. 用倾听陪伴心灵

安慰人,有时候听比说更重要。一颗沮丧的心需要的是温柔聆听的耳朵,而非逻辑敏锐、条理分明的脑袋。聆听是用我们的耳朵和心去听对方的声音,不要追问事情的前因后果,也不要急于做判断,要给对方空间,让他能够自由地表达自己的感受。聆听时,要感同身受,对方会察觉到我们内心的触动。如果我们对他人的遭遇能够"悲伤着他的悲伤,幸福着他的幸福",对被安慰者而言,就是给予他的最好的安慰。

## 二、拒绝

### (一) 拒绝概述

拒绝就是不愿意,不接受。从表面形式看,是不接受他人的建议、意见或批评,或是不接受他人物质方面的馈赠。从本质讲,拒绝是对他人意愿或行为的间接性否定。

### (二) 拒绝的语言技巧

#### 1. 直截了当

明确告知对方你不同意,表示自己的诚信。运用这种方法时,一定注意语气要温和诚恳,含有歉意。

一位热心人要给小李介绍对象,小李直接拒绝了他:"你总是想着我,非常感谢。只是我现在已经有女朋友了。"

#### 2. 委婉含蓄

采用间接、委婉的方式表示拒绝,可以顾全对方的尊严,缓解因拒绝带来的隔阂或矛盾。

一位先生想追求一位女士,邀请女士共进晚餐。女士婉拒道:"能得到你的邀请,很荣幸。只是今晚我跟我男朋友一起约好去看电影,非常抱歉!"

#### 3. 模糊多解

利用某些语言材料或表达的模糊性、多义性巧妙地遮掩拒绝的锋芒。

"你一个月挣多少钱?"

"我的工资足够维持我们一家人的生活。"

#### 4. 先扬后抑

拒绝之前先表示理解、同情甚至同意,之后再用委婉的语言巧妙拒绝。

在博物馆里,有游客不顾馆内"请勿拍照"的提示,请李明偷偷为他拍照留念。李明说:"我非常愿意帮助您,但是博物院内有规定,严禁拍照,我实在无能为力。"游客不好意思了,放弃了拍照。

#### 5. 诱导否定

当不便于直接拒绝对方提出的要求时,可以借助合理的解释,或提出一些条件,然后就此发问,引导对方自我否定,从而让对方放弃原来的要求,达到拒绝的目的。

一位记者问时任美国国务卿基辛格:"你们有多少潜艇导弹在配置分导式多弹头,有多少'民兵'导弹在配置分导式多弹头?"基辛格回答说:"我不确切知道正在配置分导式多弹头的

'民兵'导弹有多少。至于潜艇,我的苦处是数目我是知道的,但我不知道是不是应该保密。"记者说:"不保密。""不保密的吗? 那你说是多少呢?"记者愣了一下,笑了。

### 6. 敷衍拖延

对于不便拒绝的请求,运用含糊的语言拖延承诺时间,搪塞请求者,使请求者自动放弃请求,从而达到拒绝的目的。

有一年春节前夕,著名表演艺术家赵丽蓉接到《中国妇女报》记者张学珍的电话,提出对她采访的要求。当时,赵丽蓉正忙于中央电视台春节晚会节目排练,自己身体也不好,确实没有时间和精力接受采访。但她是从不给记者泼冷水,让对方失望,于是回答记者说:"噢,原来是'张学良的妹妹'要采访我呀,我哪敢不接! 只是现在正赶排春节晚会节目,没有时间呀!春节后再说吧,好吗?"记者心情舒畅地放弃了采访,连声道扰。

### 7. 转移话题

对方提出要求难以回绝时,可以采用转移话题、答非所问等方式,暂时把对方说话的焦点转移开而达到拒绝的目的。

奥运会时,中国代表团刚到达比赛城市,记者就纠缠着李梦华团长问:"中国能拿几块金牌?"李梦华回答:"比赛结束之后,你们肯定知道。"记者又追问:"新华社曾预测拿11枚金牌,你认为客观吗?"李梦华答道:"中国有充分的言论自由,记者怎么想,就可以怎么写。"这种避实就虚、似答非答的方法,即达到了在要害问题上拒绝答复的目的,又显得落落大方,无懈可击。

### 8. 利害相陈

在交往中如果遇到违反原则的事,需要讲明道理,明确拒绝。

推销商找到某项工程负责材料使用的工程师,希望对方使用并不理想的工程材料。工程师:"我们这个工程对材料品质要求很高,你们的材料不符合我们的工程要求,出了问题,我不但要承担法律责任,还会造成生命和财产的巨大损失。"由于陈述利害,推销商放弃了推销。

### 9. 风趣幽默

用风趣幽默的方式,委婉拒绝对方的请求。

办公室同事请老刘下班后出去放松放松,老刘风趣地说:"我刚跟你嫂子保证最近不去喝酒、唱歌了,今晚就不去了。要不回家你嫂子又要我写深刻检查啦。"

**经典案例**

### 宝钗劝慰王夫人

王夫人点头哭道:"你可知道一桩奇事? 金钏儿忽然投井死了!"宝钗道:"怎么好好的投井? 这也奇了。"王夫人道:"原是前儿她把我一件东西弄坏了,我一时生气,打了她几下,撵了她下去。我只说气她两天,还叫她上来,谁知她这么气性大,就投井死了。岂不是我的罪过。"

宝钗叹道:"姨娘是慈善人,固然这么想。据我看来,她并不是赌气投井。多半她下去住着,或是在井跟前憨顽,失了脚掉下去的。她在上头拘束惯了,这一出去,自然要到各处去玩玩逛逛,岂有这样大气的理!纵然有这样大气,也不过是个糊涂人,也不为可惜。"王夫人点头叹道:"这话虽然如此说,到底我心不安。"宝钗叹道:"姨娘也不必念念于兹,十分过不去,不过多赏她几两银子发送她,也就尽主仆之情了。"王夫人道:"刚才我赏了她娘五十两银子,原要还把你妹妹们的新衣服拿两套给她妆裹。谁知凤丫头说可巧都没什么新做的衣服,只有你林妹妹作生日的两套。我想你林妹妹那个孩子素日是个有心的,况且她也三灾八难的,既说了给她过生日,这会子又给人妆裹去,岂不忌讳。因为这么样,我现叫裁缝赶两套给她。要是别的丫头,赏她几两银子就完了,只是金钏儿虽然是个丫头,素日在我跟前比我的女儿也差不多。"口里说着,不觉泪下。宝钗忙道:"姨娘这会子又何用叫裁缝赶去,我前儿倒做了两套,拿来给她岂不省事。况且她活着的时候也穿过我的旧衣服,身量又相对。"王夫人道:"虽然这样,难道你不忌讳?"宝钗笑道:"姨娘放心,我从来不计较这些。"一面说,一面起身就走。王夫人忙叫了两个人来跟宝姑娘去。

**分析点评**:薛宝钗可谓是劝慰人的高手。她充分了解王夫人的心理,在此基础上,一步步开导王夫人。首先说王夫人是个"慈善人",借以减轻了王夫人的内疚感;再把金钏儿投井说成可能是自己失足,转移化解了王夫人的负罪感;然后出主意说多赏点东西就"尽主仆之情了";最后还感同身受主动提出把自己的衣服给金钏儿做妆裹,减轻了王夫人因来不及给金钏儿做妆裹所带来的遗憾。处处为王夫人着想,句句落在王夫人心坎上,使王夫人的心宽慰不少。

## 实操训练

1. 假如你的一位朋友在竞选某岗位时失利,情绪失落,请问你该如何安慰他?

2. 情景模拟

小李在一家合资企业工作,单位管理制度非常严格,工作任务也很重。这天,他正在紧张忙碌着,接到一位外地同学的电话,说自己来本地出差,想请小李帮忙到火车站接站,老同学见面叙叙旧。如果你是小李,如何处理?

拓展链接

# 模块二 职场口才

## 演讲艺术

**一、演讲概述**

演讲又叫讲演、演说，是讲话和演说的统称。"演"，可以解释为"艺术地"；"讲"，就是"讲述"，把经过组织的语言表达出来。演讲是一种对众人有计划、有目的、有主题，系统的、直接的带有艺术性的社会实践活动，亦可被视为"扩大的"沟通。

**二、演讲类别**

演讲分为有稿演讲和无稿演讲两种类型。

**（一）有稿演讲**

1. 照着演讲稿读

有些对于准确性要求较高的演讲必须得逐字逐句地念出来，而且演讲的稿子也必须事先认真仔细地准备好。比如：高级官员的电视讲话、权威人士的公开发言、专业人士的学术报告等。在这样的情形中，绝对准确性是必须的。这样的演讲，每一个字都会被媒体、同事，也许是对手严加分析，如果措辞表达不当会引起一些较大的纠纷和争议。

这样的演讲虽然看起来很容易，但是根据讲稿宣读演讲也要求有很高的技巧。有些人做得很好，他们的文字"就像是当场发挥出来的，具有很强的生命力"。而另外一些人每次都会把好端端的一篇演讲稿给糟蹋掉：有的声音听起来没有力量，缺乏声音的感染力；有的犹豫不决，读得太快或太慢，说话的声音单调等。他们是"读"演讲稿给听众听，而不是跟听众谈话。

2. 根据记忆背诵

在很多传奇般的演讲人物当中，最让我们惊奇的就是他们能够把极长、极复杂的演讲完全根据回忆表达出来。如今，除极短的演讲是凭记忆背诵出来的以外，一般不再这么做了。可以凭记忆背诵的短篇演讲包括祝酒词、祝贺致词、欢迎词、引荐用语等。这种演讲一定要尽全力记下来,并且要背得滚瓜烂熟,这样就有机会跟听众保持交流状态,而不是尽想着把要说的话背出来。望着天花板或者盯着窗外看,希望能够回忆出演讲词的演讲人,跟照着手稿读的演讲人并没有什么差别。

**(二)无稿演讲**

**1. 临场发挥**

临场发挥的演讲是在没有准备,或者极少准备的情况下发表的演讲。很少有人选择做临场发挥的演讲。但有时候,这样的事情无法避免。事实上,你一辈子发表的许多演讲都是临场发挥的。可能有人临时请你"说几句话",或者,在课堂讨论、企业会议或委员会的报告中,你想针对前面的演讲人说几句话。甚至,在日常生活中,你已经做过成千上万次临场发挥的演讲,不管你自己是否意识到了,比如你告诉一位新同学如何报名上课,或者跟老板解释你为何上班迟到,或者在面试的时候回答提问等。在更正式一点的场合做临场发挥的演讲时,没有准备会让你一败涂地。如果你保持镇定,组织好自己的想法,并且只让自己说有限的几句话,那你一定会讲得很好。

**2. 即席演讲**

即席演讲是经过了仔细准备,而且进行过事先练习的演讲。进行演讲的时候,即席演讲人只利用少数几个笔记或演讲提纲来刺激自己的记忆,严格的措辞是在演讲的时候临时选择的。即席演讲是提前准备好的演讲,但是,实际的用语是在演讲的时候临时选择的。这使演讲人能够与听众保持更强的视觉接触,进行更直接的表达,比照着手稿念强得多。

**三、实训要点**

**(一)内容方面**

古今中外,无数著名演讲家的演讲虽然各显风采,但却有着共同的、本质的艺术真谛。要想成功演讲,从内容方面需要做到以下几点:

**1. 语料生动典型**

演讲离不开举例,举例的目的为佐证或导论。但选何事例、选多少则必须依演讲主题、观点需要而定,不必多选,也不可少选。多选常常给人以事例堆砌、讲解故事之感;没有事例则又给人缺乏说服力之感。成功演讲的选材要具有"典型性":一方面,选用事例必须同阐述观点紧密相连,必须能说明问题。不能说明问题的事例,决不可牵强附会,否则适得其反。另一方面,引用的事例必须是具有代表性、时代性,偶发的事例不能作为本质认识的依据。为此,选材的典型性就在于"精""实""新"。同时,所选之例应能感动人、吸引人、折服人。

**2. 情感真挚动人**

演讲贵在打动人心,而要打动人心则离不开演讲者的情感注入,即演讲者的感情流露和情绪表现。无论在演讲的起始、过程,还是推向高潮,乃至结束,演讲者的神形都应随着演讲情节的变化而变化,富有情感性。可以说,成功演讲者都是情感丰富者。这种情感发自演讲者的内心,表现出爱憎分明、喜怒分辨、苦乐分界。没有演讲者的情感投入,就不会有听众的情感付出。

没有演讲者的情感变化,也就难以激起听众的层层情感波澜。

### 3. 思想集中深刻

成功演讲都能给人留下难忘的言语、深邃的思考以及人生美好的启迪。这种外在的成功离不开内在的功夫,即演讲者哲理性的思维,形成思维哲理性的品质。演讲者无论对本人或他人的经历、事迹、教训、感想,还是对事物、事件的评价、感受都应进行缜密的思维、提炼,使之具有哲理性。教育艺术演讲家李燕杰同志指出:哲理是人们基于深刻的现实感受与观察,对生活所做的艺术概括,其中闪耀着作者的真知灼见,它给人以启迪,给人以智慧,还能陶冶情操,给人带来审美的愉悦。为此,成功的演讲者必须常常观察社会、洞察现实、思索人生、理性思辨、深层思维、哲理概括。

### (二) 结构方面

成功演讲都能给人留下非常深刻的印象,给人非常清晰的思路,这种外在的成功离不开内在的功夫,即演讲者哲理性的思维。

#### 1. 开头:新颖敏慧,引人入胜——"凤头"

演讲开场白最不易把握,要想三言两语抓住听众的心,并非易事。如果在演讲的开始,听众对你的话就不感兴趣,注意力一旦被分散了,那后面再精彩的言论也将黯然失色。匠心独运的开场白如同美丽引人的凤凰头冠一样,以其新颖、奇趣、敏慧之美,给听众留下深刻印象,能立即控制场上气氛,在瞬间吸引听众注意力,从而为接下来的演讲内容顺利地搭梯架桥。

#### 2. 中间:内容丰富,条理清晰——"猪肚"

在演讲中,有时也可以以某一典型事件或自然现象作触发点和媒介来加以引申,联系到另一类相关事物和事理,以此来升华演讲的主题。这种由此及彼、引申升华主题的技巧,通过形象化的渲染,不仅可以启迪听众的智慧和洞察力,还可以创设充满哲理美的境界和氛围。除此之外,还可以用丰富多样的道理、事例等作引申,如同猪的肚子,满满的干货,这样才会有吸引人的魅力。

#### 3. 结尾:简洁有力,意味深长——"豹尾"

结尾是演讲内容的结束,起着深化主题的作用。演讲稿的结尾要力求做到简洁明快;要善于运用感情色彩浓郁的词语或修辞手法;要富于鼓动性,才能给人留下深刻的印象。语言简洁,戛然而止,如同豹子的尾巴,简短有力。

### (三) 语言方面

演讲者与听众的信息交流是通过演讲语言来实现的,离开了语言,演讲也不复存在。

#### 1. 口语性

演讲稿应该是用口语而不是用书面语言写成。因为演讲是必须要讲出来的,而不是念出来或者背诵出来的。鲁迅先生说,我们要说现代的、自己的话,用活着的白话,将自己的思想感情直白地说出来。马克思说得更干脆:"你怎么说就怎么写,怎么写就怎么说。"

#### 2. 多样性

综合运用多样性语言就是让听众接受多方的语音刺激,从而调动听众"听"的积极性,强化演讲主题,给听众留下深刻印记,为演讲成功服务。

**经典案例**

## 竞选学生会主席演讲稿

各位老师、同学:

晚上好!

今天,作为幸运儿之一的我,十分荣幸地站在这里参加本届竞选。我竞选的是学生会副主席一职,虽然我很清楚,我的竞争对手都是各班精挑细选出来的精英,实力不可小觑,但我充分相信自己的能力!

也许,在我说出这番"豪言壮语"后,有些人会暗自发笑:这小姑娘怎么这么自负! 可是我想说,这不是自负,这是自信! 一个人如果连自己都不相信,那么他就没有资格做任何事,即使做了,也很难成功! 我之所以能够站在这里,大部分是由于我的自信! 当然,能力也很重要,因为一个人的信心和能力永远是成正比的。

自从在班里担任纪检委员后,我觉得我各方面能力都有了很大的提高,凭着极大的热情和干练的处事,赢得了同学们的好评,曾两次获得"优秀学生干部"荣誉称号。不过,成绩代表过去,未来的路还很漫长,在今后我将更加努力,使自己的能力进一步提高!

在管理班级的过程中,难免会遇到各种各样的困难,面对这些困难时,我也曾哭过,也产生过放弃的念头,但我一次又一次地说服自己不要放弃,因为放弃,就意味着以前的努力都白费了,我不甘心。到了今天,我已能坦然面对各种困难,尽自己最大的力量去解决它们。

尤其是参加竞选后,我明白了许多道理:做任何事都要有强烈的责任感,要认真履行自己的职责,才能无愧于心。在管理的同时,要严格要求自己,因为自己的一举一动都被同学们看在眼里,如果连自己都管不好,如何去管别人? 当然,管理时一定要有耐心,要顾及同学们的感受,不要去品尝"高处不胜寒"的滋味。否则,会给今后的工作带来许多困难。即使有困难,也应勇敢面对,不能因为自己是女孩子就过分依赖别人。

也许大家会觉得我说的都是班级管理的琐事,但是,如果连一个班的事都处理不好,怎么会处理好整个学校的事呢?

加入主席团,是一种荣誉,更是一种责任。我知道这条路上有许多挑战,但我自信我有能力担起这副担子,因为我的热情,我的毅力,我实事求是的工作态度是我坚强后盾。如果我有幸当选,我将以良好的精神状态,大胆地管理学生会事务,使校园生活更加多姿多彩,真正做好本届学生会的工作!

如果我不能当选,我也不会灰心、气馁,我将在今后努力提高自己的能力,同时希望学生会的工作在本届学生会成员的管理、协作下越做越好!

谢谢!

**分析点评:**这是一篇事先经过演讲者精心准备的演讲稿。该演讲者从致谢开始,然后指出此次参加竞聘的目的和理由,最后表明竞聘的态度和决心,结构安排合理,思路清晰流畅。同时,在演讲的关键之处,即应该陈述竞聘的理由和展示个人优势的时候,能够恰当地列举自己的工作业绩,大大增加竞聘演讲的感召力和说服力,情感流露真挚动人,不做作,激起了听众的情感波澜,取得了较好的演讲效果。

## 实操训练

拓展链接

1. 假如现在你所在班级要进行班长一职的竞聘演说,请问你该如何应对此次竞演?

2. 情景模拟

一天,一些企业界和政府高级官员,参加一个制药公司新设立的研究部门的开幕典礼。研究处处长的六名下属相继发表了有趣而又非常成功的演说。

"真是太神奇了,"一位官员对研究处长说,"你的每一位部下都很了不起,是杰出的人才,你为什么不登台讲几句呢?"

"我只能对着自己的脚讲,却不敢在大庭广众面前发表演说。"研究处处长不好意思地说。

过了一会儿,主席使他大吃一惊。

"接下来请研究处长讲话,"他说,"听说处长不太喜欢发表正式演说,不过,今天我们还是想听处长说几句话。"

结果非常糟糕,他虽然很勉强地站起来开口说话,但刚讲了一两句,就说很抱歉,不知道再说些什么话了。他手足无措地站在那里,一个精明强干的负责人面向群众说话的时候却显得笨拙而又迷惘,狼狈不堪。

请问,假如你是那个处长,你该如何应对以避免这种尴尬的局面?

# 面 试 艺 术

## 一、面试概述

面试是一种经过组织者精心设计,在特定场景下,以考官和考生的面对面交谈与观察为主要手段,由表及里测评考生的知识、能力、经验等有关素质的考试活动。

面试常常是公司挑选职工的一种重要方法。面试给公司和应招者提供了进行双向交流的机会,能使公司和应招者之间相互了解,从而双方都可更准确做出聘用与否、受聘与否的决定。

## 二、面试分类

面试的模式按其主试人员组成可分为:个人面试、小组面试、集体面试。

1. 个人面试

个人面试可分为一对一的面试和面试团面试两种方式。

(1) 一对一的面试。多用于较小规模的组织或招聘较低职位员工时采用,有时也用于人员粗选。

(2) 面试团面试。是由 2~5 个主考人组成主试团,分别对每个应试者进行面试。采取这种方式时,面试团成员需要进行角色分配,各自扮演不同的角色相互配合。一般面试团由三人组成,三人的分工主要侧重于评价维度的分配上:一位是人事部门经理,可侧重于对应试者求职的动机、工资要求,人际关系的考察上;一位是聘请咨询机构的人才招聘专家,侧重于对责任心、应变能力、领导才能等方面的考察上;一位是业务部门经理,一般负责考察其相关专业知识和过去的工作成绩。

2. 小组面试

小组面试是当一个职位的应聘人较多时,为了节省时间,让多个应试者组成一组,由数个面试考官轮流提问,着重考察应试者个性和协调性的面试方式。

3. 集体面试

集体面试主要是将被试者分成数组,每组 5~8 人,主试数人坐在一旁观察。主试中确立一个提问者,提出一个能引起争论的问题展开讨论,从而考察被试者的沟通能力、协调能力、语言表达能力和领导能力。该方式常被大型外资或合资企业采用,立志到这些公司工作的毕业生应了解其面试特点,做好准备,在面试过程中积极抢答问题,提出自己的观点,展现自己的才华。

### 三、面试中自我介绍的技巧

自我介绍是面试实战中非常关键的一步,因为众所周知的"前因效应"的影响,这 2~3 分钟的自我介绍将在很大程度上决定面试者在各位考官心里的形象。它既是自己对所有工作成绩与为人处世的总结,也定下了接下来面试的基调。

1. 开场问候

进门应该面带微笑,但不要谄媚。话不要多,称呼一声"老师好"就足够,声音要足够洪亮,底气要足,语速自然,彬彬有礼而大方得体,不要过分殷勤,也不要拘谨或过分谦让。

2. 经历介绍

对于应届生来说,一般重要的经历都是指在校期间的经历,面试者可以讲在校期间主要的学习经历、工作经历、奖项经历、勤工俭学经历等。这部分的陈述应该有所侧重,重点谈自己最辉煌的一面。如果是非应届生即在职人士,工作经历就要作为侧重点来陈述,侧重于团队合作的经历及自己在组织协调方面的经历。

3. 专业知识介绍

一种是在专业成绩上的优势,另一种则是实践能力。应届生可以直接说明自己的在校成绩,用优异的成绩来证明自己专业知识上的优势。对于非应届生来说,就需要强调自身毕业后从事的是与本专业相关的职业。因为有过工作经验,已能很好地把专业知识应用在工作中,所以自己从专业知识的角度是很适合该招考职位的。

### 四、面试应答技巧

一般面试时招聘方会通过提问,从不同角度去考察求职者的应变能力、适应能力、专业水平、工作能力、性格爱好、处事方式、处世态度等。对答阶段一般会出现的问题有:求职的愿望、动机;求职者的专业水平、学历、知识结构;求职者的性格兴趣、爱好特长;求职者的优缺点;求职者的社会实践、工作经验等。这不仅需要求职者有丰富的学识,而且还需要求职者有敏捷的反应和准确的语言表达能力。

1. 基本问题对答技巧

基本问题是求职面试场上问得较为频繁,回答者只需根据自己的特点给予回答即可的问题。虽然普通,但也需要讲求技巧,才会使求职者更突出,给面试官留下更深刻的印象。

(1)直言相告法。指说话坦率而明确,适用于实问实答、内容弹性很小的问题,如学历、专业学习、社会实践经验。

(2)实例证明法。指用具体的实例来说明自己的观点,最好能提供相应的证明自己能力的材料。如问:"你在大学期间有没有进行过勤工俭学?"答:"有,我参加过很多勤工俭学活动,如在某广告公司兼职、做家教。其中做家教的时间很长,我的专业是英语,我辅导了很多中学生,一方面获得了一些经济收入,另一方面积累了工作经验。"这一段回答,包含了两方面内容,一是求职者大学期间从事过的实践活动,二是求职者本人对实践的体会,可以说是一个令人满意的答案。

(3) 个性显示法。指用坦率的语言展示出个性。适用于对环境的认识、心理的紧张、对某种事物的恰当评价等。由于面试时大多数人都有戒备心，吞吞吐吐不敢将心中的真实情感流露出来。个性显示法可以缩短求职者与面试官之间的距离。如："说实话，我现在非常紧张，贵公司是我的第一选择，因为要参加面试，我昨天一夜都没有睡好，今后我要尽量锻炼自己，做到不管什么场合都能够沉着应付。"这些都是坦率的语言，让人感觉求职者很真诚，并谈到了今后努力的方向，这种回答往往会让局面变得对自己有利。

2. 难题对答技巧

面试过程中最令求职者感到头疼的是一些难题和怪题。这类问题有：兴趣爱好是什么？有没有自信心？有没有工作经验？学业情况如何？求职动机、工作意向是什么？如何看待本公司？将对本公司有什么贡献？如何看待某某部门这一职位？如果公司的公事与你的私事有冲突，你将如何处理等。求职者的要领在于坦然的态度和灵巧的变通。

(1) 巧转话题，化弊为利。在求职过程中，面试官提出来的有些看起来很实在，但是又不宜据实以告的问题应该换个角度，因为面试官其实并不期望真实的答案，只是要以此来测试求职者的应变能力。技巧高的人懂得利用这一点来给自己加分，化缺点为优点。如："你最大的缺点是什么？"答："我这个人有些心急，一有事就搁不下，我宿舍的同学老抱怨说我工作得太晚才回去。"

(2) 虚实并用，以实补虚。在面试场上，面试官的问题也有虚发，一方面想了解求职者的理解能力，另一方面希望求职者据实来回答。如："我们凭什么聘用你呢？"这是面试时的必问题，要求具体回答。求职者可以考虑从自己的专业知识技能、工作经验、社会实践等方面进行回答。

(3) 另辟蹊径，曲言婉答。在面试场上，有些问题如果用确定的语言回答，只能使自己走进死胡同，又使对方难以接受，所以可以避开正面话题，由远及近、由此及彼。

**经典案例**

### 大学生面试典型案例应对评析

**问题1：你为什么觉得自己能够在这个职位上取得成就？**

**分析：**这是一个相当宽泛的问题，它给求职者提供了一个机会，让可以求职者表明自己的热情和挑战欲。对这个问题的回答，将为面试官在判断求职者是否对这个职位有足够的动力和自信心方面提供关键信息。

**错误回答：**我不知道。我擅长做很多事情。如果我能得到并且决定接受这份工作，我确信自己可以把它做得相当好，因为过去我一直都很成功。

**评论：**尽管表面听起来这种回答可以接受，但是它在几个方面都有欠缺：首先，这种语言很无力。像"擅长做很多事情"以及"相当好"之类的话，都无法反映你的进取心，而如果不能表现出足够的进取心,你就很难进入最好的企业。另外,将过去做过的所有事情同这个职位联系起来,意味着求职者对这一特定职位没有足够的成就欲望和真正的热情。

**正确回答:**从我的经历来看,这是我的职业生涯中最适合我的一份工作。几年来,我一直在研究这个领域并且关注贵公司,一直希望能有这样的面试机会。我拥有必备的技能(简单讲述一个故事来加以说明),我非常适合这一职位,也确实能做好这份工作。

**评论:**这是一个很有说服力的回答,因为它可以告诉面试官,这个求职者拥有足够的技能和知识来完成这项工作。他所讲的故事表明了求职者的技能,也验证了他最初的陈述。最后,求职者表示了"做好这份工作"的愿望,这证明了他具备对这份工作的热情和进取心。

**问题2:你最大的长处和弱点分别是什么? 这些长处和弱点对你在企业的业绩会有什么样的影响?**

**分析:**这个问题的最大陷阱在于,第一个问题实际上是两个问题,而且还要加上一个后续问题。这两个问题的陷阱并不在于你能否认真看待自己的长处,也不在于你能否正确认识自己的弱点。记住,你的回答不仅能向面试官说明你的优势和劣势,还能在总体上表现你的价值观和对自身价值的看法。

**错误回答:**从长处来说,我实在找不出什么突出的方面,我认为我的技能是非常广泛的。至于弱点,我想,如果某个项目时间拖得太久,我可能会感到厌倦。

**评论:**这种回答的最大问题在于,求职者实际上是拒绝回答问题的第一部分。对第二部分的回答,暗示了求职者可能缺乏热情。另外,基于对这一问题前两个部分的回答,求职者对后面的问题很难再做出令人满意的回答。

**正确回答:**从长处来说,我最大的优点是拥有一个高度理性的头脑,能够从混乱中整理出头绪来。我最大的弱点是,对那些没有秩序感的人,可能缺乏足够的耐心。我相信我的组织才能可以帮助企业更快地实现目标,而且有时候,我处理复杂问题的能力也能影响我的同事。

**评论:**这个回答做到了"一箭三雕"。首先,它确实表明了求职者的最大长处;其次,它所表达的弱点实际上很容易被理解为长处;最后,它指出了这个求职者的长处和弱点对企业和其他员工的好处。

**实操训练**

拓展链接

1. 分析以下案例

周先生曾在家乡的建筑企业干了多年,不仅懂技术,而且深谙行业内部的相关业务程序。来到北京后,他去某建筑公司应聘。面试结束时,老板问他有什么要求。小周就提出了"月工资不能少于3 000元"。老板说:"我们需要的是有资历、经验多的人,你这么年轻,又没有多少工作经验,要这么高的工资,有些不现实"。小周平时开惯了玩笑,脱口而出:"我奶奶岁数大,80多岁了,来您这儿待着,您看着给个二三百元就行。"没想到一句话把老板给逗乐了,竟然聘用了他。

讨论:(1) 刚毕业的学生求职时能这么答问吗? 为什么?

(2) 小周这句话算不算顶撞? 请说出理由来。

(3) 如果换作你,准备怎样回答,为什么?

2. 以班级为单位组织一次模拟面试。

# 推 销 艺 术

## 一、推销概述

推销是工商企业组织针对社会需求，面对市场竞争，在市场调查论证的基础上，采用人员或非人员（广告推销、活动促销、服务促销）形式所进行的促进产品、商品销售流通的专门活动。从本质上说，推销就是通过市场商品交换机制，沟通广大消费者与企业组织的互惠互利的合作，是人类赖以生存发展的社会活动。市场经济环境中的推销，作为企业和目标市场之间的信息沟通，居一切工商企业经营管理行为之首。西方企业家说得更透彻："没推销，就没有企业。"

人员推销既是一种最古老、最简单的销售方法，也是现代营销中特别有效的方法。尤其是在市场竞争激烈复杂的情况下，人员推销具有其他推销方式无法比拟的人与人之间直接接触的特点和优势，即语言沟通的特别效应。例如在送别顾客时，服务员说："先生，吃了我们的火锅还满意吧？如果满意，欢迎您全家人也来尝一次，花钱不多，到这里过一个快乐的周末吧！"

这种充满人情味的推销语言，就易使人满意。即使顾客消费过程结束，付完款结了账，也要善始善终地运用规范服务语言，给顾客留下良好的印象。

## 二、推销原则

### （一）顾客中心原则

如果销售员的眼睛只看顾客口袋里的"钱"，顾客迟早会离开；如果关注顾客的"心"，顾客则会永远留在销售员身边。推销不是设法把东西"卖"给他，而是协助他"买"到所需要的、所想要的东西。真正高明的做法应当是主动向客户说明购买某种商品后会带来的各种好处。对这些好处进行详细、生动、准确的描述，才是引导客户购买商品的关键。

一般来说，说明购买某一商品会带来益处时，应该围绕客户的需要，站在对方的立场上来考虑："如果是我，为什么要买这个东西呢？"朝着这个方向去思考、去努力，就能深入到客户所期望的目标，也就能抓住所要说明的要点。所以，最好是用顾客的语言和思维顺序来介绍产品，安排说话顺序，不要将自己准备好的话一股脑儿地说下去，要注意顾客的表情，灵活调整销售语言，并力求通俗易懂。

### （二）倾听原则

"三分说，七分听"，这是人际交谈基本原理。在推销商品时，除了仔细观察对方，看对方对商品的表情和态度、在言谈中的各种表现外，还必须虚心听取对方议论，了解对方的真正意图和隐匿在内心的打算。销售过程中要求销售员用一颗体谅的心来听，要找出双方的共同点，适时以表情显示理解顾客的观点，作为鼓励顾客讲出其需求的有效反馈。并充分发挥机敏与理解能力，扮演比较恰当、适中的推销角色，向顾客推销商品。

### （三）禁忌语原则

在保持一个积极的态度时，沟通用语也应当尽量选择体现正面意思的词语，选择积极的用词与方式。比如说，要感谢客户在电话中的等候，常用的说法是"很抱歉让你久等"。这"抱歉让你久等"，实际上在潜意识中强化了对方"久等"这个感觉。比较正面的表达可以是"谢谢您的耐心等待"。保持商量的口吻，应避免使用导致商谈失败的语言，避免用命令或乞求语气，尽量采用顾客为中心的语句。一般情况下，毫无生气、灰暗、冷淡的话，谁听了都会丧气。面对这类话语，很难指望顾客有积极的反应，因为顾客的选择会受自己感受的影响。

下面是常见的正、负面用语对比，请体会其中的差别，并举一反三，正确使用。

负面用语："问题是那种产品都卖完了。"
正面表达："由于需求很高，送货暂时没接上。"

负面用语："我不能给你他的手机号码！"
正面表达："您是否向他本人询问他的手机号？"

负面用语："我不想给您错误的建议。"
正面表达："我想给您正确的建议。"

负面用语："你没有必要担心这次修后又会坏！"
正面表达："这次维修后，请尽管放心使用。"

负面用语："你叫什么名字？"
正面表达："请问，我可以知道你的名字吗？"

负面用语："你必须……"
正面表达："我们要为你那样做，这是我们需要的。"

负面用语："如果你需要我们的帮助，你必须……"
正面表达："我愿意帮助你，但首先我需要……"

负面用语："你没有弄明白，这次听好了。"
正面表达："也许我说得不够清楚，请允许我再解释一遍。"

### （四）"低褒感微"原则

推销的诀窍，被概括为"低褒感微"4个字，这4个字各有其具体含义和用处。

"低"，就是态度谦恭。要始终做到谦逊平易，心里应时常想着"顾客是真正的上帝"。一举一动，对客户都要十分尊重，手要放端正，站立时放在体侧，坐着时放在腿上。头不能高昂着，应略低垂，微收下颌。

"褒"是指褒扬赞美。赞美的话谁都爱听,所以推销商品时不要忘记同时说些赞美的话语。

"感"字说的是对对方的感慰之意和感谢之词,应该由衷地感谢客户订购,感谢客户照顾。

至于"微",就是微笑。意思是说作为销售员应该经常面带笑容,给他人留下良好的印象。

### 三、化解顾客异议的语言方式

因为异议的普遍存在,推销经常出现磕磕碰碰的情况。顾客提出抱怨,而销售者也容易怒目相向。有时确实是顾客比较挑剔,如果销售者也脾气暴躁、心胸狭窄,势必影响交易。聪明的销售者往往善于给顾客一个"台阶",让对方恢复心理平衡,这样既能赢得顾客,也能平息双方的矛盾,使顾客在购买自己的产品时保持愉快的心情。

1. 劝说式

传统的优秀销售人员善于采用说服的方式,进行"劝说式的销售"。当遇到顾客坚定的异议时,可以选择暂时搁置的处理方法,但这仅仅是一种缓兵之计,还需要积极探明顾客的真实需求,依循"顾客中心"原理来争取解决问题;而平庸的销售人员则往往是坚持己见、极易导致交易的失败,要不然就走向另一个极端——让步太多而最终导致卖方利益大大受损。

2. 竞争式

竞争式的销售员着眼于最大的利益,主张找到问题,即客户的真实异议所在,然后加以消除。但其结果往往导致客户也坚持最大的利益,最终可能由于双方利益的严重冲突而导致交易的彻底失败,甚至永远失去客户。

3. 合作式

通常主张双方共同协商找到解决问题的办法,从而克服异议。合作式的销售人员更注重考虑双方共同的利益,着眼于双方都能接受的、较为妥善的解决分歧,共同获得最大的利益,达到"双赢"。合作式的销售人员善于给自己的主张限定一定的范围,只要双方达成的协议进入自己的范围就可以接受,并非一定要坚持使自己获得最大的利益。

当然,无论采用何种化解异议的方式,都要以平和与欣赏的话语让客户感受到尊重,营销沟通才能顺利进行。戴尔·卡耐基认为,在各式各样的交易洽谈中,常有一些不利因素。如双方交谈时,对方怨天尤人,埋怨产品不好,希望能换一个品种;或者对服务不满,表示强烈异议,等等。要消除这些不利因素需要有耐心,要心平气和。从策略上讲,就是认同客户的感受。认同不等同于赞同。赞同是同意对方的看法,而认同是认可对方的感受,了解对方的想法,但并不是同意对方的看法。销售人员要做的不是赞同而是认同。认同的作用是淡化冲突,提出双方需要共同面对的问题,以利于进一步解决异议。例如,重复客户的反对意见,并将语气淡化,趋向于大事化小。

经典案例

## 案例（一）

一位家庭主妇走进一家家电商店。她想买个冰箱，但拿不定主意该买哪一种比较好。于是她向店员询问："我该买大一点的比较好呢，还是小一点的？"有一位业绩良好、很有经验的推销员，这样告诉她说："这台大的比较好一些，夏天你不仅可以为每一个家人准备好冷毛巾，甚至还可以将您先生的家居服装放进里面，让他度过一个薄爽的夏天。相信您和您的家人都会为此感到高兴的。"于是，那位顾客点头做出决定："是啊，那我就买这一台了。"

**分析点评**：该案例的营销成功之处在于推销员在向客户进行商品介绍时，从客户的角度出发，比较详细、生动、准确地描述了商品的好处，从而激发了客户的购买欲望。这正是营销语言中的顾客中心原则。

## 案例（二）

有个人很善于做皮鞋生意，别人卖一双，他往往能卖几双。朋友向他请教做生意的诀窍，他笑了笑说："有些顾客到你这里来买鞋子，总是东挑西拣到处找毛病，把你的皮鞋说得一无是处。有些顾客总是头头是道地告诉你哪种皮鞋最好，价格又适中，式样与做工又如何精致，好像他们是这方面的专家。你若与之争论毫无用处，他们这样评论只不过想以较低的价格把皮鞋买到手。遇此情况你可以恭维对方确实眼光独特，很会选鞋、挑鞋，自己的皮鞋确实有不足之处，如式样并不新潮，不过较稳罢了，鞋底不是牛筋底，不能踩出笃笃的响声，不过，柔软一些也有柔软的好处……你在表示不足的同时也侧面赞扬一番这鞋子的优点，也许这正是他们瞧中的地方，可以使他们动心。顾客花这么大心思不正是表明了他们其实是很喜欢这种鞋子吗？以退为进，既满足了对方的挑剔心理，又能顺利做成生意。"

**分析点评**：案例中的卖鞋人由于能够正确理解顾客在营销过程中产生的异议，并善于给顾客一个"台阶"，以退为进，取得了营销的成功。

实操训练

1. 思考以下情境：
怎样说服说"我要走了"的顾客？
怎样对待现在不买的顾客？
怎样对待到别处去看看再说的顾客？

拓展链接

怎样应对觉得价格高的顾客?

2. 改进下列对话中的谈话方式。

销售人员:有人在吗? 我是××公司的销售人员陈大勇。在百忙中打扰您,想要向您请教有关贵店目前使用收银机的事情。

商店老板:哦,我们店里的收银机有什么毛病吗?

销售人员:并不是有什么毛病,我想是否已经到了需要换新的时候。

商店老板:没有这回事,我们店里的收银机状况很好呀,使用起来还像新的一样,嗯,我不想考虑换台新的。

销售人员:并不是这样哟! 对面李老板已更换了新的收银机呢。

商店老板:不好意思,让您专程而来,以后再说吧。

附录 知识拓展

# 附录一　大学生必读书目 100 本

| 序号 | 书名 | 作者及出版时间 |
|---|---|---|
| 1 | 《语言问题》 | 赵元任著,商务印书馆 1980 年版 |
| 2 | 《语言与文化》 | 罗常培著,语文出版社 1989 年版 |
| 3 | 《汉语语法分析问题》 | 吕叔湘著,商务印书馆 1979 年版 |
| 4 | 《修辞学发凡》 | 陈望道著,上海教育出版社 1979 年版 |
| 5 | 《汉语方言概要》 | 袁家骅等著,文字改革出版社 1983 年版 |
| 6 | 《马氏文通》 | 马建忠著,商务印书馆 1983 年版 |
| 7 | 《汉语音韵》 | 王力著,中华书局 1980 年版 |
| 8 | 《训诂简论》 | 陆宗达著,北京出版社 1980 年版 |
| 9 | 《中国语言学史》 | 王力著,山西人民出版社 1981 年版 |
| 10 | 《中国文字学》 | 唐兰著,上海古籍出版社 1979 年版 |
| 11 | 《中国历代语言学论文选注》 | 吴文祺、张世禄主编,上海教育出版社 1986 年版 |
| 12 | 《普通语言学教程》 | 〔瑞〕索绪尔著,高名凯译,岑麒祥、叶蜚声校注,商务印书馆 1982 年版 |
| 13 | 《语言论》 | 高名凯著,商务印书馆 1995 年版 |
| 14 | 《西方语言学名著选读》 | 胡明扬主编,中国人民大学出版社 1988 年版 |
| 15 | 《应用语言学》 | 刘涌泉、乔毅编,上海外语教育出版社 1991 年版 |
| 16 | 《马克思恩格斯论文学与艺术》 | 陆梅林辑注,人民文学出版社 1982 年版 |
| 17 | 《在延安文艺座谈会上的讲话》 | 毛泽东著,见《毛泽东选集》第 3 卷,人民出版社 1991 年版 |
| 18 | 《邓小平论文艺》 | 中共中央宣传部文艺局编,人民文学出版社 1989 年版 |
| 19 | 《中国历代文论选》 | 郭绍虞主编,上海古籍出版社 1979 年版 |
| 20 | 《文心雕龙选译》 | 刘勰著,周振甫译注,中华书局 1980 年版 |
| 21 | 《诗学》 | 亚里斯多德著,罗念生译,人民文学出版社 1986 年版 |
| 22 | 《西方文艺理论史精读文献》 | 章安祺编,中国人民大学出版社 1996 年版 |

| 序号 | 书名 | 作者及出版时间 |
|---|---|---|
| 23 | 《20世纪西方美学名著选》 | 蒋孔阳主编,复旦大学出版社1987年版 |
| 24 | 《西方美学史》 | 朱光潜著,人民文学出版社2002年版 |
| 25 | 《文学理论》 | 〔美〕韦勒克、沃伦著,刘象愚等译,三联书店1984年版 |
| 26 | 《比较文学与文学理论》 | 〔美〕韦斯坦因著,刘象愚译,辽宁人民出版社1987年版 |
| 27 | 《诗经选》 | 余冠英选注,人民文学出版社1979年版 |
| 28 | 《楚辞选》 | 马茂元选注,人民文学出版社1980年版 |
| 29 | 《论语译注》 | 杨伯峻译注,中华书局1980年版 |
| 30 | 《孟子译注》 | 杨伯峻译注,中华书局1960年版 |
| 31 | 《庄子今注今译》 | 陈鼓应译注,中华书局1983年版 |
| 32 | 《乐府诗选》 | 余冠英选,人民文学出版社1959年版 |
| 33 | 《史记选》 | 王伯祥选,人民文学出版社1957年版 |
| 34 | 《陶渊明集》 | 逯钦立校注,中华书局1979年版 |
| 35 | 《李白诗选》 | 复旦大学中文系古典文学教研组选注,人民文学出版社1977年版 |
| 36 | 《杜甫诗选》 | 山东大学中文系古典文学教研室,人民文学出版社1980年版 |
| 37 | 《李商隐选集》 | 周振甫选注,上海古籍出版社1986年版 |
| 38 | 《唐宋八大家文选》 | 牛宝彤选,甘肃人民出版社1984年版 |
| 39 | 《唐人小说》 | 汪辟疆校录,上海古籍出版社1978年版 |
| 40 | 《唐诗选》 | 中国社会科学院文学所编,人民文学出版社2002年版 |
| 41 | 《唐宋词选》 | 中国社科院文学所编,人民文学出版社1981年版 |
| 42 | 《宋诗选注》 | 钱锺书选注,人民文学出版社1989年版 |
| 43 | 《苏轼选集》 | 王水照选注,上海古籍出版社1984年版 |
| 44 | 《元人杂剧选》 | 顾肇仓选注,人民文学出版社1965年版 |
| 45 | 《辛弃疾词选》 | 朱德才选注,人民文学出版社1988年版 |
| 46 | 《西厢记》 | 王实甫著,辽宁教育出版1997年版 |
| 47 | 《三国演义》 | 罗贯中著,人民文学出版社1973年版 |
| 48 | 《水浒传》 | 施耐庵著,人民文学出版社1975年版 |
| 49 | 《西游记》 | 吴承恩著,人民文学出版社1980年版 |

| 序号 | 书名 | 作者及出版时间 |
|---|---|---|
| 50 | 《今古奇观》 | 抱瓮老人辑,人民文学出版社 1957 年版 |
| 51 | 《牡丹亭》 | 汤显祖著,人民文学出版社 1963 年版 |
| 52 | 《聊斋志异选》 | 张友鹤选注,人民文学出版社 1978 年版 |
| 53 | 《儒林外史》 | 吴敬梓著,人民文学出版社 1977 年版 |
| 54 | 《红楼梦》 | 曹雪芹著,人民文学出版社 1982 年版 |
| 55 | 《长生殿》 | 洪昇著,人民文学出版社 2002 年版 |
| 56 | 《桃花扇》 | 孔尚任著,人民文学出版社 1958 年版 |
| 57 | 《老残游记》 | 刘鹗著,人民文学出版社 1982 年版 |
| 58 | 《鲁迅小说集》 | 鲁迅著,人民文学出版社 1990 年版 |
| 59 | 《野草》 | 鲁迅著,人民文学出版社 1979 年版 |
| 60 | 《女神》 | 郭沫若著,人民文学出版社 1958 年版 |
| 61 | 《郁达夫小说集》 | 郁达夫著,浙江人民出版社 1982 年版 |
| 62 | 《新月诗选》 | 陈梦家编,上海书店复印 1985 年 |
| 63 | 《子夜》 | 茅盾著,人民文学出版社 1994 年版 |
| 64 | 《家》 | 巴金著,人民文学出版社 1953 年版 |
| 65 | 《沈从文小说选集》 | 沈从文著,人民文学出版社 1982 年版 |
| 66 | 《骆驼祥子》 | 老舍著,人民文学出版社 1999 年版 |
| 67 | 《曹禺选集》 | 曹禺著,人民文学出版社 2002 年版 |
| 68 | 《艾青诗选》 | 艾青著,人民文学出版社 1979 年版 |
| 69 | 《围城》 | 钱锺书著,人民文学出版社 1980 年版 |
| 70 | 《赵树理选集》 | 赵树理著,人民文学出版社 2002 年版 |
| 71 | 《现代派诗选》 | 蓝棣之编选,人民文学出版社 1986 年版 |
| 72 | 《创业史》(第一部) | 柳青著,中国青年出版社 1979 年版 |
| 73 | 《茶馆》 | 老舍著,人民文学出版社 1994 年版 |
| 74 | 《王蒙代表作》 | 张学正编,人民文学出版社 2002 年版 |
| 75 | 《白鹿原》 | 陈忠实著,人民文学出版社 1993 年版 |
| 76 | 《余光中精品文集》 | 余光中著,安徽人民出版社 1999 年版 |
| 77 | 《台湾小说选》 | 《台湾小说选》编辑委员会选编,人民文学出版社 1983 年版 |
| 78 | 《中国当代文学作品选》 | 杨圭言主编 |
| 79 | 《希腊的神话和传说》 | [德]斯威布著,楚图南译,人民文学出版社 2002 年版 |

| 序号 | 书名 | 作者及出版时间 |
| --- | --- | --- |
| 80 | 《俄狄浦斯王》 | 罗念生译,人民文学出版社 1961 年版 |
| 81 | 《神曲》 | ［意］但丁著,王维克译,人民文学出版社 1980 年版 |
| 82 | 《哈姆雷特》 | (《莎士比亚悲剧四》)朱生豪译,人民文学出版社 1988 年版 |
| 83 | 《伪君子》 | 莫里哀著,人民文学出版社 1955 年版 |
| 84 | 《浮士德》 | 歌德著,译林出版社 1999 年版 |
| 85 | 《悲惨世界》 | ［法］雨果著,人民文学出版社,1980 年版 |
| 86 | 《红与黑》 | ［法］司汤达著,郝运译,上海译文出版社 1986 年版 |
| 87 | 《高老头》 | ［法］巴尔扎克著,傅雷译,安徽文艺出版社 1998 年版 |
| 88 | 《双城记》 | ［英］狄更斯著,人民文学出版社,2004 年版 |
| 89 | 《德伯家的苔丝》 | ［英］哈代著,张谷若译,人民文学出版社 1957 年版 |
| 90 | 《卡拉马佐夫兄弟》 | ［俄］陀思妥耶夫斯基著,耿济之译,人民文学出版社 1981 年版 |
| 91 | 《安娜·卡列尼娜》 | ［俄］托尔斯泰著,周扬、谢索台译,人民文学出版社 1956 年版 |
| 92 | 《母亲》 | ［俄］高尔基著,人民文学出版社 2002 年版 |
| 93 | 《百年孤独》 | ［哥伦比亚］加西亚·马尔克斯著,黄锦炎等译,上海译文出版社 1989 年版 |
| 94 | 《喧哗与骚动》 | ［美］福克纳著,李文俊译,上海译文出版社 1984 年版 |
| 95 | 《等待戈多》 | ［法］萨缪埃尔·贝克特著,人民文学出版社 2002 年版 |
| 96 | 《沙恭达罗》 | ［印］迦梨陀娑著,季羡林译,人民文学出版社 2002 年版 |
| 97 | 《泰戈尔诗选》 | ［印］泰戈尔著,冰心译,湖南人民出版社 1981 年版 |
| 98 | 《雪国》 | ［日］川端康成著,上海译文出版社 1981 版 |
| 99 | 《一千零一夜》 | ［阿拉伯］纳训译,人民文学出版社 1983 年版 |
| 100 | 《外国文学作品选》 | 刘象愚　吴宇华,中国人民大学出版社 2000 年版 |

# 附录二 党政机关公文格式

1. 范围

本标准规定了党政机关公文通用的纸张要求、排版和印制装订要求、公文格式各要素的编排规则,并给出了公文的式样。

本标准适用于各级党政机关制发的公文。其他机关和单位的公文可以参照执行。

使用少数民族文字印制的公文,其用纸、幅面尺寸及版面、印制等要求按照本标准执行,其余可以参照本标准并按照有关规定执行。

2. 规范性引用文件

下列文件对于本标准的应用是必不可少的。凡是注日期的引用文件,仅所注日期的版本适用于本标准。凡是不注日期的引用文件,其最新版本(包括所有的修改单)适用于本标准。

GB/T 148 印刷、书写和绘图纸幅面尺寸

GB 3100 国际单位制及其应用

GB 3101 有关量、单位和符号的一般原则

GB 3102(所有部分) 量和单位

GB/T 15834 标点符号用法

GB/T 15835 出版物上数字用法

3. 术语和定义

下列术语和定义适用于本标准。

3.1

字:标示公文中横向距离的长度单位。在本标准中,一字指一个汉字宽度的距离。

3.2

行:标示公文中纵向距离的长度单位。在本标准中,一行指一个汉字的高度加 3 号汉字高度的 7/8 的距离。

4. 公文用纸主要技术指标

公文用纸一般使用纸张定量为 $60 \ \mathrm{g/m^2} \sim 80 \ \mathrm{g/m^2}$ 的胶版印刷纸或复印纸。纸张白度 $80\% \sim 90\%$,横向耐折度≥15 次,不透明度≥85%,pH 值为 7.5~9.5。

5. 公文用纸幅面尺寸及版面要求

5.1 幅面尺寸

公文用纸采用 GB/T 148 中规定的 A4 型纸,其成品幅面尺寸为:210 mm×297 mm。

5.2　版面

5.2.1　页边与版心尺寸

公文用纸天头（上白边）为 37 mm±1 mm，公文用纸订口（左白边）为 28 mm±1 mm，版心尺寸为 156 mm×225 mm。

5.2.2　字体和字号

如无特殊说明，公文格式各要素一般用 3 号仿宋体字。特定情况可以作适当调整。

5.2.3　行数和字数

一般每面排 22 行，每行排 28 个字，并撑满版心。特定情况可以作适当调整。

5.2.4　文字的颜色

如无特殊说明，公文中文字的颜色均为黑色。

6. 印制装订要求

6.1　制版要求

版面干净无底灰，字迹清楚无断划，尺寸标准，版心不斜，误差不超过 1 mm。

6.2　印刷要求

双面印刷；页码套正，两面误差不超过 2 mm。黑色油墨应当达到色谱所标 BL100%，红色油墨应当达到色谱所标 Y80%、M80%。印品着墨实、均匀；字面不花、不白、无断划。

6.3　装订要求

公文应当左侧装订，不掉页，两页页码之间误差不超过 4 mm，裁切后的成品尺寸允许误差 ±2mm，四角成 90°，无毛茬或缺损。

骑马订或平订的公文应当：

a) 订位为两钉外订眼距版面上下边缘各 70 mm 处，允许误差 ±4 mm；

b) 无坏钉、漏钉、重钉，钉脚平伏牢固；

c) 骑马订钉锯均订在折缝线上，平订钉锯与书脊间的距离为 3 mm~5 mm。

包本装订公文的封皮（封面、书脊、封底）与书芯应吻合、包紧、包平、不脱落。

7. 公文格式各要素编排规则

7.1　公文格式各要素的划分

本标准将版心内的公文格式各要素划分为版头、主体、版记三部分。公文首页红色分隔线以上的部分称为版头；公文首页红色分隔线（不含）以下、公文末页首条分隔线（不含）以上的部分称为主体；公文末页首条分隔线以下、末条分隔线以上的部分称为版记。

页码位于版心外。

7.2　版头

7.2.1　份号

如需标注份号，一般用 6 位 3 号阿拉伯数字，顶格编排在版心左上角第一行。

7.2.2　密级和保密期限

如需标注密级和保密期限，一般用 3 号黑体字，顶格编排在版心左上角第二行；保密期限中的数字用阿拉伯数字标注。

### 7.2.3　紧急程度

如需标注紧急程度,一般用 3 号黑体字,顶格编排在版心左上角;如需同时标注份号、密级和保密期限、紧急程度,按照份号、密级和保密期限、紧急程度的顺序自上而下分行排列。

### 7.2.4　发文机关标志

由发文机关全称或者规范化简称加"文件"二字组成,也可以使用发文机关全称或者规范化简称。

发文机关标志居中排布,上边缘至版心上边缘为 35 mm,推荐使用小标宋体字,颜色为红色,以醒目、美观、庄重为原则。

联合行文时,如需同时标注联署发文机关名称,一般应当将主办机关名称排列在前;如有"文件"二字,应当置于发文机关名称右侧,以联署发文机关名称为准上下居中排布。

### 7.2.5　发文字号

编排在发文机关标志下空二行位置,居中排布。年份、发文顺序号用阿拉伯数字标注;年份应标全称,用六角括号"〔 〕"括入;发文顺序号不加"第"字,不编虚位(即 1 不编为 01),在阿拉伯数字后加"号"字。

上行文的发文字号居左空一字编排,与最后一个签发人姓名处在同一行。

### 7.2.6　签发人

由"签发人"三字加全角冒号和签发人姓名组成,居右空一字,编排在发文机关标志下空二行位置。"签发人"三字用 3 号仿宋体字,签发人姓名用 3 号楷体字。

如有多个签发人,签发人姓名按照发文机关的排列顺序从左到右、自上而下依次均匀编排,一般每行排两个姓名,回行时与上一行第一个签发人姓名对齐。

### 7.2.7　版头中的分隔线

发文字号之下 4 mm 处居中印一条与版心等宽的红色分隔线。

### 7.3　主体

### 7.3.1　标题

一般用 2 号小标宋体字,编排于红色分隔线下空二行位置,分一行或多行居中排布;回行时,要做到词意完整,排列对称,长短适宜,间距恰当,标题排列应当使用梯形或菱形。

### 7.3.2　主送机关

编排于标题下空一行位置,居左顶格,回行时仍顶格,最后一个机关名称后标全角冒号。如主送机关名称过多导致公文首页不能显示正文时,应当将主送机关名称移至版记,标注方法见 7.4.2。

### 7.3.3　正文

公文首页必须显示正文。一般用 3 号仿宋体字,编排于主送机关名称下一行,每个自然段左空二字,回行顶格。文中结构层次序数依次可以用"一、""(一)""1.""(1)"标注;一般第一层用黑体字、第二层用楷体字、第三层和第四层用仿宋体字标注。

### 7.3.4 附件说明

如有附件,在正文下空一行左空二字编排"附件"二字,后标全角冒号和附件名称。如有多个附件,使用阿拉伯数字标注附件顺序号(如"附件:1. ×××××");附件名称后不加标点符号。附件名称较长需回行时,应当与上一行附件名称的首字对齐。

### 7.3.5 发文机关署名、成文日期和印章

#### 7.3.5.1 加盖印章的公文

成文日期一般右空四字编排,印章用红色,不得出现空白印章。

单一机关行文时,一般在成文日期之上、以成文日期为准居中编排发文机关署名,印章端正、居中下压发文机关署名和成文日期,使发文机关署名和成文日期居印章中心偏下位置,印章顶端应当上距正文(或附件说明)一行之内。

联合行文时,一般将各发文机关署名按照发文机关顺序整齐排列在相应位置,并将印章一一对应、端正、居中下压发文机关署名,最后一个印章端正、居中下压发文机关署名和成文日期,印章之间排列整齐、互不相交或相切,每排印章两端不得超出版心,首排印章顶端应当上距正文(或附件说明)一行之内。

#### 7.3.5.2 不加盖印章的公文

单一机关行文时,在正文(或附件说明)下空一行右空二字编排发文机关署名,在发文机关署名下一行编排成文日期,首字比发文机关署名首字右移二字,如成文日期长于发文机关署名,应当使成文日期右空二字编排,并相应增加发文机关署名右空字数。

联合行文时,应当先编排主办机关署名,其余发文机关署名依次向下编排。

#### 7.3.5.3 加盖签发人签名章的公文

单一机关制发的公文加盖签发人签名章时,在正文(或附件说明)下空二行右空四字加盖签发人签名章,签名章左空二字标注签发人职务,以签名章为准上下居中排布。在签发人签名章下空一行右空四字编排成文日期。

联合行文时,应当先编排主办机关签发人职务、签名章,其余机关签发人职务、签名章依次向下编排,与主办机关签发人职务、签名章上下对齐;每行只编排一个机关的签发人职务、签名章;签发人职务应当标注全称。

签名章一般用红色。

#### 7.3.5.4 成文日期中的数字

用阿拉伯数字将年、月、日标全,年份应标全称,月、日不编虚位(即 1 不编为 01)。

#### 7.3.5.5 特殊情况说明

当公文排版后所剩空白处不能容下印章或签发人签名章、成文日期时,可以采取调整行距、字距的措施解决。

### 7.3.6 附注

如有附注,居左空二字加圆括号编排在成文日期下一行。

### 7.3.7  附件

附件应当另面编排,并在版记之前,与公文正文一起装订。"附件"二字及附件顺序号用 3 号黑体字顶格编排在版心左上角第一行。附件标题居中编排在版心第三行。附件顺序号和附件标题应当与附件说明的表述一致。附件格式要求同正文。

如附件与正文不能一起装订,应当在附件左上角第一行顶格编排公文的发文字号并在其后标注"附件"二字及附件顺序号。

### 7.4  版记

### 7.4.1  版记中的分隔线

版记中的分隔线与版心等宽,首条分隔线和末条分隔线用粗线(推荐高度为 0.35 mm),中间的分隔线用细线(推荐高度为 0.25 mm)。首条分隔线位于版记中第一个要素之上,末条分隔线与公文最后一面的版心下边缘重合。

### 7.4.2  抄送机关

如有抄送机关,一般用 4 号仿宋体字,在印发机关和印发日期之上一行、左右各空一字编排。"抄送"二字后加全角冒号和抄送机关名称,回行时与冒号后的首字对齐,最后一个抄送机关名称后标句号。

如需把主送机关移至版记,除将"抄送"二字改为"主送"外,编排方法同抄送机关。既有主送机关又有抄送机关时,应当将主送机关置于抄送机关之上一行,之间不加分隔线。

### 7.4.3  印发机关和印发日期

印发机关和印发日期一般用 4 号仿宋体字,编排在末条分隔线之上,印发机关左空一字,印发日期右空一字,用阿拉伯数字将年、月、日标全,年份应标全称,月、日不编虚位(即 1 不编为 01),后加"印发"二字。

版记中如有其他要素,应当将其与印发机关和印发日期用一条细分隔线隔开。

### 7.5  页码

一般用 4 号半角宋体阿拉伯数字,编排在公文版心下边缘之下,数字左右各放一条一字线;一字线上距版心下边缘 7 mm。单页码居右空一字,双页码居左空一字。公文的版记页前有空白页的,空白页和版记页均不编排页码。公文的附件与正文一起装订时,页码应当连续编排。

### 8. 公文中的横排表格

A4 纸型的表格横排时,页码位置与公文其他页码保持一致,单页码表头在订口一边,双页码表头在切口一边。

### 9. 公文中计量单位、标点符号和数字的用法

公文中计量单位的用法应当符合 GB 3100、GB 3101 和 GB 3102(所有部分),标点符号的用法应当符合 GB/T 15834,数字用法应当符合 GB/T 15835。

### 10. 公文的特定格式

### 10.1  信函格式

发文机关标志使用发文机关全称或者规范化简称,居中排布,上边缘至上页边为 30 mm,

推荐使用红色小标宋体字。联合行文时,使用主办机关标志。

发文机关标志下 4 mm 处印一条红色双线(上粗下细),距下页边 20 mm 处印一条红色双线(上细下粗),线长均为 170 mm,居中排布。

如需标注份号、密级和保密期限、紧急程度,应当顶格居版心左边缘编排在第一条红色双线下,按照份号、密级和保密期限、紧急程度的顺序自上而下分行排列,第一个要素与该线的距离为 3 号汉字高度的 7/8。

发文字号顶格居版心右边缘编排在第一条红色双线下,与该线的距离为 3 号汉字高度的 7/8。

标题居中编排,与其上最后一个要素相距二行。

第二条红色双线上一行如有文字,与该线的距离为 3 号汉字高度的 7/8。

首页不显示页码。

版记不加印发机关和印发日期、分隔线,位于公文最后一面版心内最下方。

10.2　命令(令)格式

发文机关标志由发文机关全称加"命令"或"令"字组成,居中排布,上边缘至版心上边缘为 20 mm,推荐使用红色小标宋体字。

发文机关标志下空二行居中编排令号,令号下空二行编排正文。

签发人职务、签名章和成文日期的编排见 7.3.5.3。

10.3　纪要格式

纪要标志由"××××× 纪要"组成,居中排布,上边缘至版心上边缘为 35 mm,推荐使用红色小标宋体字。

标注出席人员名单,一般用 3 号黑体字,在正文或附件说明下空一行左空二字编排"出席"二字,后标全角冒号,冒号后用 3 号仿宋体字标注出席人单位、姓名,回行时与冒号后的首字对齐。

标注请假和列席人员名单,除依次另起一行并将"出席"二字改为"请假"或"列席"外,编排方法同出席人员名单。

纪要格式可以根据实际制定。

11. 式样

A4 型公文用纸页边及版心尺寸见图 1;公文首页版式见图 2;联合行文公文首页版式 1 见图 3;联合行文公文首页版式 2 见图 4;公文末页版式 1 见图 5;公文末页版式 2 见图 6;联合行文公文末页版式 1 见图 7;联合行文公文末页版式 2 见图 8;附件说明页版式见图 9;带附件公文末页版式见图 10;信函格式首页版式见图 11;命令(令)格式首页版式见图 12。(图 1 至图 12 请扫二维码"拓展链接")

拓展链接

# 附录三　普通话及普通话水平测试

## 第一节　普通话水平测试"读单音节字词"应试技巧

**一、应试技巧**

读单音节字词100个(排除轻声、儿化音节),就是测查应试人对3 790个常用字词的声母、韵母、声调读音的标准程度。一个音节的声母、韵母、声调是一个完整的统一体,任何一项错了,这个音节就错了;如果读得不到位,不完整,就是缺陷。

**(一) 声韵调要标准**

1. 声母要发准

声母要发准,是指发音要找准部位,方法正确。一是不能把普通话里的某一类声母的发音读成另一类声母,比如zh、ch、sh与z、c、s,f与h,n与l不分。再者是不能把普通话里的某一类声母的正确发音部位用较接近的部位代替,造成读音缺陷。

2. 韵母要到位

100个音节里,每个韵母出现次数一般不少于2次(易混淆的韵母酌量增加1~2次,不超过4次)。韵母有单韵母、复韵母和鼻韵母。单韵母要单纯,发出来的音要吐字如珠,一个就是一个,不拖泥带水。复韵母和鼻韵母都要有动程,要有变化;变化要自然、和谐,归音要到位,发出来的音要圆润。

3. 声调要发全

在100个音节中,4个声调出现次数大致均衡。读时,必须把普通话四个声调的调值发全,既要清楚地读出平、升、曲、降的区别,又要掌握好高低升降的程度。调值明显偏低或偏高,特别是四声的相对高点或低点明显不够的,判为声调读音缺陷。读单音节字词要和谐自然,不能把声韵调割裂开来,顾此失彼。

**(二) 不要将形近字误读**

汉字的形体很多是相近或相似的,单独认读,稍不注意很容易读错。形近字误读有两种情况,一是有的人朗读过快,把很简单的字也读错了,如把"太"读作"大";二是有些日常生活中不多用的字,或在词语中能念准,而单字一下子难以念准的字,极易念错。比如"赅""骇"在书面上有"言简意赅""惊涛骇浪"之词,如单独出现一下子难以把握,可能读错。这样可以把这个字组合成词再读。

### （三）多音字可选读一音

单音节字词中有不少多音字，朗读时念任何一个音都是对的。比如"处"，念 chǔ 或 chù 都算对。不必费时间琢磨到底读哪一个音，分散精力，影响情绪。

### （四）速度要快慢适中

读100个音节，限时 3.5 分钟。超时 1 分钟以内，扣 0.5 分；超时 1 分钟以上（含 1 分钟），扣 1 分，读单音节字词，只要每个音节读完整，一个接一个地往下读，就不会超时。有的人担心时间不够，快速抢读，有的字未读完全，"吃"掉了，降低了准确率，因此切忌抢读。朗读也不能过慢，每一个字都揣摩半天，这说明普通话基础差，不熟练，准备不足。而超时则要一次性扣分。

### （五）要从左至右横读

单音节字词100个，测试题一般分为10排，每排10个字。朗读时从第一排起从左至右读。不要从第一个字起从上往下读。

### （六）读错了及时纠正

一个字允许读两遍，即应试人发觉第一次读音有口误时可以改读，按第二次读音评判。如果有的字拿不准是否读错了，不必再去想它，以免影响后面的朗读。

## 二、训练材料

淡、淤、准、淹、清、渊、渠、爽、犁、猎、猜、甜、略、畦、痒、盒、盅、盘、眯、眶、眸、硅、硕、票、移、粒、粗、绳、绺、聊、脖、脱、脸、菊、萍、著、蛇、蛋、谋、谎、谓、谜、辆、酚、野、铝、铭、银、隋、随、雪、颇、馆、鹿、麻、傲、剩、割、博、啼、善、喊、喘、堤、塔、奥、媚、寒、尊、就、屡、帽、幂、幅、彭、御、循、悲、惹、掰、揉、插、握、揩、揪、搓、搔、搜、搭、景、智、晾、替、最、期、棒、棕、棚、椎、椒、欺、款、港、渺、湖、湿、溃、滑

# 第二节　普通话水平测试"读多音节词语"应试技巧

## 一、应试技巧

读多音节词的要求与单音节字词基本相同，但比读单音节字词有更高的要求。结合测试，提出以下几点要求和注意的问题。

### （一）读多音节词要区分几组并列在一起的难点音

**1. 平翘相间音（舌前舌后间要区分）**

赞助 zànzhù　　　　　宗旨 zōngzhǐ　　　　　珠子 zhūzi

**2. 边、鼻相间音（n、l要区分）**

嫩绿 nènlǜ　　　　　老年 lǎonián　　　　　能量 néngliàng

3. 前后鼻韵母相间音

烹饪 pēngrèn      聘请 pìnqǐng      成品 chéngpǐn

4. 舌根音和唇齿音相间的音（f、h 要区分）

返还 fǎnhuán      盒饭 héfàn      粉红 fěnhóng

### （二）轻声词要准确判断

轻声词分散排列在中间，因此要准确判断哪些词是轻声词，并正确朗读。要防止受前面非轻声词的影响，把已经准确判断出来的轻声词读重了。读轻声词还要避免把轻声读得让人听不见，即所谓"吃"字。

### （三）儿化词要把卷舌的色彩"化"在第二个字音节上

多音节词语一般有 4~6 个儿化词，儿化词有明显的标志，在第二个音节的末尾有"儿"，不要把"儿"当作第三个音节读完整，要把"儿"音化在第二个音节的韵母之中。

### （四）读准多音节词语中的多音字

### （五）读多音节词语要连贯

多音节词语一般 2~4 个音节组合表示一个意义；也有的是两个音节构成的连绵词，独立开来没有任何意义，所以朗读时不能把它们割裂开来一字一字地读。

### （六）读多音节词语要读好轻重音格式

多音节词语除轻声词之处，一般都是最后一个音节读重音，双音节词语占普通话词语总数的绝对优势，绝大多数读为"中·重"的格式，即第二个音节读得重一些。如：

豆沙    蜜蜂    车床    饼干    百货    清真
批发    类似    乐观    单凭    摄影    卧铺

## 二、训练材料

党委、凄凉、原料、哲学、流行、壶盖儿、夏季、家乡、家眷、宽阔、宾馆、席卷、恩人、热门、恶化、恶劣、悄声、扇面儿、挨个儿、挫折、效率、旅馆、框子、案子、桥梁、梨核儿、流动、浪头、海关、消费品、热闹、热爱、热量、爱国、特别、疲倦、症状、盎然、破坏、窈窕、紧缺、翅膀、胸口、胸骨、能耐、能量、脑子、脑袋、脑筋、航海、衰老、衰变、衰竭

# 第三节 普通话水平测试"朗读短文"应试技巧

普通话水平测试中分值大的是三、四题，但重中之重是第三题，即朗读短文。

## 一、普通话测试文章朗读的基本要求

### 1. 朗读要准确

准确，一是指普通话语音要准确，要把普通话语音的标准和规范放在首位，不能因注意内

容和感情而忽略字音的准确性,夹有大量的方言或完全方言去朗读。二是要忠实于原文,按原文的语句去朗读,不漏读,不增读。

2. 朗读要清晰

清晰,即口齿要清晰,句读要清晰,语音要清晰。防止把语流中间的某些音"吃"掉,或眉毛胡子一把抓,句读不分。语流中的音变也较复杂,受前后音节影响,上声、"一"、"不"、轻声、儿化、语气词"啊"的音变,还有不同的语气语调,都会影响朗读的语音面貌,因此要朗读清晰。

3. 朗读要自然

一要避免"念字式"朗读或旧时的私塾"诵经式"朗读,那会割裂文章的语意。二要把握好感情表达的分寸。文章朗读测试不同于朗诵表演,它主要是检测应试人的普通话水平,因此感情的表达要适度,既不可平直单调,又不可过于夸张,尤其不能过于追求形似,忽高忽低,或高音大嗓,拿腔拿调,做出似乎是感情十分丰富的样子。

4. 朗读要流畅

流畅是指读流利、读顺畅,不中断,不回读,语速不过快或过慢。为了做到连贯流畅,朗读视觉要有一定的提前量。朗读时的视觉提前量一般是 3~5 个字,不能看到哪儿读到哪儿,要逼着视觉往前走。尤其不能用手指着读。要眼脑口并用,同步动作,让"看—想—说"在瞬间先后完成。

5. 语速要适中

语速太快,容易出现含混不清的现象,或发音不到位,或两个音节合成一个音(如西安xiān),或读掉了字,或中断后又重复。语速太慢,则容易将语句读得支离破碎,言不达意。

6. 不要出现方言语调

语调是所有语音现象在语流中整体的、综合的反映,涉及声、韵、调、轻重音、音变、停连、语调和语气。如果这些因素都很标准,处理得当,就不会出现语音缺陷、语调偏误、停连不当等现象。如果这些因素有几项不规范,并且重复出现,就给人以方言语调浓重的感觉,因此,在训练中要特别注意语调训练。

**二、对规定朗读篇目的准备**

1. 分析每一篇文章。文章朗读的测试准备主要是在平时的朗读训练中,对规定朗读的每篇文章都要从结构层次、节奏停顿、语速快慢、感情基调、停连的安排、重音的位置、语调的抑扬以及其他表示技巧的设计等方面,进行细致的分析,反复揣摩,做到心中有数,甚至在书上划上一些记号。同时每个应试人应该针对自己的实际,确定自己练习的重点,攻破自己的难点。

2. 熟读每一篇文章。对规定的每一篇文章都要读上好几遍,烂熟于心。尤其是对重点段落、各个拗口之处不妨多读几遍。不要存在侥幸心理。只有把准备工作做得全面、认真、细致、才会有高质量、高水平的朗读。

3. 对照标准录音磁带进行训练。规定的朗读篇目,都要规范标准的朗读录音,可以模仿别人的语音语调和语速节奏进行练习,以增强语感,培养语感,帮助朗读。

### 三、对临场朗读篇目的准备

1. 浏览文章。拿到文章必须迅速浏览，判断文章是什么体裁，确定朗读的基调和语气。

2. 分析结构层次。长文章一定有结构，短文章或段落一定有层次。只有读清语意，读出层次，才能读得自然流畅。

3. 找准和突破语言难点，予以突破。另外，轻声、儿化词隐含其中，要尽快找准，心中有数。

4. 快速默读。明确了上述几点，应尽快把文章扫读一遍，以使思路明晰，口齿灵活。

由于时间很短，上述几项可以在默读中一次性完成。

### 四、训练材料(作品 60 篇)

**作品 1 号**

那是力争上游的一种树，笔直的干，笔直的枝。它的干呢，通常是丈把高，像是加以人工似的，一丈以内，绝无旁枝；它所有的丫枝呢，一律向上，而且紧紧靠拢，也像是加以人工似的，成为一束，绝无横斜逸出；它的宽大的叶子也是片片向上，几乎没有斜生的，更不用说倒垂了；它的皮，光滑而有银色的晕圈，微微泛出淡青色。这是虽在北方的风雪的压迫下却保持着倔强挺立的一种树！哪怕只有碗来粗细罢，它却努力向上发展，高到丈许，两丈，参天耸立，不折不挠，对抗着西北风。

这就是白杨树，西北极普通的一种树，然而决不是平凡的树！

它没有婆娑的姿态，没有屈曲盘旋的虬枝，也许你要说它不美丽，——如果美是专指"婆娑"或"横斜逸出"之类而言，那么，白杨树算不得树中的好女子；但是它却是伟岸，正直，朴质，严肃，也不缺乏温和，更不用提它的坚强不屈与挺拔，它是树中的伟丈夫！当你在积雪初融的高原上走过，看见平坦的大地上傲然挺立这么一株或一排白杨树，难道你就只觉得树只是树，难道你就不想到它的朴质，严肃，坚强不屈，至少也象征了北方的农民；难道你竟一点儿也不联想到，在敌后的广大土地上，到处有坚强不屈，就像这白杨树一样傲然挺立的守卫他们家乡的哨兵。

**作品 2 号**

两个同龄的年轻人同时受雇于一家店铺，并且拿同样的薪水。

可是一段时间后，叫阿诺德的那个小伙子青云直上，而那个叫布鲁诺的小伙子却仍在原地踏步。布鲁诺很不满意老板的不公正待遇。终于有一天他到老板那儿发牢骚了。老板一边耐心地听着他的抱怨，一边在心里盘算着怎样向他解释清楚他和阿诺德之间的差别。

"布鲁诺先生，"老板开口说话了，"你现在到集市上去一下，看看今天早上有什么卖的。"布鲁诺从集市上回来向老板汇报说，今早集市上只有一个农民拉了一车土豆在卖。

"有多少？"老板问。

布鲁诺赶快戴上帽子又跑到集上，然后回来告诉老板一共四十袋土豆。

"价格是多少？"

布鲁诺又第三次跑到集上问来了价格。

"好吧，"老板对他说，"现在请您坐到这把椅子上一句话也不要说，看看阿诺德怎么说。"

阿诺德很快就从集市上回来了。向老板汇报说到现在为止只有一个农民在卖土豆，一共四十口袋，价格是多少多少；土豆质量很不错，他带回来一个让老板看看。这个农民一个钟头以后还会弄来几箱西红柿，据他看价格非常公道。昨天他们铺子的西红柿卖得很快，库存已经不多了。

**作品 3 号**

我常常遗憾我家门前那块丑石：它黑黝黝地卧在那里，牛似的模样；谁也不知道是什么时候留在这里的，谁也不去理会它。只是麦收时节，门前摊了麦子，奶奶总是说：这块丑石，多占地面呀，抽空把它搬走吧。

它不像汉白玉那样的细腻，可以刻字雕花，也不像大青石那样的光滑，可以供来浣纱捶布。它静静地卧在那里，院边的槐荫没有庇覆它，花儿也不再在它身边生长。荒草便繁衍出来，慢慢地，枝蔓上下，竟锈上了绿苔、黑斑。我们这些做孩子的，也讨厌起它来，曾合伙要搬走它。但力气又不足；虽时时咒骂它，嫌弃它，也无可奈何，只好任它留在那里了。

终有一日，村子里来了一个天文学家。他在我家门前路过，突然发现了这块石头，眼光立即就拉直了。他再没有离开，就住了下来；以后又来了好些人，都说这是一块陨石，从天上落下来已经有二三百年了，是一件了不起的东西。不久便来了车，小心翼翼地将它运走了。

这使我们都很惊奇，这又怪又丑的石头，原来是天上的啊！它补过天，在天上发过热、闪过光，我们的先祖或许仰望过它，它给了他们光明、向往、憧憬；而它落下来了，在污土里，荒草里，一躺就是几百年了！

**作品 4 号**

在达瑞八岁的时候，有一天他想去看电影。因为没有钱，他想是向爸妈要钱，还是自己挣钱。最后他选择了后者。他自己调制了一种汽水，向过路的行人出售。可那时正是寒冷的冬天，没有人买，只有两个人例外——他的爸爸和妈妈。

他偶然有一个和非常成功的商人谈话的机会。当他对商人讲述了自己的"破产史"后，商人给了他两个重要的建议：一是尝试为别人解决一个难题；二是把精力集中在你知道的、你会的和你拥有的东西上。

这两个建议很关键。因为对于一个八岁的孩子而言，他不会做的事情很多。于是他穿过大街小巷，不停地思考：人们会有什么难题，他又如何利用这个机会？

一天，吃早饭时父亲让达瑞去取报纸。美国的送报员总是把报纸从花园篱笆的一个特制的管子里塞进来。假如你想穿着睡衣舒舒服服地吃早饭和看报纸，就必须离开温暖的房间，冒着寒风，到花园去取。虽然路短，但十分麻烦。

当达瑞为父亲取报纸的时候，一个主意诞生了。当天他就按响邻居的门铃，对他们说，每个月只需付给他一美元，他就每天早上把报纸塞到他们的房门底下。大多数人都同意了，很快他有了七十多个顾客。一个月后，当他拿到自己赚的钱时，觉得自己简直是飞上了天。

**作品5号**

这是入冬以来,胶东半岛上第一场雪。

雪纷纷扬扬,下得很大。开始还伴着一阵儿小雨,不久就只见大片大片的雪花,从彤云密布的天空中飘落下来。地面上一会儿就白了。冬天的山村,到了夜里就万籁俱寂,只听得雪花簌簌地不断往下落,树木的枯枝被雪压断了,偶尔咯吱一声响。

大雪整整下了一夜。今天早晨,天放晴了,太阳出来了。推开门一看,嗬!好大的雪啊!山川、河流、树木、房屋,全都罩上了一层厚厚的雪,万里江山,变成了粉妆玉砌的世界。落光了叶子的柳树上挂满了毛茸茸、亮晶晶的银条儿;而那些冬夏常青的松树和柏树上,则挂满了蓬松松沉甸甸的雪球儿。一阵风吹来,树枝轻轻地摇晃,美丽的银条儿和雪球儿簌簌地落下来,玉屑似的雪末儿随风飘扬,映着清晨的阳光,显出一道道五光十色的彩虹。

大街上的积雪足有一尺多深,人踩上去,脚底下发出咯吱咯吱的响声。一群群孩子在雪地里堆雪人、掷雪球儿。那欢乐的叫喊声,把树枝上的雪都震落下来了。

俗话说,"瑞雪兆丰年"。这个话有充分的科学根据,并不是一句迷信的成语。寒冬大雪,可以冻死一部分越冬的害虫;融化了的水渗进土层深处,又能供应庄稼生长的需要。(作品6~60号见拓展链接)

拓展链接

# 第四节 普通话水平测试"命题说话"应试技巧

普通话水平测试中的命题"说话",不同于日常生活中的谈话,它是应试人的单向说话。《普通话水平测试实施纲要》明确规定,测试说话的目的在于"测查应试人在没有文字凭借的情况下说普通话的水平,重点测查语音标准程度、词汇语法规范程度和自然流畅程度"。

## 一、普通话水平测试"命题说话"的基本要求

### 1. 语音要标准

"说话"测试,其测试重点在于语音。语音面貌的好坏,直接关系到整个测试得分的高低。语音面貌的分值为25分。语言准确,即声、韵、调不能出现失误,无系统的方音错误,无方音尾巴,变调、轻声、儿化均按普通话训练所述要求去说。尤其要注意克服平翘音、n与l、f与h、前后鼻韵母不分等现象。

### 2. 词汇、语法要规范

《普通话水平测试实施纲要》规定,"说话"时,词汇、语法规范,其分值为10分。因此,测试中,应试人要避免使用方言词汇。如:"那邦"(那边)、"不老盖"(膝盖儿)、"中""管"(好、行)、"疵毛"(差劲)等。受测人由于平时说惯了方言,再加上心情紧张,仓促之中往往出现来不及进行信号转换,方言词汇或方言语法在测试中不小心就会显现出来,因而在平时训练中要努力克服。

3. 语句要自然流畅、口语化

此项分值为 5 分。说话时,音节与音节的组合是连贯的,每一句话要表现出内在气韵的贯通。说说停停或边想边说,或边说边纠正发音错误,或带口头,或一句话重复几遍,或语速过快过慢,都是说话不够自然流畅的表现。说话本来是一种无文字凭借的即兴讲话,由于是测试,许多人准备了文字材料甚至能够背诵,如果把此项测试变为背诵材料,则会在语音中带上较浓重的书面文字的色彩,失掉说话应有的口语化色彩,出现背书腔。

说话是口语化的,口语化的语言具有它自身的特点:一是在用词方面,少用书面语,尽可能选用口头使用的词语。如“洗澡—沐浴”这一对词语,前者适用口语化的表达,后者常用于书面表达。不用时髦语,避免同意词。二是在造句方面,注意多用短句、散句、无主句、省略句、独词句等自然句,少用长句、整句、成分臃肿的句子和多重复句。三是在语调方面,停顿、重音、快慢、升降等都应呈现日常口语时的自然状态。因此,有文字材料准备的应试人应把稿纸上的文字内容转换成记忆中的信息代码,然后,在思维机制的控制下,按照“编码”程序逐句地转化为口头表达的语言,使“说话”充分体现上述口语化的特点。

**二、普通话水平测试“命题说话”的准备技巧**

这里所说的准备分为两种:一种是平时准备,一种是受测前的临时准备。平时准备即在测试前利用相对比较充裕的时间(几天、几十天或一个月)的准备。由于时间充裕,测试人可对测试实施纲要的要求、该项内容的特点及说话题目进行深思熟虑,认真推敲。平时准备的好坏是测试成功与否的关键。临时准备是指在受测前 10 分钟做的准备。由于时间仓促,只能做粗略准备。无论是平时准备,还是临时准备,都必须经过分析说话题目、确定说话类型、精心选择材料、理清表达思路等几个阶段。

1. 分析说话题目

分析说话题目与作文审题没什么差别。分析说话题目是说话的第一步,说话首先要确定说什么,围绕什么中心来说。

(1) 分析话题要抓题眼。比如“我的兴趣爱好”这个题目,题眼是“爱好”。“爱好”即是自己喜欢做的事儿,因此,说话时就要说自己对某事物如何具有浓厚的兴趣,并积极参加活动。

(2) 分析话题立意要高。比如“生活中的一件事”,无论说什么事,都应该激励或告诫人们正确为人处事,立志敬业,崇尚真善美的高尚境界,摒弃那些低级庸俗的假恶丑的东西。

2. 确定说话类型

说话的题目较多,分类审题可以节省时间,提高训练效率和训练水平。河南省语委规定的20 个说话题目总体来说,不外乎记叙描述、议论评说和说明介绍三大类,内容都与自己的日常生活有关,应试人可以从不同角度、不同侧面进行叙述、议论或说(话题分类如下表)。以下只是一个大概的分类,如应试人说的角度不同、内容不同,就完全可以兼类。有的题目既可以从介绍、说明的角度去谈,也可以从叙述、描写的角度来说,还可以在介绍说明或叙述描写中穿插议论,这一切都由自己决定。

### 3. 精心选择材料

测试说话题目,涉及的范围跟我们每个人的生活都密切相关,每个题目都应该有话可讲,人人都应该有话可说。但因为是正式测试,而非日常聊天,这些看似简单的题目,很多人又觉得无话可说,这就需要对自己生活的各个方面做一下回顾。挑选那些自己熟悉的、最能说明问题、具有代表性的材料加以述说、介绍或论说。选材,可以是自己亲身经历的,也可以是自己耳闻目睹的,有的甚至是自己合情合理想象的。

其次,要找准话题的切入点,将生疏的题目化为熟悉的题目,设法将大题化为小题。比如"我对某一社会现象的看法","社会现象"十分复杂。有正面的,也有反面的;有政治经济的,也有百姓生活的;有宏观的,也有微观的。应试人可以选取经常发生在身边的事情,比较容易切入。

另外,说话时要尽量避免使用长句,因为在口语中,无论说话人还是听话人都不容易非常准确地发出或接收长句信息,句子太长,容易听头不知尾或听尾忘了头。

### 4. 理清表达思路

测试说话,是测试应试人使用普通话的准确度和流畅度。测试中的说话并不完全是口头作文,更不是即兴演讲,对于词语、结构没有过高要求,只要语句通顺流畅,词汇语法规范,语音正确无误即可。但在测试中,有些应试人往往说得很凌乱,东拉西扯,一盘散沙,使听者都不知所云。先说什么,后说什么,哪些详说,哪些略说,应试人应该把素材按某条思路串起来,使自己容易记忆,说着顺口,测试员听着顺耳。不论哪种类型话题,都要理清表达思路,应试人不妨可以按以下提示考虑说话顺序和内容:

一是记叙描述类:①是谁(是什么);②为什么;③举例子;④怎么办。

二是说明类型话题:①是谁(是谁或是什么样的);②表现在哪几个方面;③每个方面是怎样的;④自己的态度和打算。

三是议论评价类话题:①是什么(提出自己的观点);②为什么(归纳出支持这个观点的几条理由);③举例子(可在每条理由之后分别举例);④怎么办(再次强调自己的观点或提出实现观点的几条建议)。受测人也可采用"总—分—总"的结构模式,即围绕说话题目,先概括说几句,引入主体,主体部分应该从不同角度或用一些具体的事例加些说明,最后再归结几句,照应开头。这种结构不仅平易简单,而且很容易口语化。

### 三、普通话水平测试"命题说话"应注意的问题

#### 1. 要有轻松自如的心态

单项说话是一项比较宽松的口头语言考试,因此,说话时它不要求像演讲那样慷慨激昂,不要求像朗诵那样声情并茂,不要求像论辩那样辞锋锐利,而是要求应试者用轻松自如的心态,口语化的语言,紧紧围绕说话题目,好像面对老朋友聊天一样去展开话题。

#### 2. 要能随机应变

在测试中,如发现自己准备的腹稿有不妥之处或准备的素材一时忘掉,要随时调整。"普

通话水平测试用说话题目"有些话题内容是可以相通的,只要事先对话题的内容进行一番仔细的分析和整合,准备一个基本内容就可以涵盖好几个题目,说话时只需说几句扣题的开场白,然后巧妙地转入自己准备的内容就行了。比如我熟悉的一个人、我的家庭和家务事趣谈,就可三题合为一题,要善于随机应变,不必拘泥于事先准备好的材料,更不要死记硬背。

3. 注意篇幅,算准时间

由说话题目要求的时间,我们可以确定话稿的篇幅。一般讲话速度为每分钟170~230字,因此话稿为五六百字比较合适。对于口语水平较高的人来说,我们建议只写提纲,练习时围绕提纲叙说。而口语水平较差者,我们提倡将话稿按规范的普通话口语表达习惯写好成文,然后反复练说。

4. 要说够三分钟,不能"半途而废"

说话往往心情一紧张,感觉无话可说,说不到三分钟,就再也说不下去了。你不妨采用这样的方法:一是延宕构思法。适度延宕,将思维散点连缀成篇,或扩句成篇,使自己的说话内容逐渐充沛、饱满。二是富含例证法。纯粹理论性的东西,逻辑性要求较高,用词也很严格,又不易展开,因而思之维艰。如果你选择举例,则可以从苦苦思索中解脱出来,因为故事、经验很容易复述;在绘声绘色的举例中,你的紧张情绪会渐渐消失,话题会越说越顺。生动的故事能打动听者,引起人们的注意,促进沟通。

**四、训练材料:测试 30 个说话题目**

1. 我的愿望(或理想)

2. 我的学习生活

3. 我尊敬的人

4. 我喜爱的动物(或植物)

5. 童年的记忆

6. 我喜爱的职业

7. 难忘的旅行

8. 我的朋友

9. 我喜爱的文学(或其他)艺术形式

10. 谈谈卫生与健康

11. 我的业余生活

12. 我喜欢的季节(或天气)

13. 学习普通话的体会

14. 谈谈服饰

15. 我的假日生活

16. 我的成长之路

17. 谈谈科技发展与社会生活

18. 我知道的风俗

19. 我和体育

20. 我的家乡(或熟悉的地方)

21. 谈谈美食

22. 我喜欢的节目

23. 我所在的集体(学校、机关、公司等)

24. 谈谈社会公德(或职业道德)

25. 谈谈个人修养

26. 我喜欢的明星(或其他知名人士)

27. 我喜爱的书刊

28. 谈谈对环境保护的认识

29. 我向往的地方

30. 购物(消费)的感受

## 第五节　样　卷

### 一、读单音节字词100个(10分)

罢 远 寺 耳 断 瓶 您 灭 俩 捧 堤 鸟 纷 驻 尊 翁 闯 亏 翘 凉
核 师 痕 浓 否 猫 北 棋 加 刮 团 滚 渠 总 审 质 页 扭 毒 篇
彼 南 烤 丑 绕 切 鲜 抢 刷 租 破 废 呆 狼 穷 拽 凶 座 虽 学
沙 寻 鱼 摸 池 有 锁 抓 慌 捐 册 月 摄 败 揍 银 软 军 籽 撑
推 词 它 拐 庄 摔 层 眼 葱 染 尝 财 稳 松 厅 位 蚕 晒 聊 雪

### 二、读双音节词语50个(20分)

海滨 掠夺 猴子 鼓舞 奢侈 金鱼儿 教材 谦逊 检查 搭配 旅客 活泼
衰弱 难看 窃听 朗读 儿童 留心 日光 墨水儿 外边 增强 否则 飘扬
文明 讲演 真诚 玩意儿 吹牛 纤维 瑞雪 穷苦 狭隘 悠久 踊跃 农村
转播 包干儿

### 三、朗读下列的短文(30分)

朋友即将远行。

暮春时节,又邀了几位朋友在家小聚。虽然都是极熟的朋友,却是终年难得一见,偶尔电话里相遇,也无非是几句寻常话。一锅小米稀饭,一碟大头菜,一盘自家酿(niàng)制的泡菜,一只巷口买回的烤鸭,简简单单,不像请客,倒像家人团聚。

其实,友情也好,爱情也好,久而久之都会转化为亲情。

说也奇怪,和新朋友会谈文学、谈哲学、谈人生道理等,和老朋友却只话家常,柴米油盐,细细碎碎,种种琐事。很多时候,心灵的契(qì)合已经不需要太多的言语来表达。

朋友新烫了个头,不敢回家见母亲,恐怕惊骇了老人家,却欢天喜地来见我们,老朋友颇能以一种趣味性的眼光欣赏这个改变。

年少的时候,我们差不多都在为别人而活,为苦口婆心的父母活,为循循善诱的师长活,为许多观念、许多传统的约束力而活。年岁逐增,渐渐挣脱外在的限制与束缚,开始懂得为自己活,照自己的方式做一些自己喜欢的事,不在乎别人的批评意见,不在乎别人的诋毁流言,只在乎那一份随心所欲的舒坦自然。偶尔,也能够纵容自己放浪一下,并且有一种恶作剧的窃喜。

就让生命顺其自然,水到渠成吧,犹如窗前的乌桕,自生自落之间,自有一份圆融丰满的喜悦。

### 四、从两个话题中任选一题,说话 3~4 分钟(40 分)

1. 给我印象深刻的一首歌(或一部影视作品)
2. 怎样与人相处

# 参考文献

1. 徐中玉.大学语文[M].11版.上海:华东师范大学出版社,2018,12.
2. 陈洪.大学语文[M].3版.北京:高等教育出版社,2016,5.
3. 邢福义.大学语文[M].北京:中国人民大学出版社,2012,7.
4. 王艳玲,杨巧云.大学语文[M].北京:清华大学出版社,2017,1.
5. 张世轩,和丽芳.常见实用文体写作[M].重庆:重庆大学出版社,2010,8.
6. 李惠峰.高职应用写作实训教程[M].兰州:兰州大学出版社,2010,7.
7. 曾昭乐.现代实用写作[M].广州:中山大学出版社,2011,2.
8. 焦幸安.新编大学应用写作[M].广州:暨南大学出版社,2010,9.
9. 段秋月.实用性应用文写作教程[M].杭州:浙江大学出版社,2012,10.
10. 王宏佳,徐清枝.演讲与口才[M].北京:教育科学出版社,2011,8.
11. 苏木禄.中国式说话之道[M].北京:中国工人出版社,2011,10.
12. 郝强.用舌头代替拳头[M].北京:新世界出版社,2012,1.
13. 关彤.大学生口才训练[M].北京:北京大学出版社,2010,12.
14. 段秋月.演讲与口才[M].北京:中国人民大学出版社,2015,8.
15. 贾庆成,董媛.大学语文[M].北京:高等教育出版社,2009,8.
16. 董小玉.大学语文[M].北京:高等教育出版社,2014,8.
17. 曾辉,等.应用文写作[M].5版.北京:高等教育出版社,2011,8.
18. 徐中玉.应用文写作[M].北京:高等教育出版社,2016,7.
19. 高旭国.应用文写作[M].2版.北京:高等教育出版社,2011,3.
20. 孙昕光.大学语文:4版[M].北京:高等教育出版社,2018,9.

# 本教材资源列表